Ökonomie und Moral

Scientia Nova

Herausgegeben von
Rainer Hegselmann, Gebhardt Kirchgässner,
Hans Lenk, Siegwart Lindenberg, Julian Nida-Rümelin,
Werner Raub, Thomas Voss

Ökonomie und Moral

Beiträge zur Theorie ökonomischer Rationalität

Herausgegeben von
Karl Reinhard Lohmann und
Birger P. Priddat

R. Oldenbourg Verlag München 1997

Die Deutsche Bibliothek - CIP-Einheitsaufnahme

Ökonomie und Moral : Beiträge zur Theorie ökonomischer Rationalität / hrsg. Von Karl Reinhard Lohmann und Birger P. Priddat. - München : Oldenbourg, 1997
(Scientia Nova)
ISBN 3-486-56293-2
NE: Lohmann, Karl Reinhard [Hrsg.]

Rosenheimer Str. 145, D - 81671 München
Telefon: (089) 45051-0, Internet: http://www.oldenbourg.de

Umschlaggestaltung: Dieter Vollendorf
Gedruckt auf säurefreiem, alterungsbeständigem Papier
Gesamtherstellung: R. Oldenbourg Graphische Betriebe GmbH, München

ISBN 3-486-56293-2

Inhalt

Vorwort

Dieses Buch behandelt die Beziehung zwischen Moral und Ökonomie. Im deutschen Sprachraum werden Fragen der Wirtschaftsethik oft ausschließlich als Problem der institutionellen Rahmenbedingungen aufgefaßt. In den hier versammelten Beiträgen dagegen diskutieren Ökonomen und Philosophen Fragen der ökonomischen Rationalität. Die Autorinnen und Autoren zeigen, unter welchen Bedingungen Moral auch in ökonomischen Entscheidungen relevant sein kann und sein sollte. Damit schließt das Buch an die angelsächsische Debatte zur Wirtschaftsethik an.

Die ökonomische Standardinterpretation der Theorie rationaler Wahl wird zunehmend von anderen Sozialwissenschaften, insbesondere den Politikwissenschaften und der Soziologie, rezipiert. Das Buch wendet sich an alle, die theoretisch oder praktisch mit dem Problem der rationalen Wahl befaßt sind und die wissen wollen, wie Moral in solche Wahlhandlungen eingehen kann.

Wir bedanken uns bei den Autorinnen und Autoren der Beiträge für Ihre Mitarbeit und bei den Herausgebern der Reihe *Scientia Nova* und dem Oldenbourg-Verlag dafür, daß sie den Band in ihr Programm aufgenommen haben. Weiterhin bedanken wir uns bei Katharina Kruse und Christian Kopf für die Hilfe bei der Bearbeitung der Manuskripte.

Göttingen und Witten, im Herbst 1996

Karl Reinhard Lohmann
Birger P. Priddat

Karl Reinhard Lohmann
Birger P. Priddat

Einleitung

I

Nach einem bekannten Bonmot von Milton Friedman besteht die soziale Verantwortung eines Wirtschaftsunternehmens darin, seinen Gewinn zu steigern. Diese Aussage läßt sich in dem Sinne verallgemeinern, daß in der ökonomischen Standardinterpretation der Theorie rationaler Entscheidung ökonomische Akteure so eingeführt werden, als würden sie unabhängig von moralischen Überlegungen ihren Nutzen maximieren. Der Markt erscheint als moralfreier Raum, in dem Unternehmen ihre Gewinne maximieren, Anleger ihre Kaufentscheidungen für Aktien am höchsten erzielbaren *shareholder-value* orientieren und für Konsumenten ausschließlich der Produktpreis ausschlaggebend ist.

Die Pointe der ökonomischen Standardtheorie besteht darin, daß die individuell nutzenmaximierenden Wahlhandlungen der *hominum oeconomicorum* zu einem Gleichgewicht führen. Ein Gleichgewichtszustand ist dadurch gekennzeichnet, daß gegeben die Wahlhandlung der anderen Akteure sich keine Person durch die Wahl einer alternativen Handlung besserstellen könnte. Unter den vorherrschenden Umständen, die in dem Modell als Produktionsfunktion und Haushaltseinkommen spezifiziert werden, ist das Gleichgewicht stabil: Keiner der Akteure hat einen Anreiz, von dem erreichten Zustand abzuweichen – das Marktergebnis ist Pareto-optimal.

Man kann die Auffassung vertreten, daß diese Eigenschaft den Markt in besonderer Weise als Koordinationsmechanismus auch moralisch auszeichne. Der Markt sei, so das Argument, in besonderer Weise geeignet, in pluralistischen Gesellschaften die Interessen jeder einzelnen Person möglichst weitgehend durchzusetzen. Die eigentliche Koordinationsfunktion wird dabei durch den Preismechanismus übernommen. Der Preis schränkt in Marktgesellschaften die Durchsetzbarkeit der je individuellen Interessen ein. Der Marktpreis ergibt sich als Knappheitspreis aus der Aggregation von individuellen Forderungen und Angeboten, so daß die individuellen Interessen einer Person durch die Interessen der je anderen Personen begrenzt werden. Diese Betonung der einzelnen Person weist das Marktmodell als liberale Theorie aus. Die einzelne Person ist bei der Realisierung ihrer je individuellen Vorstellung davon, was sie essen und trinken möchte oder wie sie sich kleiden möchte, nicht vom Wohlwollen ihrer Nachbarn oder eines allwissenden Königs abhängig, sondern kann unabhängig von den anderen ihre Mittel einsetzen, um ihren individuellen Lebensplan oder ihre Überzeugung, was es heißt, ein gutes Leben zu führen, zu verwirklichen. In dieser libertären Theorie werden die Staatsaufgaben auf einige wenige zentrale Sicherungsfunktionen beschränkt, die die Garantie der Ausgangsvoraussetzungen und hier insbesondere des individuellen Eigentums betreffen. Da Transferzahlungen zwischen den Akteuren ausgeschlossen sind und der Staat keine weitergehenden Aufgaben übernehmen muß, bleiben die Steuerabgaben jeder Person auf ein Minimum beschränkt. Jede Person hat das Recht, ihre Mittel so zu nutzen, wie sie es für richtig hält. Rechte werden in diesem Modell ausschließlich negativ als Abwehrrechte definiert.

Das ökonomische Modell reduziert moralische Fragen auf ein Modell minimaler prozeduraler Gerechtigkeit. Moralische Fragen werden in Fragen der Ausgangsbedingungen der Marktakteure transformiert. Weil Marktergebnisse über das Pareto-Kriterium normativ ausgezeichnet sind, müssen, so die Annahme, rationale Akteure den Regeln ökonomischer Transaktionen zustimmen. Die Regeln selbst, insbesondere das Prinzip der individuellen Nutzenmaximierung, seien normativ neutral – der Markt ist ein moralfreier Raum. Die Marktakteure teilen keine Theorie des Guten oder andere weitergehende Vorstellungen von Gerechtigkeit, wie sie z. B. John Rawls mit seinen beiden hinter einem *Veil of Ignorance* zu wählenden Gerechtigkeitsprinzipien in der „Theorie der Gerechtigkeit" eingeführt hat. Das Modell unterscheidet sich auf der anderen Seite auch durch den strengen Subjektivismus des Pareto-Kriteriums von utilitaristischen Ansätzen. Dieser Subjektivismus zeichne das Pareto-Kriterium gegenüber alternativen Gerechtigkeitskriterien (in pluralistischen Gesellschaften) gerade aus. Fragen der politischen Philosophie, die die Wahl geeigneter Institutionen betreffen, werden in diesem Modell auf das Problem der Garantie minimaler Abwehrrechte reduziert.

Das ökonomische Standardmodell ist drei Typen von Einwänden ausgesetzt. Erstens zeigt das bekannte Gefangenendilemma (*Prisoners' Dilemma*), daß in strategischen Spielen ein Design der Auszahlungen möglich ist, so daß die individuell nutzenmaximierende Wahl der einzelnen Akteure zu einem Pareto-inferioren Gleichgewicht führt. Man kann nun fordern, das Modell derart zu spezifizieren muß, daß solche dilemmatischen Situationen vermieden werden, in denen das Ergebnis für die Akteure Pareto-inferior ist. Zweitens kann man bezweifeln, daß das Pareto-Kriterium ein hinreichendes Kriterium für Gerechtigkeit darstellt. Zwar ist es im Rahmen eines strengen methodologischen Individualismus plausibel, daß ein Gerechtigkeits-Kriterium den Pareto-Forderungen genügen muß, also Pareto-inklusiv ist. Es lassen sich aber eine Reihe solcher stärkeren und Pareto-inklusiven Gerechtigkeits-Kriterien denken. Das Differenzprinzip von John Rawls ist nur ein Beispiel dafür. Schließlich entsprechen die Annahmen des Modells nicht unseren empirischen Erfahrungen. Das gilt auf der einen Seite für die Annahme der individuellen Nutzenmaximierung als Entscheidungsregel, die sich weder in Experimenten bestätigt noch in der empirischen Ökonomik zu validen Prognosen führt. Auf der anderen Seite entspricht auch die aus dieser Entscheidungsregel abgeleitete Vorstellung des moralfreien Marktes nicht den empirisch beobachtbaren Markttransaktionen. Es läßt sich feststellen, daß Konsumenten mit Gründen einzelne Unternehmen oder Produkte besonderer Herkunft boykottieren (z. B. bei dem Siemens-Boykott durch

Ärzte oder dem Boykott französischer Produkte in der Folge der Atomtests durch die französische Regierung) und Unternehmen auf Gewinne aus moralischen Erwägungen heraus verzichten (so im Fall des US-amerikanischen Jeans-Produzenten Levi-Strauss, der nicht auf den chinesischen Markt gegangen ist).

Vertreter der ökonomischen Standardtheorie erwidern auf diese Einwände, daß das Standardmodell sich auf einen idealen Markt beziehe, der als Referenzpunkt für die Beurteilung davon abweichender Situationen gut geeignet sei. Das Entscheidungsmodell des *hominis oeconomici* sei nicht deskriptiv zu verstehen, sondern als Heuristik, die geeignet sei, Wahlhandlungen rationaler Akteure zu rekonstruieren. Im einzelnen reagieren sie auf die Einwände, indem sie erstens feststellen, daß die strategische Entscheidungssituation der Akteure im *Prisoners' Dilemma* sich von der parametrischen Entscheidungssituation an idealiter vollständig transparenten Märkten unterscheide. Gefangenendilemma-Situationen seien zu vermeiden, indem über ein institutionelles *Setting* (z. B. die Einführung von Sanktionen) die Auszahlungsmatrix derart verändert wird, daß die Entscheidungssituation auf die parametrische Wahl reduziert wird. Zweitens sagen sie, daß die experimentellen Ergebnisse oder reale Entscheidungen natürlich im Rahmen des Modells rekonstruiert werden können, wenn man die Präferenzordnung um altruistische Neigungen oder spezifische moralische Überzeugungen der Akteure sinnvoll ergänzt. Diese Spezifizierung institutioneller Restriktionen oder moralisch interpretierter Präferenzen bewahren den Kern des ökonomischen Entscheidungsmodells der Nutzenmaximierung unter (restriktiven) Nebenbedingungen.

Das ökonomische Standardmodell scheint sich als besonders anpassungsfähig zu erweisen. Aus diesem Grund und aufgrund seiner wohlausgearbeiteten formalen Gestalt gilt es als paradigmatisches Modell zur Erklärung rationaler Wahlhandlungen, das auch in anderen Sozialwissenschaften wie der Soziologie oder der Politikwissenschaft und auch in der Philosophie intensiv diskutiert wird. Dabei hat sich gezeigt, daß die ästhetische Eleganz und Einfachheit der Theorie mit Kosten verbunden sind, die wir vielleicht nicht zu tragen bereit sind. Die von realen Akteuren angeführten *Gründe* für einzelne Wahlhandlungen erscheinen im Rahmen des ökonomischen Modells rationaler Wahlhandlung als bloße Rhetorik. Damit ist das Modell mit einem großen Teil unserer lebensweltlichen Erfahrung nicht kompatibel. Der *homo rationabilis* handelt nicht einfach gemäß subjektiver Überzeugungen, sondern er handelt mit Gründen. Seine Ziele oder Interessen sind Gegenstand von Urteilen – man spricht auch vom wohlüberlegten Eigeninteresse. Der in diesem Sinne rationale Akteur ist kein *Rational Fool*. Insbesondere sind moralische Überzeugungen und Regeln des Zusammenlebens von Menschen für rationale Akteure offensichtlich in einer stärkeren Weise relevant, als dies im Standardmodell darstellbar ist. Die Kritik am Standardmodell ökonomischer Entscheidung hat sich als überaus fruchtbar erwiesen und zu einigen Vorschlägen geführt, wie diese einfache Vorstellung rationaler Wahlhandlungen zu modifizieren sei. Eine Reihe von Vorschlägen finden sich in dem Sammelband „Moralische Entscheidung und rationale Wahl". Mit dem vorliegenden Sammelband möchten wir an diesen von Martin

Hollis und Wilhelm Vossenkuhl in derselben Reihe herausgegebenen Band anschließen.

Wir haben Philosophen und Ökonomen gebeten, sich zu der Frage individueller moralischer oder rationaler Entscheidung beim Wirtschaften Gedanken zu machen. Dabei sollten die Möglichkeiten und Grenzen individueller Wahlhandlungen an Märkten aufgezeigt werden. Mit dieser Fragestellung haben wir die Diskussion in zweifacher Weise eingeengt. Zum einen bleibt sie auf das paradigmatische Beispiel ökonomischer Wahlhandlungen beschränkt. Daraus folgt jedoch nicht, daß die in den Beiträgen vorgestellten Überlegungen nicht auf andere Anwendungsbereiche der ökonomischen Standardinterpretation der Theorie rationaler Entscheidung übertragbar wären. Zum anderen schließt die Fragestellung das Problem aus, daß sich die Bewertungen der Konsequenzen einer Wahlhandlung aus individueller Sicht und einer näher zu bestimmenden kollektiven Sicht widersprechen können. Mit dieser Konzentration auf Probleme des Wahlhandelns schließt der vorliegende Sammelband an die wirtschaftsethische Diskussion im angelsächsischen Raum an.

II

Von den zehn in diesem Band versammelten Beiträgen sind jeweils fünf philosophischer und ökonomischer Provenienz, so daß eine Art der interdisziplinären Gerechtigkeit gewahrt bleibt. Wir haben die Beiträge nach ihrer thematischen Nähe geordnet.

Ursula Wolf untersucht zunächst Versuche, die Marktwirtschaft als solche moralisch auszuzeichnen. Neben dem Argument individueller Freiheitsrechte diskutiert sie auch utilitaristische Effizienzargumente. Wenn man wie Wolf das Scheitern dieser Versuche konstatiert, stellt sich das Problem der Vereinbarkeit der Marktwirtschaft mit moralischen Forderungen, das sie am Beispiel der Verteilungsgerechtigkeit diskutiert. Zwar sei die Vorstellung von Verteilungsgerechtigkeit selbst erklärungsbedürftig, es zeige sich aber, daß die Marktwirtschaft ohne soziale Beschränkungen *de facto* auch gegen eine minimale Interpretation des Prinzips der Verteilungsgerechtigkeit verstoßen könne. Abschließend fragt Wolf, ob sich die Wirtschaft selbst an Moral orientieren sollte. Erstens gäbe es moralisch relevante Fragen wie die der Verteilungsgerechtigkeit, die durch den Staat sanktionierter institutioneller Regelung bedürften. Zweitens erforderten einzelne Wirtschaftshandlungen die persönliche Moral der Akteure. Drittens bedürfe die Lösung interner Probleme in Betrieben einer Kombination der politisch-moralischen Regeln und der persönlichen Moral der Handelnden.

Auch *Wolfgang Kersting* untersucht zunächst im Rahmen einer informalen Diskussion unterschiedlicher wirtschaftsethischer Modelle die Reichweite institutionenethischer staatlich sanktionierter Regeln. Gegen das Funktionieren dieser Art der Regelung könne man einwenden, daß Reglementierungslücken entstehen könnten –

man spricht in diesem Zusammenhang auch von Staatsversagen. Kersting argumentiert dafür, die Bereiche „Wirtschaft“ und „Politik“ nicht getrennt zu betrachten. Zwar sei es richtig, daß Unternehmen an Märkten agieren, diese seien aber eben nicht unabhängig von politischen Diskursen. Nach einer Auseinandersetzung mit der Individualethik Peter Koslowskis konkretisiert Kersting unter Verweis auf Immanuel Kants „Anthropologie in pragmatischer Absicht“ abschließend diese Vorstellung. Dabei zeigt er, wie politische Diskurse einer „wachen“ Öffentlichkeit auch Einfluß auf strategische ökonomische Entscheidungen gewinnen können.

Guy Kirsch stellt fest, daß wir „uns damit abfinden [müssen], daß das Gute und das Richtige nicht *über*individuell gegeben sind und gefunden werden können, sondern in *inter*individuellen Austauschprozessen laufend erfunden werden müssen.“ Kirsch geht – dem Rational-Choice-Ansatz verpflichtet – von den Individualkalkülen aus, die diese interindividuellen Austauschprozesse begleiten und beeinflussen. Dabei unterstellt er die Hypothese, daß die einzelnen nicht nur daran interessiert sind etwas zu haben, sondern auch jemand zu sein; ihr Handeln wird nicht nur *von „self-interests“*, sondern auch von ihrem *„interest in their own selves“* bestimmt. Letztere erweisen sich in der Argumentation Kirschs als jene Kategorie, über die eine analytische Bestimmung zwischen moralischen Engagement und rationalem Handeln nachgezeichnet werden kann. Dies deshalb, weil das Selbst des einzelnen in einem Raum verortet ist, den er mit anderen bewohnt und der durch positiv bzw. negativ konnotierte Dimensionen definiert ist: der *„moral space“*.

Andreas Suchanek verteidigt die These, daß das Modell des *homo oeconomicus* ein unentbehrliches Instrument für die positive Analyse jener Bedingungen darstellt, die in modernen Gesellschaften für die Verwirklichung normativer Ideale von grundlegender Bedeutung seien. Dabei setzt er sich mit zwei Einwänden gegen das Modell auseinander. Den Einwand, das Modell sei empirisch falsch, weil Menschen *de facto* nicht ausschließlich eigeninteressiert entschieden, weist Suchanek mit dem Hinweis zurück, es handle sich um ein Analyse-Schema, das keinen deskriptiven Anspruch erhebe. Einen zweiten Einwand, daß das Modell die Moral untergrabe, diskutiert Suchanek am Beispiel des Gefangenendilemmas. Das Modell des *homo oeconomicus* erlaube besser als alternative Ansätze, die dilemmatische Situation zu beschreiben, und weise mit der Analyse der Auswirkungen möglicher institutioneller Änderungen der Anreizstrukturen auf die individuelle Wahl einen Ausweg aus dem moralischen Dilemma. In diesem Sinne bestehe der Beitrag des Modells darin, soziale Kompetenz auszubilden, die es einzelnen Akteuren erlaube, mit Dilemmastrukturen rational umzugehen.

Christine Chwaszcza kritisiert das *homo-oeconomicus*-Modell dagegen mit dem Argument, daß der zentrale Begriff des Eigeninteresses für eine adäquate Theorie der Subjektivität nicht ausreiche. Zunächst untersucht Chwaszcza die Attraktivität des Eigeninteresses, die zu einer fast ubiquitären Präsenz dieses Konzeptes in Theorien praktischer Rationalität geführt hat. Insbesondere diskutiert sie das Problem der Motivation im Rahmen der analytischen Theorie der Handlungserklärung, wobei sie mit dem Internalismus und dem Instrumentalismus zwei verbreitete Positionen kritisiert. Anhand der Theorien von John Rawls, Robert Nozick und David Gauthier erläutert sie verschiedene Interpretationen des Begriffs des Eigeninteresses im Rahmen moralphilosophischer Begründungen, wobei sie besonders die Theorie des Werte-Relativismus kritisiert. Eigeninteresse, so ihr Schluß, sei zwar notwendig Teil eines ausgebildeten *Selbst*verständnis von Personen, aber eben nicht hinreichend und bedürfe der Ergänzung durch soziale Konstituenten. Weil eine Theorie rationaler Wahlhandlung ein adäquates Verständnis des Subjektes voraussetze, sei es notwendig, auch die sozialen Konstituenten des Selbst in ein Modell rationaler Wahlhandlungen zu integrieren.

Julian Nida-Rümelin diskutiert die Frage, welche Rolle Regeln für Interaktionen spielen. Im Rückgriff auf die *Ordinary Language Philosophy* argumentiert er, daß eine erfolgreiche Interaktion auf Konformität mit bestimmten Regelsystemen beruhe, weil Personen ohne diese Regelsysteme nicht in der Lage wären, ihre wechselseitigen Erwartungen aufeinander abzustimmen. Dabei unterscheidet er vier Typen von Regeln: (1) kommunikationskonstitutive Regeln, (2) Regeln, die für die Konstitution der Person wesentlich sind, (3) gesellschaftskonstitutive Regeln und (4) juridische Regeln. Eine Theorie rationaler Entscheidung müsse in der Lage sein, diese Regeln sinnvoll zu integrieren. Zugleich sei eine Beschränkung der Theorie rationalen Entscheidens auf das Befolgen von Regeln im Sinne eines *homo sociologicus*-Modells nicht sinnvoll, weil dieses nicht erlaube, die spezifischen Umstände einer Entscheidung zu berücksichtigen. Es sei notwendig die beiden Aspekte jenseits der Modelle des *homo oeconomicus* und des *homo sociologicus* in einer Theorie struktureller Rationalität zu vereinen. Regeln lassen sich als Interaktionsstruktur zusammenfassen, die den Rahmen für individuell rationales Entscheiden bildet.

Karl Reinhard Lohmann nennt zunächst Eigenschaften, die Entscheidungen aufweisen müssen, um sinnvoll unter die Beschreibung des ökonomischen Standardmodells rationalen Entscheidens fallen zu könnnen: (1) Die Maximierungsregel, (2) den Konsequentialismus, (3) den strikten Subjektivismus, (4) den strengen Non-Kognitivismus. Empirische Daten aus einer Studie über „Werte und Entscheidungen im Management" zeigten, daß reale Entscheidungen diese vier Eigenschaften nicht oder nicht immer aufwiesen, so daß Modifikationen des Modelles notwendig seien. Lohmann diskutiert vier Entscheidungstypen, die auf die eine oder andere Weise moralische Überzeugungen in das individuelle Entscheidungskalkül integrieren. Im Gegensatz zu der Standardtheorie spielten bei der Beurteilung dieser Idealtypen Fragen der Begründbarkeit einer Entscheidung eine zentrale Rolle. In Anlehnung an die Theorie der *bounded rationality* Herbert Simons ließe sich, so Lohmann, der Typus eines „Moralischen und ökonomischen Satisfizierers" dabei besonders auszeichnen. Schließlich werden diese theoretischen Überlegungen auf Fragen der angewandten Wirtschaftsethik übertragen.

Iris Bohnet und *Bruno S. Frey* diskutieren in ihrem Beitrag die Ergebnisse experimenteller Untersuchungen zu individuellem Entscheidungsverhalten, die sie an der Universität Zürich durchgeführt haben. Sie spielten mit Studierenden das sog. „Diktator-Spiel", bei dem ein Geldbetrag zwischen zwei Personen aufgeteilt wird, wobei eine der Personen (der „Diktator") die Verteilung festlegt. Das Spiel sei besonders gut geeignet, uneigennützige Entscheidungen zu modellieren. Die Überlegungen seien auf reale Probleme übertragbar, wenn man sich z. B. frage, wie das Spendenaufkommen zu erklären sei. Ausgangspunkt ist eine Situation, in der „Diktator“ und Empfänger anonym bleiben. Im folgenden wurden sukzessive Informationen über die Beteiligten in das Spiel eingeführt. Die Untersuchung zeigt, daß die Identifikation der Personen in dem Spiel für die Verteilungsrelation bedeutend ist. Je mehr Informationen der „Diktator“ über einen Empfänger besitzt, desto mehr nähert er sich in seiner Entscheidung der Gleichverteilung an. Dieselbe Tendenz läßt sich nachweisen, wenn der „Diktator“ gegenüber dem Empfänger nicht anonym bleiben kann.

Martin Leschke diskutiert zunächst die Anwendung des *homo oeconomicus*-Modells auf das Problem der Steuerhinterziehung. Folgt man dem Modell, so müßte die marginale Steuereinsparung durch Steuerhinterziehung dem probabilistisch (mit der Entdeckungswahrscheinlichkeit) gewichteten marginalen Strafmaß entsprechen. Empirische Studien zeigten dagegen, daß die Variablen „Höhe des Strafmaßes“ und „Entdeckungswahrscheinlichkeit“ bei der Entscheidung zur Steuerhinterziehung nur eine untergeordnete Rolle spielten. Leschke diskutiert in einem zweiten Schritt das Modell der *bounded rationality* und Überlegungen zur Steuermoral als Kandidaten für eine sinnvolle Erklärung des „Steuerzahlungsrätsels“. Eine Kombination dieser Ansätze erlaube, eine Vielzahl empirisch beobachtbarer Phänomene in einem Modell zu beschreiben. Darüber hinaus ließe sich nachweisen, daß die Entscheidung, Steuern zu hinterziehen, abhängig sei von dem Umfang der Steuermoral in einer Gesellschaft. Solche Zeitpfadabhängigkeit bezeichnet Leschke als „Hysteresis“-Effekte. Transparenz, Effizienz und eine nachvollziehbare, als sinnvoll empfundene Verwendung der Steuermittel sowie eine als gerecht angesehene Steuererhebung seien die besten Mittel, eine Erosion steuerehrlichen Verhaltens zu verhindern.

Birger P. Priddat geht in seinem Beitrag von empirischen Beispielen moralischen Konsums aus. Moralisch relevante Eigenschaften der Produktion oder des Produzenten könnten für die Produktwahl eines Konsumenten relevant sein. Es entstehe ein Quasi-Markt, auf dem moralische Forderungen gehandelt würden. Dabei ließen sich die einzelnen Beispiele für moralischen Konsum unterscheiden. Könnte im Fall des Boykotts der Firma Shell (im Zuge der Diskussion um die geplanten Versenkung einer Ölplattform) der Konsument das Unternehmen direkt treffen, so würde im Fall des Boykotts französischer Waren nach den Atomtests der französischen Regierung durch die Konsumenten eine politische Stellungnahme abgegeben. Es zeige sich, daß moralische Konsumentscheidungen stark von den in den Medien aktuell diskutierten Themen abhingen. Es scheine so, als ob sich der moralische Konsument opportunistisch verhielte. Dieser Interpretation hält Priddat entgegen, daß die Durchsetzung moralischer Forderungen an Märkten von dem aggregierten Drohpotential der Konsumenten abhinge, es also rational sein könne, den gesellschaftlich kommunizierten geteilten Überzeugungen zu folgen. Mit Rekurs auf Mordecai Nisan macht er diese Überlegungen für ein Modell der „Identitätsbilanz“ fruchtbar. Rationale Entscheider hielten ihre Identitätsbilanz ausgeglichen.

Allen Beiträgen ist gemeinsam, daß sie die Bedeutung anderer Personen für die individuelle Entscheidung betonen. Rationale Menschen sollten sich auch beim Wirtschaften nicht unabhängig von der Beziehung zu anderen Menschen entscheiden. Die Art der Beziehungen zwischen Personen begrenzt den Möglichkeitsraum der individuellen Akteure. Die Strukturen dieser Beziehungen sind moralisch relevant. Als gemeinsames Ergebnis der Beiträge kann man festhalten, daß individuelle Wahlhandlungen auf die eine oder andere Weise strukturell eingebettet sind. Die Frage, inwiefern ein so modifiziertes Verständnis individueller Rationalität beim Wirtschaften handlungsleitend ist, beantworten die Autoren und Autorinnen je nachdem, ob sie mehr die humesche Hoffnung oder den hobbesschen Pessimismus teilen.

Ursula Wolf

Gibt es moralische Probleme der Wirtschaft?

Unter dem Titel „Wirtschaftsethik“ werden die verschiedensten Probleme abgehandelt, von der Frage nach der Legitimität des Kapitalismus bis zur Frage der Unterrepräsentation von Frauen auf Managerposten. Ich möchte im folgenden auf drei Fragen eingehen, die für die Moralphilosophie ebenso weitreichend sind wie für die Wirtschaft. Erstens: Ist die Marktwirtschaft als solche moralisch, das heißt, läßt sie sich moralisch begründen? Um diese Frage stellen zu können, muß man die Marktwirtschaft als vollkommen freie verstehen, denn wenn sie sich bereits mit moralischen Aspekten vermischt hat, läßt sich nicht mehr feststellen, ob sie schon für sich moralisch wäre. Zweitens: Nach einer negativen Antwort auf die erste Frage stellt sich zweitens die Frage, ob die Marktwirtschaft überhaupt mit Moral vereinbar ist und wo sie mit der Moral in Konflikt gerät. Schließlich drittens: Kann und muß die Wirtschaft selbst diese Konflikte lösen, oder wie sonst sind sie zu handhaben?

1. Läßt sich die Marktwirtschaft moralisch rechtfertigen?

In der Literatur findet man zwei Strategien, die die freie Marktwirtschaft als bereits in sich moralisch erweisen wollen. Die eine Strategie ist die einer utilitaristischen Rechtfertigung: Die Marktwirtschaft dient dem gemeinsamen Nutzen, sie schafft Güter, die dem gemeinsamen guten Leben dienen.[1] Die andere Strategie verweist auf individuelle Rechte: Die Marktwirtschaft ist diejenige Weise des Wirtschaftens, die am weitesten das Grundrecht der Individuen auf Freiheit respektiert.[2] Ich beginne mit der zweiten Strategie; sie hängt direkt mit dem zusammen, was man alltäglich unter Moral versteht. Man kann diese Moralvorstellung am leichtesten erläutern durch Rückgriff auf Kant. Nach seiner Auffassung sind menschliche Individuen Wesen, die ihr eigenes Leben zum Zweck haben, die autonom ihr Leben führen können. Kraft dieser Eigenschaft besitzen sie einen Wert oder eine Würde, in der sie respektiert werden müssen. Kant formuliert das auch so, daß man solche Wesen nie nur als Mittel behandeln darf, sondern sie immer auch als Zweck sehen muß, und er setzt diese Vorstellung bewußt einer wohl damals schon bestimmenden ökonomi-

[1] So z. B. *Kurt W. Rothschild*, Theorie und Ethik in der Entwicklung ökonomischer Lehrmeinungen, in: Bernd Biervert/Martin Held (Hrsg.), Ökonomische Theorie und Ethik, Frankfurt a. M. 1987, 11-22.

[2] So *Milton Friedman*, Capitalism and Freedom, Chicago 1962, 8.

schen Einschätzung auch des menschlichen Lebens gegenüber, wenn er sagt, daß alles andere auf der Welt seinen Preis hat, während nur der Mensch als Zweck existiert und nicht einen Preis, sondern einen Wert hat.[3] Das alles heißt nicht, daß die Autonomie, die Freiheit des Individuums, schrankenlos wäre. Denn durch die Fähigkeit zur vernünftigen Selbstbestimmung besitzt jedes Individuum einen Wert, und eine moralische Einrichtung der Dinge wäre daher eine solche, wie Kant sie mit dem Terminus eines Reichs der Zwecke faßt, das heißt ein Zustand, in dem die Freiheit eines jeden mit der eines jeden anderen zusammenbestehen könnte. Daß jedes Individuum in seinem Wert zu respektieren ist, heißt, daß seine Freiheit eine Grenze für die Freiheit der anderen ist, so daß die Freiheit nur so weit reicht, wie sie mit der Freiheit der anderen vereinbar ist.

Nach dieser Vorstellung ist die Moral primär negativ: Sie hat nicht die Aufgabe, das Wohl aller zu sichern, sondern wie man heute vielleicht formulieren würde, die grundlegenden *Rechte* der Individuen, besonders das Recht auf Autonomie, zu schützen. Um die Frage zu beantworten, ob eine bestimmte Praxis moralisch legitim ist, müßte man also prüfen, ob diese Praxis das Freiheitsrecht der Individuen respektiert oder nicht. Geht man von dieser klassischen liberalen Moral der Aufklärung aus, was ergibt sich dann für die freie Marktwirtschaft? Was man sicher nicht sagen kann, ist, daß sie eine in sich moralische Praxis ist, daß sie sich positiv moralisch begründen läßt. Denn mit der Moral der Rücksicht auf die Autonomie der Individuen kann man nur negativ prüfen, ob jeweilige Handlungsregeln, Praktiken usw. moralisch problemlos sind, insofern sie die Grenzen, die die Moral setzt, nicht verletzen. Nun kann man zugunsten der Marktwirtschaft anführen, daß sie alles der Autonomie der Individuen überläßt. Aber wie wir gesehen haben, gehört zur Moral, daß alle Individuen *dasselbe* Recht auf Autonomie haben, und es ist alles andere als klar, daß die Marktwirtschaft als solche dem Rechnung trägt. Sie räumt vielleicht Unternehmern maximale Vertragsfreiheit ein, aber sie respektiert nicht z. B. (zumindest nicht automatisch) die Selbstbestimmung der Arbeitnehmer.

Mill, den man sicherlich als *den* Philosophen des Liberalismus bezeichnen kann, hat die Meinung vertreten, daß die ganze Idee, den Markt durch Verweis auf Freiheitsrechte zu legitimieren, verkehrt ist. Ökonomische Handlungen sind Handlungen, die Auswirkungen auf andere Menschen haben. Solche Handlungen sind gerade nicht grenzenlos frei, sondern haben Schranken, sie dürfen daher nach Mill, was die Moral betrifft, staatlich kontrolliert und reguliert werden.[4] Wir sollten also, was die Rhetorik der Freiheit angeht, vorsichtig sein. Sie besagt wenig Genaues, solange wir nicht geklärt haben, was überhaupt Freiheit im Sinn eines moralischen Grundrechts ist, von wessen Freiheit die Rede ist usw. Darauf komme ich noch zurück.

Ein weiteres Problem ist zu nennen. Die klassische Moral der Aufklärung betont einseitig das Grundrecht auf Autonomie. Das liegt daran, daß sie von Individuen

[3] *Immanuel Kant*, Grundlegung zur Metaphysik der Sitten, Akademie-Ausgabe, Berlin 1903/11, Bd. IV, 435.

[4] Siehe dazu *Jürgen Kromphardt*, Solidarisches Handeln im Spannungsfeld von individueller Freiheit und gesamtgesellschaftlicher Regulierung, in: Detlev Rahmsdorf u. a. (Hrsg.), Ethische Grundfragen der Wirtschafts- und Rechtsordnung, Berlin 1988, 79-100, 83.

ausgeht, die zum Besitzbürgertum gehören. Das Grundrecht auf Selbstbestimmung, dem politisch das Wahlrecht entspricht, kommt ursprünglich dem Proletariat nicht zu, sondern nur der besitzenden Klasse.[5] Ohne diese Einschränkung müßte man wohl sagen, daß es neben dem Grundrecht auf Autonomie auch ein Grundrecht auf die Ausstattung mit lebensnotwendigen Gütern gibt, dem das Moralprinzip der Verteilungsgerechtigkeit entspricht. Auch hier müssen wir später noch genauer überlegen, was das heißt. Sicher scheint, daß der freie Markt nicht notwendig dazu führt, daß alle unter hinreichenden materiellen Bedingungen leben, sondern daß seine Auswirkungen dieses Grundrecht verletzen können.[6]

Das bisher Gesagte sollte noch nicht eine moralische Bewertung der freien Marktwirtschaft sein. Vielmehr ist vorläufig nur so viel gezeigt, daß die Marktwirtschaft nicht eine schon in sich, aufgrund ihrer eigenen Prämissen, moralische Praxis ist und daß sie nicht durchgängig und in jeder Hinsicht mit der Moral vereinbar ist. Oder kann die zweite Strategie das doch zeigen? Die utilitaristische oder teleologische Rechtfertigung besagt, daß die freie Marktwirtschaft am besten dem gemeinsamen Nutzen dient, und zwar durchaus auch dem Nutzen der Ärmeren, weil durch den Anwachs an Reichtum auch die am schlechtesten Gestellten profitieren.[7] Auch in diesem Kontext findet man die Vorstellung, daß die Wirtschaft aufgrund ihrer eigenen Beschaffenheit moralisch ist. Man findet sogar die starke These, daß sie nicht durch eine Moral zu beurteilen ist, die außerhalb ihrer schon feststeht, sondern daß das wirtschaftliche Handeln geradezu als Paradigma der Moral dienen kann.[8] Denn menschliches Handeln sei grundsätzlich teleologisch, und auch moralisches Handeln beruhe darauf, daß man ein Motiv im Sinne eines Nutzens hat. Doch moralische Motive wie die Achtung für die Würde oder wie das Mitleid haben nichts mit einem Nutzen zu tun, wie die Ökonomie ihn versteht. Außerdem bezieht sich die ethische Rechtfertigung der Ökonomie auf den Gesamtnutzen, nicht auf den individuellen Nutzen. Nun versucht der Utilitarismus in der Tat auch die Moral so zu fassen, daß sie sich auf den Gesamtnutzen bezieht. Das liegt daran, daß der Utilitarismus ursprünglich keine Theorie der persönlichen Moral war, sondern für die Beurteilung von gesetzlichen Regelungen und politischen Strategien gedacht war. Hier scheint es auf den ersten Blick sinnvoll zu sein, daß diejenigen politischen Regelungen vorzuziehen sind, die insgesamt gesehen den meisten Nutzen und geringsten Schaden zur Folge haben. Doch so bleibt außer acht, was für die übliche Moral und gerade den Liberalismus entscheidend ist, daß nämlich auch die Suche nach dem Nutzen eine Grenze in den Grundrechten der Individuen hat, die nicht

[5] Vgl. dazu *Elmar Waibl*, Ökonomie und Ethik. Die Kapitalismusdebatte der Neuzeit, Stuttgart/Bad Cannstatt 1984, 75.

[6] Vgl. *Amartya Sen*, The Moral Standing of the Market, in: A. Pablo Iannone (Hrsg.), Contemporary Moral Controversies in Business, Oxford 1989, 532-544.

[7] Vgl. dazu *Carl Ch. von Weizsäcker*, Effizienz und Verteilungsgerechtigkeit – Ein Widerspruch?, in: Detlev Rahmsdorf u. a. (Hrsg.), Ethische Grundfragen…, a.a.O., 23-50.

[8] So *Josef Meran*, Die Wirtschaft als Thema der praktischen Philosophie, in: Detlev Rahmsdorf u. a. (Hrsg.), Ethische Grundfragen…, a.a.O., 51-78. Ähnlich *Karl Homann/Andreas Suchanek*, Wirtschaftsethik – Angewandte Ethik oder Beitrag zur Grundlagendiskussion?, in: Bernd Biervert/Martin Held, Ökonomische Theorie…, a.a.O., 101-121.

verletzt werden dürfen. Der Utilitarismus muß also, was die Moraltheorie angeht, durch ein Prinzip der Rücksicht auf individuelle Rechte ergänzt werden.

Eine rein utilitarische Begründung der Marktwirtschaft ist daher noch keine moralische Rechtfertigung. Sie ist allenfalls eine ethische Rechtfertigung im weitesten Sinn von „Ethik", die sich auf das individuelle gemeinsame Wohl oder gute Leben bezieht. Doch auch das Gelingen einer solchen ethischen Rechtfertigung ist fraglich. Sicher kann man traditionelle Formen des Wirtschaftens so begründen. Für Aristoteles z. B. ist klar, daß das letztliche Ziel aller Handlungsbegründungen das gemeinsame gute Leben, das Wohl des Individuums und der *polis* sein muß. Die Wirtschaft ist in diese Zielsetzung eingebettet. Sie hat die Aufgabe, die für das gute Leben notwendigen materiellen Güter bereitzustellen. Was Aristoteles *oikonomia* nennt, beschränkt sich ganz auf die zum guten Leben notwendigen Güter. Alles, was darüber hinausgeht, die Vermehrung des Reichtums, heißt nicht Ökonomie, sondern Chrematistik, Erwerbskunst, und ist abzulehnen, weil sie etwas, was nur Mittel zum guten Leben ist, Geld und Güter, zum Selbstzweck erhebt. Die moderne kapitalistische Wirtschaft ist nur verständlich, wenn man diese Beschränkung des Wirtschaftens auf das nötige Maß aufgibt. Die anthropologische Grundlage dafür finden wir bei Hobbes. Das menschliche Streben kennt kein bestimmtes Ziel, bei dem es Zufriedenheit erreicht, wie die antike Vorstellung annimmt, sondern ist unendlich. Wo ein Bedürfnis befriedigt ist, entsteht das nächste usw.. Der inhaltlich starke Glücksbegriff der Antike löst sich in der Neuzeit auf. Das Nützliche, das nur relativ zum guten Leben erstrebt wird, wird zum Selbstzweck: Nutzen, Lust und gutes Leben werden gleichbedeutend. Die Vorstellung, daß es ein wirkliches gutes Leben im Unterschied zum scheinbaren gibt, wie es im Gelderwerb als Selbstzweck besteht, geht verloren.[9]

Eine ethische Rechtfertigung der freien Marktwirtschaft gelingt nur unter der Voraussetzung, daß die Individuen sich und ihr Leben bzw. gutes Leben in der Tat auf diese reduzierte Weise verstehen. Das ist jedoch inzwischen sicher nicht mehr selbstverständlich. Viele Menschen finden es unbefriedigend, ihr Leben nur auf Nutzen, das heißt Leistung, Effizienz und Konsum auszurichten und sind auf der Suche nach alternativen Lebensformen. Parallel dazu gibt es in der philosophischen Ethik eine Entwicklung, die die moderne Entleerung des Begriffs des guten Lebens nicht mehr einfach hinnimmt, sondern erneut das antike Projekt einer Auszeichnung sinnvoller Lebensweisen in Angriff nimmt; und es gibt in der politischen Philosophie die Idee des Kommunitarismus, der gegenüber dem Liberalismus die Frage des *gemeinsamen* guten Lebens erneuert. Die utilitaristische Rechtfertigung der Marktwirtschaft ist daher nicht neutral, sondern legt eine bestimmte Sicht des guten menschlichen Lebens zugrunde, die nicht selbstverständlich ist und nicht von allen geteilt wird. Damit ist die Frage, ob die Marktwirtschaft *per se* schon moralisch oder ethisch richtig ist, endgültig negativ entschieden.

[9] Vgl. *Bernd Biervert/Josef Wieland*, Der ethische Gehalt ökonomischer Kategorien – Beispiel: Der Nutzen, in: Bernd Biervert/Martin Held, Ökonomische Theorie…, a.a.O., 23-50, 29ff.

2. Lassen sich Marktwirtschaft und Moral vereinbaren?

Einige Punkte, an denen die Marktwirtschaft mit der Moral kollidiert, habe ich schon erwähnt: Die freie Marktwirtschaft betont ebenso wie die komplementäre politische Theorie des Liberalismus das Recht auf Autonomie oder Freiheit; seine Ausübung aber könnte gegen das Prinzip der Verteilungsgerechtigkeit verstoßen. Auch das Recht auf Autonomie selbst ist nicht für alle gleich gesichert, wenn die meisten Betriebe eine hierarchische Struktur haben. Weitere Probleme wären zu nennen. Die Verlegung oder Stillegung von Betrieben hat die soziale Folge, daß Tausende von Beschäftigten ihren Arbeitsplatz verlieren. Eine weitere Gruppe von Problemen gehört zu den sogenannten externen Folgen der Marktwirtschaft – z. B. Umweltverschmutzung als Nebenfolge bestimmter Produktionsverfahren. Wir können die Frage, ob Natur und Umwelt moralische Rechte haben, dabei außer acht lassen. So gut wie immer sind Umweltschäden auch für die Menschen selbst schädlich, und andere Menschen zu schädigen verstößt gegen die üblichen Regeln der Moral, auch dann, wenn es nicht die direkte Handlungsabsicht, sondern nur eine vorhersehbare Folge des Handelns ist. Ich kann hier nicht auf alle diese Probleme eingehen. Einige sind vielleicht gar nicht prinzipieller Natur, könnten also schon innerhalb der Spielregeln der Wirtschaft selbst behoben werden. Was z. B. die Umweltverträglichkeit betrifft, so hat sich in vielen Fällen gezeigt, daß umweltfreundlichere Alternativen möglich sind.[10] Was die Rücksicht auf die Autonomie von Arbeitnehmern angeht, so läßt sich die Hierarchisierung vielleicht ein Stück weit rechtfertigen, wenn man auf die Unvermeidlichkeit der Arbeitsteilung und die damit einhergehende Spezialisierung des Wissens und Könnens verweist. Was man aber zumindest fordern müßte, wäre, daß die Zielsetzungen und Strukturen des Unternehmens für alle Beteiligten offengelegt werden und grundsätzlich jeder die Möglichkeit hat, Fragen zu stellen und Kritik zu äußern. Das scheint aber ohnehin eine faktische Entwicklung zu sein, nachdem sich offenbar zunehmend die Einsicht durchsetzt, daß das auch der Effizienz dient, weil auf diese Weise die Motivation der Beschäftigten erhöht wird. Eine weitere Frage wäre, ob die spezialisierten und fragmentarisierten Arbeitsschritte, die heute in vielen Berufen zu verrichten sind, als sinnvolle Tätigkeit empfunden werden können.[11] Die Hierarchisierung bleibt jedoch ein Problem, weil

[10] Das ändert nichts daran, daß die menschliche Lebensweise im Zeitalter von Industrie und Technik insgesamt so beschaffen ist, daß sie Zerstörung und Veränderung der natürlichen Umwelt zur Folge hat. Aber das ist ein Faktum, das schon besteht und sich nicht einfach rückgängig machen läßt.

[11] Man könnte vielleicht sagen, daß durch genügend Möglichkeiten der Mitbestimmung und mehr Information über die Einordnung der eigenen Arbeit dieses Problem ebenfalls schon gelöst ist. Das mag zu einem Teil der Fall sein, jedoch nicht vollständig. Eine monotone, triviale o. ä. Arbeit wird nicht schon dadurch interessant und sinnvoll, daß man den Zusammenhang kennt, in dem sie steht. Diese Probleme, die man unter dem Titel Entfremdung diskutieren könnte, muß ich hier aus Zeitgründen weglassen. Sie sind jedoch wichtig, weil man im Sinne des weiter unten erläuterten Begriffs eines Grundrechts sagen müßte, daß es sicher auch eine der für ein gutes Leben notwendigen Bedingungen ist, sein Leben in Tätigkeiten realisieren zu können, die interessant, wichtig und gesellschaftlich angesehen sind.

sie in eklatantem Gegensatz zum Programm einer politischen Gleichheit aller Personen steht und daher schwierige Legitimationsfragen aufwirft.[12]

Ich lasse diese unklaren Fragen so stehen und wende mich demjenigen Problem zu, das in der Literatur vorrangig diskutiert wird, der Frage, ob die freie Marktwirtschaft mit dem Prinzip der Verteilungsgerechtigkeit vereinbar ist, ob sie die Verteilungsgerechtigkeit fördert oder ob sie gegen sie verstößt.

Man würde vermuten, daß dies eine Tatsachenfrage ist und daher einheitlich beantwortet wird. Das ist jedoch nicht der Fall. Man findet in der Literatur zwei entgegengesetzte Auffassungen. Die eine besagt, daß die freie Marktwirtschaft Pareto-optimal ist, insofern ihre Maßnahmen einige besser stellen und niemanden schlechter stellen. Daraus allein ergibt sich noch nicht viel. Aber es wird nun im Anschluß daran gesagt, daß wirtschaftliche Effizienz eine Steigerung des allgemeinen Wohlstands bewirkt, mit der Folge neuer Investitionen, Schaffung neuer Arbeitsplätze usw., wovon auch die schlechter Gestellten profitieren. Es wird weiter gesagt, daß zwar einige jeweils unter den Folgen des Effizienzregimes zu leiden haben, daß sich dieser Nachteil aber oft ausgleicht, wenn man nicht nur den Zeitpunkt, sondern die ganze Lebenszeit des Individuums betrachtet, und wenn man betrachtet, daß eine Person, die von einer Maßnahme, etwa der Stillegung eines Betriebs, Schaden erleidet, dafür von allen anderen Maßnahmen gleichwohl mitprofitiert. Auf diese Weise stelle sich in der Ausrichtung an Effizienz am ehesten auch Verteilungsgerechtigkeit her, während eine direkte staatliche Verteilung von Mitteln, Kompensation von punktuellen Nachteilen usw. nicht praktikabel wäre, weil es dafür keine klaren Kriterien gibt, sondern die Folgen der Verteilung diffus und unsicher sind.[13]

Das ist die eine Seite. Die umgekehrte Argumentation lautet:[14] Unter einem Effizienzsystem könnte es z. B. sein, daß die Nicht-Beschäftigung von Arbeitslosen Pareto-optimal ist. Wie wir wissen, hat aber Arbeitslosigkeit oft negative Auswirkungen auf das Selbstwertgefühl der Betroffenen. Außerdem bezieht sich die Effizienz nur auf den ökonomisch definierten Nutzen und übersieht, daß dieser Nutzen nicht dasselbe ist wie das Wohl im Sinn des guten Lebens der Individuen. Diese Argumentation enthält klarerweise moralische und ethische Bewertungen. Dann ist Gegenstand der Kontroverse wohl nicht nur die Tatsachenannahme, daß der freie Markt in irgendeinem Sinn Verteilungsgerechtigkeit nach sich zieht; es geht auch um die zugrundeliegende Frage, was überhaupt soziale Gerechtigkeit heißt und ob sie ausreichend gefaßt ist, wenn man sie nur im Sinn des ökonomischen Nutzens definiert. Hier muß ich daher auf die Frage zurückkommen, was überhaupt Grundrechte von Individuen sind, was das Freiheitsrecht und das Prinzip der Verteilungsgerechtigkeit genauer bedeuten.

[12] Vgl. dazu *John Ladd*, Morality and the Ideal of Rationality in Formal Organizations, The Monist 54, 1970, 488-516. Ladd bezieht dieses Problem mit Recht nicht nur auf die Wirtschaft, sondern auf jede Form der modernen Bürokratie.

[13] Vgl. *Carl Ch. v. Weizsäcker*, Effizienz und Verteilungsgerechtigkeit..., a.a.O., 29.

[14] *Allen Buchanan*, Ethics, Efficiency and the Market, Oxford 1985, 4ff.

Oben wurde überlegt, ob man nicht zugunsten der Marktwirtschaft anführen kann, daß sie selbst bereits auf einem Grundrecht beruht; dies könnte das Recht auf Vertragsfreiheit, aber auch ein Recht auf freien Erwerb von Privateigentum sein. Daß es ein Grundrecht auf Freiheit gibt, ist eine so gängige Vorstellung, daß man vielleicht nicht auf den Gedanken kommen würden, sie zu hinterfragen. Der Rechtsphilosoph Ronald Dworkin hat jedoch in einem richtungsweisenden Artikel gezeigt, daß diese Vorstellung konfus und irreführen ist und man besser gar nicht von einem Recht auf Freiheit reden sollte.[15] Nehmen wir die Wahlfreiheit der Verbraucher, dann wäre es sicher merkwürdig zu sagen, daß man ein Grundrecht hat, zwischen hundert Sorten Parfüm zu wählen. Sofern man von einem Grundrecht auf Freiheit redet, scheint man nur wichtige Fragen zu meinen, und nicht solche Trivialitäten. Auf diese Weise aber kommt man nicht weiter, denn wenn es ein Grundrecht auf die Freiheit gibt, läßt sich nicht erklären, warum es in manchen Fällen vorliegt, in anderen nicht. Wir müßten daher grundsätzlich fragen, was ein Grundrecht ist und wie sich das, was mit dem Freiheitsrecht intendiert ist, sinnvoller formulieren läßt.

Grundrechte sind nach Dworkin etwas, was wir nicht nur wie die Freiheit des Beliebens einfach gerne hätten, sondern etwas, worauf wir einen Anspruch haben, und zwar einen Anspruch gegen den Staat. Sie sind also gerade anti-utilitaristisch, können also nicht durch Hinweis auf den Nutzen von Strategien außer Kraft gesetzt werden, sondern bilden eine Grenze für solche Strategien. Der Inhalt der verschiedenen Grundrechte ergibt sich aus demselben Prinzip, das auch die Regeln der persönlichen Moral stützt, daß wir nämlich alle als Personen, die überlegt auf ein gutes Leben ausgerichtet sind, gleichermaßen das Recht haben, mit Rücksicht und Achtung behandelt zu werden. Der Unterschied zwischen persönlicher und politischer Moral liegt darin, daß das Individuum nur jeweilige andere Individuen mit Rücksicht behandeln kann. Es kann jedoch als Individuum nicht Verhältnisse herstellen, die garantieren, daß die Grundrechte *aller anderen* respektiert werden. Das können nur Institutionen, die entsprechende Strukturen einführen und durchsetzen, was Aufgabe der Politik ist. Geht man von dieser Vorstellung von Grundrechten aus, dann kann das unklare Recht auf Freiheit nur bedeuten, daß man ein Recht auf die zu einem sinnvollen Leben als Person gehörigen Freiheits- und Wahlmöglichkeiten hat. Dann aber läßt sich ein Recht auf beliebige Vermehrung des Eigentums oder die Freiheit zum Eingehen beliebiger ökonomischer Verträge nicht ableiten. Denn man kann schlecht behaupten, daß es für ein sinnvolles Leben wesentlich ist, daß man diese Möglichkeiten realisiert. Was das betrifft, so ist sicher auch Dworkins Auffassung nicht ganz frei von ethischen Voraussetzungen – man kann nicht ausschließen, daß es Menschen gibt, die die Realisierung ihres Personseins in der Tat darin sehen, möglichst viel wirtschaftliche Macht zu erlangen. Aber das ist heute zumindest nicht die allgemein vorherrschende Vorstellung, und daher kann man Dworkins Überlegung schwer abweisen.

[15] *Ronald Dworkin*, Welche Rechte haben wir?, in: ders., Bürgerrechte ernstgenommen, Frankfurt a. M. 1984, 429-447.

Ebenso wie die gängige Rede von einem Grundrecht auf Freiheit ist auch die übliche Vorstellung von einem Grundrecht auf Gleichheit klärungsbedürftig. Gehen wir noch mal von Dworkins Auffassung aus, dann ist mit Gleichheit zuerst die Gleichheit des Rechts auf Rücksicht und Achtung gemeint, und was Dworkin „Rücksicht und Achtung“ nennt, ist im Grunde nur ein anderes Wort für die moralische Rücksicht im ganzen. Gemeint ist also, daß alle Personen gleichermaßen moralische Rücksicht beanspruchen können. Das ist sozusagen der allgemeinste Kern der Moral, und es ist eine zweite Frage, wie und in welcher Form sich daraus ein Prinzip der Verteilungsgerechtigkeit ableiten läßt. Dworkin weist darauf hin, daß gleiche moralische Rücksicht nur heißt, daß man Personen *als gleiche* behandelt. Je nach Situation kann gleiche Rücksicht gerade darin bestehen, die Personen verschieden zu behandeln. Die Verteilungsgerechtigkeit ist ein Prinzip der politischen Moral, das sich auf die Verteilung von Gütern, Ressourcen, Chancen usw. bezieht. Nehmen wir jetzt den für den wirtschaftlichen Bereich elementaren Fall der Verteilung von Besitz und Einkommen. Der freie Markt führt hier zu einer ungleichen Verteilung. Aber heißt Verteilungsgerechtigkeit, daß jeder genau gleichviel hat? Es gibt radikale Liberale wie Ackerman,[16] die bei Ungleichheiten jeweils die Frage aufwerfen, wie es gerechtfertigt werden kann, daß eine Person mehr von etwas hat. Warum soll ein Manager mehr verdienen als untergeordnete Beschäftigte? Warum soll jemand, der auf dem Markt geschickter operiert als andere, mehr Besitz haben, wenn dieses Geschick eine Fähigkeit ist, die er zufällig hat und andere nicht, also nicht auf Verdienst beruht? Andere Unterschiede könnte man leichter begründen. So könnte man sagen, daß jemand, der mehr Zeit und Kraft auf Arbeit verwendet, mit Recht mehr Lohn erhält als andere, die freiwillig weniger tun.

Das sind schwierige Fragen, denen man genauer nachgehen müßte. Es gibt sicher einen Punkt, wo schlichte Gleichheit gegeben sein sollte: aus der allgemeinen Rücksicht auf Personen als Personen folgt, daß jede Person mindestens so viel materiellen Besitz haben müßte, wie für ein sinnvolles Leben nach dem derzeit üblichen sozialen Lebensstandard nötig ist. Natürlich ist schwer festzulegen, was genau dieses Minimum ist. Aber die Marktwirtschaft hat jedenfalls faktisch bisher nicht die Wirkung, für alle dieses Minimum zu sichern. Hingegen glaube ich nicht, daß die Verteilungsgerechtigkeit stärkere Forderungen impliziert, daß alle gleichviel haben müßten. Daß man ein Recht darauf hat, das für ein gutes Leben Nötige zu haben, heißt nicht, daß man ein Recht hat, ebenso viel zu haben wie jede andere Person. Vielleicht müßten alle im Prinzip die gleichen Chancen auf den Versuch haben, so viel zu erwerben, wie sie wollen. Das würde heißen, daß der Staat nicht nur erstens minimalen Lebensstandard für alle sichern müßte, sondern auch zweitens die Fairneß der ökonomischen Spielregeln gewährleisten müßte. Aber es liegt gar nicht in der Reichweite politischer Regelungen sicherzustellen, daß diese Chance von allen gleich realisiert wird, weil wir an der Verschiedenheit individueller Fähigkeiten und dem Einfluß äußerer Zufälle nichts ändern können. Man könnte vielleicht argumentieren, daß sich gerade aus dieser Kontingenz des Erfolgs ein Recht auf strikte Gleichheit

[16] *Bruce A. Ackerman*, Social Justice in the Liberal State, New Haven/London 1980.

ergibt. Ist es nicht gerade dann ungerecht, wenn manche mehr haben als andere? Es ist deswegen nicht ungerecht, weil man Rechte nur dort geltend machen kann, wo menschliches Handeln etwas ändern kann. Aber daß manche Menschen im Leben Erfolg haben und andere scheitern, daß es im Leben Gewinner und Verlierer gibt, ist nicht nur im ökonomischen Bereich, sondern im Leben insgesamt der Fall; schon die Griechen haben das Leben nach dem Modell eines Wettkampfs verstanden. Politische Moral kann hier nur die Funktion haben, auf die Fairneß der Regeln zu achten und zumindest auch die Verlierer so weit zu stützen, daß sie in äußerer Hinsicht nicht unter den normalen Lebensstandard absinken. Alles, was darüber hinausgeht, ist kein sinnvoller Gegenstand von Regelungen. Selbst wenn es eine praktikable Möglichkeit der strikten Gleichverteilung hier und jetzt geben sollte, würde das nicht Gleichheit zur Folge haben, weil die einen das, was sie haben, großzügig verwenden, die anderen sparsam damit umgehen würden usw., woraus schon nach kurzer Zeit Ungleichheit resultieren würde.

Ich komme, was die Verteilungsgerechtigkeit angeht, zu dem Ergebnis, daß der minimale Gehalt dieses Prinzips von den Auswirkungen der freien und unkontrollierten Marktwirtschaft häufig verletzt wird. Ich komme weiterhin aus dem von Dworkin übernommenen Begriff eines Grundrechts zu dem Ergebnis, daß wir – sofern wir die Moral nicht einfach aufgeben wollen – nicht sagen können, die Wirtschaft solle zugunsten größerer Effizienz gleichwohl nur nach ihren eigenen Zielsetzungen operieren. Grundrechte schränken gerade an Zielen wie Effizienz usw. orientierte Handlungsstrategien ein, und insofern gilt auch für die Marktwirtschaft, daß sie dort eingeschränkt werden müßte, wo ihre Verfahren zur Folge haben, daß Grundrechte verletzt werden.

Nun ist eine weitere Frage, ob die Wirtschaft selbst in solchen Fällen verpflichtet wäre, sich an der Moral zu orientieren, oder ob es Aufgabe des Staates ist, die Wirtschaft zu kontrollieren. Damit komme ich zur dritten und letzten Frage.

3. Soll die Wirtschaft selbst sich an der Moral orientieren?

Was diese Frage betrifft, gibt es in der Literatur zwei extreme Positionen und mehrere Positionen dazwischen. Die eine lautet, daß die Wirtschaft durch das Ziel der Effizienz definiert ist und alle Handlungen daher nur auf dieses Ziel hin zu bewerten sind, also gänzlich frei von moralischen Gesichtspunkten zu sein haben.[17] Das andere Extrem ist, daß wirtschaftliches Handeln in seiner Struktur sogar als paradigmatisch für moralisches Handeln angesehen wird, so daß Wirtschaft und Moral direkt verknüpft sind und gar nicht zwei trennbare Bereiche bilden.[18] Diese zweite extreme Position habe ich unter (1.) schon kritisiert, und die eben angestellten Über-

[17] Ein solches Bild findet sich idealtypisch in *John Ladd*, Morality and the Ideal of Rationality..., a.a.O., allerdings in kritischer Absicht.

[18] Vgl. die in Anm. 8 angeführten Artikel.

legungen zum Gerechtigkeitsproblem bestätigen diese Kritik. Bei der ersten Position ist die Frage, wie sie genauer zu interpretieren ist. Wenn man die Wirtschaft so aus den übrigen Gesellschaftsbereichen isoliert, daß die wirtschaftliche Frage eben die der größten Effizienz ist, dann handelt es sich um die eher triviale begriffliche These, daß zur rein ökonomischen Beurteilung von Handlungsweisen in der Tat nur die Kriterien relevant sind, die in dieser Zielsetzung liegen. Ist hingegen gemeint, daß es *in der Realität* möglich und wünschenswert ist, wirtschaftliche Aspekte von Handlungsweisen vollständig von anderen Aspekten zu trennen, dann scheint diese These ebenso übertrieben wie die umgekehrte. Überspitzt ist dann allerdings auch die „reine" Definition der Ökonomie. Die Definition wird statt dessen oft ja auch so formuliert, daß die Ökonomie den gemeinsamen Nutzen, die Bereitstellung von Gütern für alle zur Aufgabe hat; wenn man die Definition so formuliert, nimmt sie Bezug auf Gemeinschaft und zeigt das Problem an, daß ökonomische Effizienz und Gemeinwohl zu vermitteln sind. Natürlich kann man, wo reine Effizienzprobleme zur Diskussion stehen, idealtypisch von den realen sozialen Einbindungen der Wirtschaft absehen. Aber man kann nicht davon absehen, wenn man die Grundsatzfrage nach dem Verhältnis von Wirtschaft und Gesellschaft bzw. Moral stellt. Wie wir mehrfach gesehen haben, hat die Wirtschaft gewollt oder ungewollt soziale Folgen, und daher läßt sich die Frage nicht abweisen, wie weit sie moralische Rücksichten nehmen müßte.

Vertreter dieser Auffassung sind wiederum geteilter Meinung darüber, was genau das heißt. Eine erste Möglichkeit, die ich schon zurückgewiesen habe, war, daß die Ausrichtung an ökonomischer Effizienz genügt, weil sie automatisch auch optimale Ergebnisse im Hinblick auf moralische Gerechtigkeit haben wird – die sog. Theorie der *invisible hand.* Wenn die Welt so moralisch leider nicht eingerichtet ist, dann bleiben jetzt zwei Möglichkeiten: Entweder die Wirtschaft soll sich auf rein ökonomische Kriterien beschränken, und die Einhaltung der Moral ist Aufgabe des Staates.[19] Oder aber das wirtschaftliche Handeln selbst muß so ausgerichtet sein, daß es ökonomische ebenso wie moralische Gesichtspunkte befolgt.[20] Die erste Variante verweist die moralischen Probleme an eine politische Moral, die zweite teilt sie der persönlichen Moral, und zwar der Moral der wirtschaftlich Handelnden selbst zu.

Ich denke, daß diese Entgegensetzung nur eine scheinbare ist, insofern sie sich einfach daraus ergibt, daß beide Seiten von verschiedenen moralischen Problemen ausgehen. Wenn man alle verschiedenartigen Probleme beachtet, zeigt sich, daß je nach Art des Problems bald die eine, bald die andere Auffassung paßt.

Die vorhin behandelten Probleme der Verteilungsgerechtigkeit insbesondere sind solche, die grundsätzlich, ihrer eigenen Art nach nicht durch die persönliche Moral von Unternehmern usw. gelöst werden können. Selbst wenn der Markt nach seinen Gesetzen im Prinzip auf einen Zustand hinsteuern sollte, wo niemand mehr unter

[19] So *Peter Ulrich*, Die Weiterentwicklung der ökonomischen Rationalität – Zur Grundlegung der Ethik der Unternehmung, in: Bernd Biervert/Martin Held, Ökonomische Theorie..., a.a.O., 122-149, 131ff.

[20] So z. B. *Alan H. Goldman*, Business Ethics: Profits, Utilities and Moral Rights, in: Philosophy and Public Affairs 9, 1980, 260-286.

einem minimalen Lebensstandard lebt, hier und jetzt ist das jedenfalls nicht der Fall. Die Menschen haben aber hier und jetzt einen Anspruch auf einen solchen Zustand. Was könnte der Unternehmer im Sinn einer persönlichen Moral dazu beitragen? Er könnte z. B. einen Teil seines Profits an Arme verschenken. Oder er könnte von Armen weniger oder gar kein Geld für seine Waren verlangen, von Reichen dafür entsprechend mehr. Das hilft aber erstens wenig, weil dadurch, daß *ein* Unternehmer so handelt, die anderen nicht ebenso handeln werden, womit sich in der Gesellschaft im ganzen wenig ändern wird. Zweitens und grundsätzlicher: Ein solches Umverteilungsverfahren ist von den Prämissen der Marktwirtschaft her unsinnig, weil es gerade ihre Prinzipien aufhebt. Der Unternehmer kann natürlich als Privatperson altruistisch sein und z. B. Geld verschenken, aber er kann es – soweit hat die Auffassung, daß die Wirtschaft durch Effizienz definiert ist, recht – nicht *als* Unternehmer, weil er als solcher nur überleben und erfolgreich sein kann, wenn er sich an die Spielregeln des Markts hält. Daß im Rahmen einer bestimmten Rolle manche moralisch lobenswerten Handlungen, die wir als Privatleute tun können, nicht möglich sind, ist auch sonst ein verbreitetes Phänomen. Zum Beispiel kann man im Privatleben jemandem, der einem Unrecht getan hat, verzeihen, während man als Richter nicht nach Belieben die gesetzlich vorgesehene Strafe erlassen kann.[21]

Es zeigt sich also, daß nicht das wirtschaftliche Handeln als solches für Verteilungsgerechtigkeit sorgen kann, sondern daß diese Aufgabe in der Tat einer anderen Instanz zugewiesen werden muß. Da Einzelmaßnahmen hier wenig beitragen, kann diese Instanz auch nicht die Individuen als private sein. Es kann also nur der Staat sein, der gefordert ist, entsprechende institutionelle Regelungen auszuarbeiten, einzuführen und durchzusetzen. Es bleibt jedoch gleichwohl auch für die persönliche Moral noch etwas zu tun. Staatliche Regelungen kann man befolgen oder zu umgehen versuchen, da sie sich nie vollständig überwachen lassen. Eine institutionalisierte Verteilungsgerechtigkeit durch Besteuerung u. a. kann man insbesondere auch deswegen leicht umgehen, weil die Wirtschaft international operiert und Gesetze an Einzelstaaten gebunden sind.[22] Gesetze und Regelungen sind immer erst dort wirksam, wo diejenigen, die ihnen unterworfen sind, sie aufgrund ihrer eigenen persönlichen moralischen Einstellung akzeptieren und sie nicht nur zur Vermeidung von Strafe, sondern aus einer echten moralischen Motivation heraus befolgen. Insofern müßte zu einer politischen Moral, die entsprechende Regelungen einführt und ihre Einhaltung kontrolliert, die persönliche moralische Überzeugung der wirtschaftlich Handelnden hinzukommen, daß Verteilungsgerechtigkeit wünschenswert und zu fördern ist und daher gewisse Einschränkungen der ökonomischen Freiheit rechtfertigt.

Man könnte vermuten, daß die Dinge ähnlich liegen, was die Spielregeln oder moralischen Rahmenbedingungen des freien Marktes betrifft. Doch diese Ähnlich-

[21] Es scheint, daß dieses Phänomen sich nicht auf moralisch verbindliche Handlungen bezieht, sondern auf den Bereich der sog. supererogatorischen Handlungen, die moralisch besonders lobenswert, aber nicht verpflichtend sind.

[22] Darauf verweist auch *Kenneth R. Andrews,* Can the Best Corporations Be Made Moral?, in: A. Pablo Iannone (Hrsg.), Contemporary Moral..., a.a.O., 135-142.

keit besteht nur teilweise. Auf der einen Seite sollten sicher die Spielregeln des Marktes nicht einfach diesem selbst überlassen bleiben, weil sonst die auf dem Markt jeweils Mächtigsten die Spielregeln diktieren könnten, was nicht unbedingt ihre Fairneß zur Folge haben wird. Sie sollten daher gesetzlich geregelt und garantiert werden. Auf der anderen Seite aber sind diese Spielregeln ihrer Art nach nicht institutionelle Regelungen, sondern die gewöhnlichen Regeln der persönlichen Moral, zum Beispiel: andere nicht zu schädigen, nicht zu täuschen und zu betrügen, sich an Versprechen und Verträge zu halten. Die manchmal zu findende Behauptung, daß diese Regeln ebenso unvereinbar mit dem definierenden Zweck des Marktes sind wie altruistisches Verhalten, scheint mir nicht sehr überzeugend. Zumindest langfristig jedenfalls dürften sich Verstöße gegen die alltäglichen moralischen Regeln nicht auszahlen. Sobald sich herausstellt, daß ein Produkt Benutzer oder Umwelt usw. schädigt, daß es nicht die Eigenschaften besitzt, mit denen es angepriesen wurde usw., pflegen die Verbraucher sehr schnell kritisch zu reagieren. Nun könnte man sagen, daß in diesen Fällen die Wirtschaft selbst nicht moralisch zu sein brauche. Es genüge, daß sie die alltägliche Moral als Faktor in Rechnung stellt, ohne daß sie sich deswegen diese selbst zu eigen machen müßte. Aber Verbraucher können auch für den Unterschied zwischen nur scheinbar äußerlich moralkonformem Verhalten, das nicht stabil und verläßlich ist, und wirklicher moralischer Integrität sensibel sein, und daher kann es durchaus ratsam sein, die Moral nicht nur einzukalkulieren, sondern selbst echte moralische Einstellungen zu haben, das zu haben, was man Tugenden nennt.

Für einen dritten Bereich, die internen Probleme von Betrieben, würde ich annehmen, daß wir es hier mit einer Mischung von Problemen der politisch-institutionellen Moral und der persönlichen Moral zu tun haben. Fragen wie die nach Löhnen, Arbeitszeiten, sozialen Leistungen usw. sind institutioneller Natur, während Dinge wie das sog. „Betriebsklima" von der persönlichen Moral der Beteiligten abhängen. Aber auch Selbstbestimmung, Durchsichtigkeit und Kritikmöglichkeit lassen sich vielleicht nur begrenzt institutionalisieren, weil sie einen weiten Interpretationsspielraum lassen und daher wohl nur dann wirklich gegeben sind, wenn entsprechende moralische Einstellungen sie tragen.

Diese Thesen über den Zusammenhang von Moral und Wirtschaft bleiben natürlich abstrakt. Man könnte z. B., was die Verteilungsgerechtigkeit angeht, einwenden, daß es keine Möglichkeit gibt, durch Regelungen das entsprechende Grundrecht für alle zu sichern, weil die Situationen zu diffus und verschiedenartig sind. Hier bleibt die Aufgabe für die politische Moral, nach Modellen der Kompensation zu suchen und ihre Praktikabilität zu erweisen. Man könnte weiter einwenden, daß uns eine so kontrollierte Marktwirtschaft auch um die Vorteile des freien Markts bringen würde, weil jetzt weniger Anreiz für ökonomische Unternehmungen wäre und in der Folge weniger Güter zur Verfügung ständen, die verteilt werden könnten.

Dieser Einwand scheint mir nicht unbedingt zwingend, denn solange Gerechtigkeit nicht strikte Gleichheit bedeutet, bleibt Spielraum für Wettbewerb und Gewinn. Die weitergehende Frage wäre, ob man nicht ein Wirtschaftssystem vorziehen sollte, dessen Auswirkungen von vornherein nicht dazu tendieren, Grundrechte der Individuen zu verletzen. Wie die jüngste Entwicklung zeigt, hat sich aber offenbar zu irgendeiner Form von Marktwirtschaft bisher historisch keine brauchbare Alternative herausgebildet, die von selbst bessere moralische Folgen hat. Solange es keine entwickelte Alternative gibt, können wir nur fragen, welche Form innerhalb der Marktwirtschaft die meiste moralische Rücksicht ermöglicht. Gewisse Eingriffe in die Freiheit der Wirtschaft sind, wie wir gesehen haben, moralisch zulässig, während die Grundrechte der Individuen ihrem Sinn nach etwas sind, woran wir keine Abstriche machen können.

Wolfgang Kersting

Probleme der Wirtschaftsethik*

Die gegenwärtige wirtschaftsethische Debatte wird durch den Wettbewerb von drei Positionen bestimmt, die sich in ihrer Krisendiagnose weitgehend einig sind, bei dem Weg aus der Krise aber je einer anderen Leitvernunft vertrauen. Alle drei stoßen in ihrer Analyse der Ursachen der moralischen Problemfolgen wirtschaftlichen Handelns auf ein und dieselbe Quelle des Unheils: auf die sich verabsolutierende instrumentelle, strategische, ökonomische Rationalität. Jedoch bei der Wahl der therapeutischen Krisenüberwindungsrationalität gehen sie getrennte Wege.

Modernitätskonsequent und voller Vertrauen auf die Lernfähigkeit der ökonomischen Rationalität setzen die einen auf einen „ökonomischen Imperialismus".[1] Da Menschen unter einem nicht abzuschüttelnden Knappheitsregiment leben und daher bei allem, was sie tun, Kosten anfallen, spricht der ökonomische Imperialismus der auf Handlungskoordination unter Knappheitsbedingungen spezialisierten ökonomischen Rationalität ausschließliche und unbegrenzte Zuständigkeit in der Welt der *anthropina* zu.

Neben den ökonomischen Imperialisten finden wir die Anhänger der kommunikativen Diskursrationalität, die diesem nachkonventionellen prozeduralen Vernunfttyp nicht nur die Verteidigung der Lebenswelt gegen die Angriffe der Systemwelt zutrauen, sondern überdies sogar hoffen, daß er ausgerechnet im ökonomischen Gravitationszentrum der Welt der Systeme der ebenso kurzsichtigen wie unwiderstehlichen Marktrationalität den Einfluß streitig machen kann. Und schließlich finden wir da nach die Fraktion eines merkwürdig zwielichtigen Prämodernismus, der die substantialistische, religiös imprägnierte Ethosvernunft der Tradition wiederbeleben möchte: half die Religion ursprünglich dem Geist des Kapitalismus, sich zu entfalten, so soll sie jetzt das kapitalistische Gewinnstreben zu ethischer Selbstbeschränkung ermutigen. Entsprechend können wir drei Typen von Wirtschaftsethik unterscheiden: zum einen eine dogmatisch-moderne Wirtschaftsethik, zum anderen eine reflektiert-moderne Wirtschaftsethik und schließlich drittens eine prämoderne Wirtschaftsethik.

Die dogmatisch-moderne Wirtschaftsethik des ökonomischen Imperialismus dehnt den konzeptuellen Rahmen der Nutzen-Kosten-Vergleiche auf alle gesellschaftlich-moralischen Problemstellungen aus und läßt Vernunftförmigkeit und Marktförmigkeit konvergieren. Hier soll die Vernunft zur Ökonomie gebracht werden. Die ande-

* Wiederabdruck aus: Zeitschrift für philosophische Forschung 48, 1994, 350-371.

[1] *Karl Homann*, Strategische Rationalität, kommunikative Rationalität und die Grenze der ökonomischen Vernunft, in: Peter Ulrich (Hrsg.), Auf der Suche nach einer modernen Wirtschaftsethik, Bern/Stuttgart 1990, 103-119, bes.105f.

ren beiden wirtschaftsethischen Typen versuchen hingegen, die Ökonomie zur Vernunft zu bringen. Gipfelt die dogmatisch-moderne Wirtschaftsethik in einem Marktabsolutismus, so zielen die konkurrierenden Konzeptionen auf eine ethische Kontextualisierung des Marktes, durch die die ökonomische Rationalität dem Regiment einer superioren Alternativvernunft unterstellt wird. Da ist zum einen die Wirtschaftsethik der diskursiven Kontextualisierung, die den universalistischen Orientierungen der modernen Diskurs- und Kommunikationsgesellschaft vertraut. Und da ist zum anderen die Wirtschaftsethik der ethischen Kontextualisierung, die den ganzen kulturellen Instanzenzug der Traditionswelt wiedereinzuführen beabsichtigt und der Ökonomie durch Einbettung in eine ganzheitliche, religiös zentrierte Sinnwelt die verlorene menschliche Gestalt zurückgeben will.

Vor dem Hintergrund dieser typologischen Trias werde ich im folgenden einige wirtschaftsethische Problemstellungen diskutieren und dabei für eine pluralistische wirtschaftsethische Konzeption argumentieren, die Elemente ökonomischer und kommunikativer Rationalität verbindet. Ich werde zuerst das Problem der Nebenwirkungen kollektiver Praxis und die ihm angemessenen kontraktualistischen Lösungen beleuchten. Nebenwirkungsprobleme lassen sich als Hobbessche Naturzustandssituationen, als Sozialfallen und Gefangenendilemmasituationen rekonstruieren.[2] Gemeinsam ist Situationen dieses Typus, daß sie sie keine individualethischen Lösungen zulassen und den moralischen Appell an die individuelle Verantwortung in eine in jeder Hinsicht irrationale Strategie verwandeln. Ich unterscheide hier zudem ein *Dilemma der Modesti*, das gleichsam einen moralischen Parallelfall zum Gefangenendilemma darstellt: gründet im letzteren die rationale Ausweglosigkeit in der Unvermeidlichkeit ineffizienter Strategien, so gründet sie im Fall des Dilemmas der Modesti in der Unvermeidlichkeit moralisch unzulässiger Strategien. *Wirtschaftsethische Problemsituationen sind*, das ist meine These, *zugleich vom Typ der Gefangenendilemma-Situation und vom Typ des Dilemmas der Modesti*, zwingen also die ökonomische Rationalität und die moralische Rationalität gleichermaßen dazu, ihr eigenes Niveau zu unterbieten. Ich wende meine Aufmerksamkeit dem Dilemma der Modesti vor allem darum zu, weil die gegenmoderne ethische Ökonomie Koslowskis den Anspruch erhebt, dieses Dilemma der Modesti aufzulösen – und damit die These von der individualethischen Unlösbarkeit der Probleme kollektiven Handelns zu widerlegen.

Sodann werde ich den Status einer wirtschaftsethischen Lösung der Nebenwirkungsprobleme diskutieren, werde die von Mittelstraß formulierte Entscheidungsfrage: Reperaturethik oder Vernunftethik[3] aufgreifen und mich gegen kompensatorische Wirtschaftsethiken und für emanzipatorische Wirtschaftsethiken aussprechen, also für eine moralisch-diskursive Kontextualisierung und gegen eine ökonomische Kontextualisierung. Drittens schließlich werde ich mich der Unternehmensethik im engeren Sinne zuwenden und dabei für eine diskursethische Lösung, für eine Unter-

[2] Zur Gefangenendilemmastruktur (*Prisoners' Dilemma*-Struktur) des Hobbesschen Naturzustandes vgl. *Wolfgang Kersting*, Thomas Hobbes, Hamburg 1992, 102-121.

[3] Vgl. *Jürgen Mittelstraß*, Wirtschaftsethik oder der erklärte Abschied vom Ökonomismus auf philosophischen Wegen, in: Peter Ulrich (Hrsg.), Auf der Suche..., a.a.O., 17-38, bes. 36.

nehmensverfassung der diskursiv-kommunikativen Rationalität plädieren, die freilich dem Anwendungsproblem gerecht werden und an die Diskurse in der Jetztzeit und Realwelt anzuknüpfen in der Lage sein muß, sich daher allen diskursethischen Purismus zu entschlagen und in die unreinen Verhältnisse gemischter Rationalitätsformen zu schicken hat. Ich werde in diesem Zusammenhang zur Konturierung dieser diskurspragmatischen Wirtschaftsethik der gemischten Rationalitätsformen auf zwei einschlägige Überlegungen Kants zurückgreifen, der nicht nur, wie jedermann weiß, der Begründer jener grimmig-konsequent Konsequenzen mißachtenden „fiat justitia pereat mundus"-Haltung war, sondern auch, was weniger bekannt ist, wegweisende Überlegungen zu den spezifischen Anwendungsproblemen einer Prinzipienmoral auf raum-zeitliche Verhältnisse und zu den Durchsetzungsschwierigkeiten der Vernunft in einer unvernünftigen Welt angestellt hat und in diesem Zusammenhang zwei erstaunliche Lehrstücke vom moralischen Erlaubnisgesetz und vom erlaubten moralischen Schein entwickelt hat.

Den folgenden wirtschaftsethischen Skizzen liegt die These zugrunde, daß eine ausgearbeitete Wirtschaftsethik auf einem dreigeteilten ordnungspolitischen Schema beruhen muß: die Grundlage bildet eine Theorie des Gesellschaftsvertrags, in der eine zwangsbewehrte gesetzliche Rahmenordnung für wirtschaftliches Handeln kontraktualistisch begründet wird; der zweite Schritt besteht in der Formulierung eines Wirtschaftsvertrags, in dem sich die Wirtschaftssubjekte unter der Rationalitätsbedingung der Wechselseitigkeit zu kooperativem Handeln verpflichten; und der dritte Teil dieses ordnungspolitischen Schemas wird durch die Diskurse der Gesellschaft beherrscht, die die Marktbedingungen verändern und als Vehikel der kulturellen Modernisierung der Wirtschaft und des betrieblichen Innenlebens dienen.

1. Problemfolgen kollektiver Praxis

In der gegenwärtigen wirtschaftsethischen Diskussion finden die traditionellen Probleme der sozialen Gerechtigkeit, der Eigentums- und Arbeitsverfassung und der Weltwirtschaftsordnung nur geringe Aufmerksamkeit. Das Hauptinteresse gilt zum einen Fragen der unternehmerischen Verantwortung für die sozialen und vor allem ökologischen Folgen wirtschaftlichen Handelns, für den wirtschaftlichen Raubbau an den öffentlichen Gütern, und richtet sich zum anderen auf das Gebiet der Unternehmensverfassung und Mitarbeiterführung. Die vorgeschlagenen wirtschaftsethischen Normierungen zielen also einerseits auf die ökologische Domestizierung des Kapitalismus und andererseits auf die kulturelle Modernisierung des Kapitalismus. Dabei geht es um die Frage, wie die ökologischen und umweltethischen Notwendigkeiten unter wirtschaftsliberalen Bedingungen, angesichts des Gewinnmaximierungsprinzip des ökonomischen Rationalismus und des Prinzips subjektiver Rechte, die ihnen zukommende Beachtung finden können, und wieviel kulturelle Modernisierung, wieviel dialogische, republikanische, diskursiv-kommunikative, am

Konzept des mündigen Bürgers ausgerichtete Unternehmensethik sich die gewinnorientierte Unternehmenspolitik leisten muß. Anders also als in den medizin- und bioethischen Abteilungen der gegenwärtigen ethischen Betriebsamkeit geht es in der Wirtschaftsethik nicht darum, mit gedankenexperimenteller Phantasie die Anwendungsreichweite der vertrauten moralischen Begriffe und Verfahren auf den neuen modernisierungserzeugten, moralsensiblen Problemfeldern auszuloten; es geht nicht um begriffliche Anwendungsprobleme, sondern um praktische Durchsetzungsprobleme. Und das legt die Vermutung nahe, daß die Wirtschaftsethik eine unreingemischte Ethik sein muß, eine Ethik, in der die rivalisierenden Rationalitätsformen Hobbesscher und Kantscher Provenienz angespannt miteinander kooperieren müssen.

Es ist offenkundig, daß die gegenwärtigen Bemühungen einer umweltethischen Disziplinierung des Wirtschaftsliberalismus in die Fußstapfen seiner bereits erfolgten und bewährten sozialethischen Milderung treten und den Sozialstaat zu einem Umweltstaat ausbauen wollen, um damit das etatistische Management der wirtschaftsverursachten Destabilisierung des Sozialsystems und Schädigung der öffentlichen Güter ausdehnen und seine kompensatorische Effizienz steigern zu können. Die durch den Wirtschaftsliberalismus, also durch gewinnorientiertes wirtschaftliches Handeln unter Konkurrenzbedingungen bewirkten Schwierigkeiten sind Problemfolgen kollektiver Praxis, gipfeln in Gesamtzuständen mit rasant schwindender Zuträglichkeit, die als Nebenwirkungswildwuchs aus ungewollten, aber kausal unvermeidlichen und immer in Kauf genommenen sozialen und ökologischen Begleiterscheinungen nutzenmaximierenden Handelns entstanden sind und weiterhin entstehen, und deren Verbesserung nur durch kollektive Lösungen erreicht werden kann.

Es gibt zwei Arten von kollektiven Lösungen: die dogmatisch-hobbesianische und die undogmatisch-hobbesianische. Der dogmatische Hobbesianismus besteht darin, daß sich das Betroffenen-Kollektiv, das das Schädiger-Kollektiv als Teilgruppe umfaßt, auf der Grundlage fairer Entscheidungsprozeduren auf ein zwangsbewehrtes Regelsystem zum Zwecke der Disziplinierung des Schädiger-Kollektivs einigt. Ich rede von Hobbesianismus, weil sich die hier nur skizzierte und nicht auszuführende Argumentation in den Bahnen der kontraktualistischen Herrschafts- und Prinzipienbegründung bewegt, und dogmatisch ist dieser Hobbesianismus, weil es bei dieser Ausgestaltung des wirtschaftsethischen Sockels um die Etablierung einer sanktionsbewehrten Rechtsordnung, also um die ordnungspolitischen Aufgaben des Staates geht, die auf die besonderen Schadensumstände zugeschnitten sind und gegenwärtig auf eine ökologieethisch motivierte Komplementierung der rechts- und sozialstaatlichen Rahmenordnung wirtschaftlichen Handelns hinauslaufen müssen. Daß sich nicht nur rechtsstaatliche und sozialstaatliche, sondern auch umweltstaatliche Prinzipien im Rahmen vertragstheoretischer Argumentationsmodelle formulieren und rechtfertigen lassen, hat die gegenwärtige politische Philosophie und Moralphilosophie überzeugend dargelegt.[4]

[4] Vgl. *Wolfgang Kersting*, John Rawls, Hamburg 1993, 143ff.

Der undogmatische Hobbesianismus ist die nicht-etatistische, ethische Version des dogmatischen Hobbesianismus: er besteht darin, daß sich das Schädiger-Kollektiv unter den gleichen fairen Verfahrensbedingungen auf der Rationalitätsgrundlage strikter Wechselseitigkeit vertraglich selbst bindet und sein Agreement durch geeignete innerkorporative Arrangements gegen die verbindlichkeits- wie effizienzerodierende Gefahr des Parasitismus schützt. Es gibt gute Gründe für einen solchen Wirtschaftsvertrag, für eine solche kontraktualistische Standesethik: so wie die etatistische Kompensationsmaschinerie des Rechts-, Sozial- und Umweltstaates die jeweils einschlägigen ordnungspolitischen Defizite des Marktes zu begleichen versucht, so hätte der Wirtschaftsvertrag die charakteristischen Steuerungsdefizite des staatlichen Rechtssystems abzufedern, die einerseits etwas mit der Semantik genereller Rechtsbegriffe zu tun haben und andererseits mit der Schwerfälligkeit der immer nur hinter den voranpreschenden Problemlagen hinterherziehenden Gesetzgebungsmaschinerie verbunden sind und drittens von den zunehmend wachsenden Schwierigkeiten, auf dem unübersichtlichen Gelände ökonomischer Großinstitutionen die Einhaltung der Gesetze durchzusetzen, herrühren. Es ginge also in diesem Wirtschaftsvertrag zumindest um eine ethische Kompensation des Staatsversagens, um eine freiwillige Verpflichtung, die Präventions- und Exekutionsdefizite des Rechtssystems nicht auszunutzen. Allerdings müssen sich die Zielvorstellungen dieses Wirtschaftsvertrages nicht auf die Verpflichtung beschränken, die Reglementierungslücken und Implementationsdefizite des Rechts-, Sozial- und Umweltstaates nicht auszunützen. In der Regel formulieren Wirtschaftsethiker anspruchsvollere Verpflichtungsprofile. So führen etwa Meinolf Dierkes und Klaus Zimmermann in einer Auflistung unternehmensethischer Verantwortungsbereiche neben der schlichten Anstandspflicht, auf jede Form von Wirtschafts- und Umweltkriminalität zu verzichten, und der Pflicht der Berücksichtigung der vielfältigen negativen sozialen, ökologischen, kulturellen und politischen Kosten der Unternehmenstätigkeit auch die Verpflichtung zu sozialpolitischem Engagement und zur Mitwirkung an der kulturellen Modernisierung der Gesellschaft an: Gefordert ist hier „die Übernahme von Mitverantwortung des Unternehmens bei der Lösung auch von solchen gesellschaftlichen Problemen, die tendenziell durch das einzelne Unternehmen nicht oder nur wenig verursacht wurden, wie beispielsweise Integration von Minoritäten oder Beseitigung von Jugendarbeitslosigkeit oder Integration von Frauen ins Management“.[5]

[5] *Meinolf Dierkes/Klaus Zimmermann*, Unternehmensethik: Mehr Schein als Sein?, in: dies. (Hrsg.), Ethik und Geschäft. Dimensionen und Grenzen unternehmerischer Verantwortung, Wiesbaden 1991, 15-69; 21.

2. Kompensatorische oder emanzipatorische Wirtschaftsethik?

Welchen moralphilosophischen Anspruch kann die Wirtschaftsethik erheben? Will sie, um die Mittelstraßsche Entscheidungsfrage aufzugreifen, Reperaturethik oder Vernunftethik sein? Will sie eine kompensatorische oder eine emanzipatorische Wirtschaftsethik sein? Kompensatorische Wirtschaftsethiken basieren auf einer Strategie der ökonomischen Kontextualisierung; emanzipatorische Wirtschaftsethiken basieren auf dem Konzept der diskursiven Kontextualisierung. Erstere stehen unter dem Motto: Alles ist Ökonomie; letztere hingegen vereinigen sich unter der Parole: Ökonomie ist nicht alles. Um diesen für meine Überlegungen wichtigen Unterschied deutlich zu machen, muß ich etwas ausholen.

Der Sozialstaat ist keine Emanzipationsveranstaltung, sondern eine Kompensationsveranstaltung. Er stellt eine Form subtiler Kapitulation vor einem sich aller ethischen Einbindung entledigenden Marktliberalismus dar. Er ist – und damit wiederholt er das Geburtsmuster seines großen leviathanischen Urahns – das Resultat der Externalisierungsentscheidungen einer sich dekontextualisierenden, absolut setzenden ökonomischen Rationalität. Nachdem die unsichtbare Hand auf die soziale Frage, die gar nicht erst aufkommen zu lassen, sie gedacht war, keine Antwort wußte, und das sich nach der eigenen verengten Maximierungslogik fortbestimmende ökonomische System zu keinerlei reethisierender, rekontextualisierender Veränderung mehr fähig war, mußten die sozialen und dann ein Jahrhundert später: die ökologischen Defizite des ökonomischen Systems durch entsprechende etatistische Arrangements kompensiert werden. Kompensationen sind konservativ: sie lassen die Ursachestrukturen der nach ihnen verlangenen Mängellandschaften unverändert; sie sind Komplizen der Mängelverursacher.

Entsprechend ist eine kompensatorische Wirtschaftsethik nichts anderes als die Ethik eines aufgeklärten, alle verfügbaren Informationen vor dem Hintergrund einer sorgfältig erstellten Präferenzliste kurz- und mittel- und langfristiger Interessestrategien verarbeitenden Selbstinteresses. Die spezifische Leistung der kompensatorischen Wirtschaftsethik ist die ökonomische Kontextualisierung. Sie beruht auf einem anspruchsvollen Kostenbegriff, dessen entscheidungsrelevanter Informationswert den der traditionellen Preisinformation weit übersteigt, die die Wirtschaft am Markt einholt. Dieser anspruchsvolle Kostenbegriff erlaubt es, alle Auswirkungen wirtschaftlichen Handelns auf die natürlichen und sozialen Umwelten des Marktes in die Kalkulationswährung ökonomischer Kosten zu konvertieren und bei der wirtschaftspolitischen Gesetzgebung ebenso wie bei der Formulierung des kontraktualistischen Produzentenkodex und den unternehmenspolitischen Entscheidungen einzurechnen.

Der Protagonist der kompensatorischen Wirtschaftsethik ist analog zu den oben erwähnten ersten beiden institutionentheoretischen Stufen einer Wirtschaftsethik sowohl der staatliche Architekt der Rahmenordnungen, der Ingenieur der Anreizsysteme, die mit ausgeklügelten Sanktions- und Gratifikationsverteilungen das gesellschaftlich erwünschte Verhalten der ökonomischen Subjekte hervorrufen, als auch das Wirtschaftssubjekt selbst, das mit Seinesgleichen vertraglich übereinkommt, die notwendigen institutionellen Voraussetzungen für eine aus aufgeklärt ökonomischer Perspektive für alle und jeden vorteilhafte Kooperationsdisziplin zu schaffen.

Hier ist nicht der Ort, um noch einmal die Frage nach den Chancen einer ökonomischen Begründung der Moral aufzuwerfen und noch einmal die Vermutung zu bestätigen, daß ökonomische Moralbegründungen von versteckten irreduziblen moralische Voraussetzungen starken Gebrauch machen müssen. Ich muß mich hier einfach mit der Skizze einer wirtschaftsethischen Alternativkonzeption begnügen, die ohne Frage für die Welt der Ökonomie von beträchtlichem motivationalen Herausforderungswert sein muß, weil sie anders als die kompensatorische Wirtschaftsethik zumindest langfristig auf eine Einstellungsänderung, auf ein Änderung des kulturellen Selbstverständnisses der Wirtschaftssubjekte zielt – wohingegen die kompensatorische Wirtschaftsethik ja mit der politischen Philosophie Hobbes den nicht zu unterschätzenden Vorzug teilt, daß die jeweiligen ordnungspolitischen Stabilitätsleistungen ohne jede motivationale Veränderung, ohne moralisch-kulturelle Lernprozesse zu erreichen sind – die problemverursachende und die problemlösende Vernunft sind hier aus demselben Holz geschnitzt.

Was ist nun über eine emanzipatorische Wirtschaftsethik zu sagen? Was macht den Unterschied der von ihr verfolgten Kontextualisierung wirtschaftlichen Handelns zur ökonomischen Kontextualisierung aus? Der Unterschied zwischen kompensatorischer und emanzipatorischer Wirtschaftsethik ist in einem unterschiedlichen Modernitätsverständnis begründet: der Anhänger der emanzipatorischen Wirtschaftsethik legt ein Verständnis kultureller Modernisierung zugrunde, demzufolge die Wirtschaft Teil der Gesamtgesellschaft ist und sich der kulturellen Modernisierung, der diskursrationalen Vernetzung der gesellschaftlichen Subsysteme nicht verschließen darf. Diese sich gegen den ökonomistischen Reduktionismus richtende Kontextualisierungsforderung teile ich mit der ethisch-ganzheitlichen Ökonomie Koslowskis, allerdings denke ich nicht an eine sittliche Durchdringung, an ein aristotelisch-sinnzentriertes Integrationsmodell, schon gar nicht an die Einbettung der Wirtschaft in eine Art kosmisches Atmungsgleichgewicht[6], wodurch die Wachstumsbewegungen der Ökonomie dem Rhythmus des Seins angepaßt würden: die emanzipatorische Kontextualisierung bemüht sich ja gerade, die Wirtschaftsethik auf Modernitätshöhe zu bringen, sie tritt keinen Rückzug in vormoderne Traditionswelten an. Es gibt kein gemeinsames Gutes, das nach aristotelischer Manier heute die Individuen und die gesellschaftlichen Funktionssysteme in eine umfassende Gesamtgesellschaft einbinden könnte; es gibt keine soziale Teleokratie, die Wirtschaft, Politik und Gesellschaft zu einer Textur sinnhaften allgemeinen Lebens verweben könnte. Im Zuge der Bekämpfung der modernisierungstypischen Differenzierung wollen prämodernistische Konzeptionen der Wirtschaftsethik, seien sie neoaristotelisch oder religiös-metaphysisch, die inter-

[6] Vgl. *Peter Koslowski*, Organisches Wachstum als Sichausgleichen von Expansion und Kontraktion, in: ders., Wirtschaft als Kultur, Wien 1989, 26ff.

systemische Kommunikation und deren Einbindung in gesellschaftliche Problematisierungs- und Orientierungsdiskurse einer universalistischen Vernunft durch eine kulturelle Homogenisierung auf der Grundlage einer einheitlichen Weltanschauung und Wertorientierung unterlaufen.

3. Wirtschaftsethik, Aufklärung und kulturelle Modernisierung

Eine emanzipatorische Wirtschaftsethik ist mehr als eine Nebenwirkungsethik; sie ist Hauptwirkungsethik, die wirtschaftliches Handeln den gesellschaftlichen Diskursen aussetzt. Sie verlangt, daß die ökonomischen Institutionen ihre institutionelle Umwelt nicht nur ökonomisch taxieren und manipulieren, sondern sich als Teilbereich der Gesamtgesellschaft begreifen und sich aktiv an der Selbstorganisation der Gesamtgesellschaft beteiligen. Eine Wirtschaftsethik der kulturellen Modernisierung hat keine sittliche Integration im Sinn, will die Ökonomie nicht ethisieren; sie will die Ökonomie zur Vernunft bringen und setzt dabei auf Reflexion, Kritik und Öffentlichkeit und richtet sich gegen jeden Versuch, den emanzipationsgerichteten, also Abhängigkeitsverhältnisse durch Selbstverfügungsverhältnisse ersetzenden Prozeß der kulturellen Modernisierung durch die Anrufung der alten Traditionsmächte zu hemmen. Eine Wirtschaftsethik der kulturellen Modernisierung will die im politischen Bereich erfolgreichen Prozesse der zivilgesellschaftlich-demokratischen Machtbeaufsichtigung auf die ökonomische Machtkonzentration ausdehnen. Hinter dem Prinzip der, wie Kant gesagt hätte, öffentlich räsonierenden Privatleute, der, wie man heute sagt, deliberierenden Öffentlichkeit steht die für die anspruchsvollen rechtfertigungstheoretischen Überzeugungen der Neuzeit charakteristische Auffassung, daß die Prozeduren einer vernünftigen Einigung und täuschungsfreien Ermittlung wahrhaft allgemeiner und wirklich gemeinsamer Interessen selbst und allein ein legitimierendes Potential besitzen. Geltungsansprüche von Normen sind ebenso wie politische Langzeitprojekte und technisch-ökonomische Veränderungen mit Langzeitwirkungen dem Gerichtshof der Vernunft vorzutragen, müssen einer argumentativen Überprüfung durch die Betroffenen, bei advokatorischer Wahrnehmung der Rechte und Interessen zukünftiger Generationen, unterzogen werden.

Grundsätzlich spricht doch nichts dagegen, daß die Öffentlichkeit diese herrschaftskritische Funktion einer Rationalisierung traditionsverwachsener, vorgegebener Abhängigkeitsverhältnisse im Zuge einer reflexiven Modernisierung auch zur Überwindung der durch die wissenschaftlich-technischen und ökonomischen Modernisierungsprozesse selbst erzeugten neuen Abhängigkeitsverhältnisse wahrnehmen und die Kluft zwischen Aufklärung und technologisch-kapitalistischer Zivilisation schließen kann.[7] Ein Gegensatz zwischen Aufklärung und techno-

[7] Zum folgenden vgl. *Ulrich Beck*, Risikogesellschaft. Auf dem Weg in eine andere Moderne, Frankfurt a. M. 1986, III. Teil.

logisch-kapitalistischer Zivilisation besteht in mehrfacher Hinsicht: der Quasireligionsstatus der Fortschritts- und Wachstumsidee ist gegenmodern; die Expertokratie widerspricht dem Aufklärungsprinzip von der Laienvernunft und der Vorrangigkeit der Zweckvernunft vor der Mittelrationalität; es widerspricht dem Autonomieprinzip, sich im Nebenwirkungswildwuchs zu verheddern, und es ist eine Beleidigung der Vernunft, einem demokratisch nichtlegitimierten, programmatisch blinden und ungeplanten Prozeß einer nachhaltig und Risiken anhäufenden Veränderung von Gesellschaft und Umwelt ins Unbekannte hinein unterworfen zu sein. Am deutlichsten wird der große Aufklärungsabstand der technologischen Zivilisation und der sie anheizenden Wirtschaft in der Sachzwanglüge, die praktische Tabus als theoretisch ausgewiesene Unvermeidlichkeiten tarnt. Wenn die Lasten der technologischen Modernisierung immer drückender werden, werden Unvermeidlichkeitsnachweise immer begehrter. *Das Schicksal ist gegenwärtig eine Kategorie mit Zukunft;* Hinnahmebereitschaft, Gelassenheit und Leidensfähigkeit werden als Tugenden entdeckt. Die neuen Namen für die Schicksalskategorie heißen Sachzwang, Eigengesetzlichkeit, Systemforderung. Überall vermummen sich die herrschenden technologischen und wirtschaftlichen Verhältnisse und verbarrikadieren sich hinter Tabus der Nichtveränderbarkeit, leugnen ihre Geschichtlichkeit, entledigen sich aller Handlungsvariablen. Oder sie betrachten sich als Strukturen eines, wie es in der Systemtheorie heißt, autopoietischen, also selbsttätigen Systems. Der Effekt ist der gleiche: Der technologische Fortschritt wird mitsamt seinen Wirkungen und Nebenwirkungen zum Widerfahrnis, zum Ereignis erklärt; er verliert somit seinen Handlungscharakter. Damit wird gesellschaftsintern die Differenz Natur – Gesellschaft reproduziert, und die Natur wie nie zuvor verändernde technologische Zivilisation nimmt in ihren institutionellen Grundlagen selbst den Charakter einer gesellschaftsexternen und praxisentrückten Natur an.

4. Diskursiver Kapitalismus?

Ist dieser diskursive Kapitalismus, dieses modernitätsaffirmative Gegenstück zum ethischen Kapitalismus, eine Utopie? Ja und nein. Der Soziologe Richard Münch hat kürzlich in einem gesellschaftstheoretischen Entwurf mit dem ehrgeizigen Anspruch, einen Bezugsrahmen für eine Theorie der Gesamtgesellschaft zu liefern, die moderne Gesellschaft als eine von internen Widersprüchen bewegte und vorangetriebene Kommunikationsgesellschaft charakterisiert und damit die systemtheoriepolemische These verbunden, daß die ausdifferenzierten Subsysteme durch eine zunehmende Tendenz der Dezentrierung verändert werden und sich immer mehr untereineinander kommunikativ vernetzen, daß Gesellschaft immer mehr in den stetig wachsenden Zonen der diskursiven wechselseitigen Durchdringung und immer weniger in den schrumpfenden Reservaten der systemeigenen Reproduktionslogik zu finden sei.[8] Dieser immer mächtiger werdende öffentliche Diskurs, der sich zwischen den gesellschaftlichen Funktionsbereichen aufspanne und zunehmenden legitimatorischen Einfluß gewinne, mache auch nicht Halt vor den Toren der ökonomischen Institutionen, er verdränge traditionelle Autoritätsstrukturen und bette betriebliches Handeln immer tiefer in die gesellschaftlichen Problematisierungs- und Orientierungsdiskurse mit ihrer eigenen unausweichlichen Dynamik ein. „Wer sich einmal auf Diskurse eingelassen hat, kann sich diesen nicht mehr ohne weiteres entziehen. Über den Erfolg der Unternehmen entscheidet immer noch der Markt. Aber der Markt funktioniert längst nicht mehr unabhängig von öffentlichen Diskursen. Unternehmen, die in den öffentlichen Diskursen schlecht abschneiden, gefährden auch ihren Markterfolg. Auch die Durchdringung der Unternehmen durch die Entwicklung ihrer Unternehmenskultur wird die diskursive Formung des wirtschaftlichen Handelns weiter vorantreiben und sie in eine neue Welt hineinführen. Die Öffentlichkeitsarbeit der Unternehmen ist unter diesen Bedingungen kaum noch als strategische Imagepflege zu verwirklichen. Sie wird immer aufwendiger und wird zu einem Teil des öffentlichen Diskurses".[9] Letztlich kehrt sich dann das Verhältnis von Moral und Strategie auf subtile Weise um, und die Unternehmensethik wird selbst „zur Überlebensstrategie in einer durchmoralisierten Welt"[10]. Ich glaube, daß diese Gesellschaftsbeschreibung weitgehend korrekt ist, und das heißt in meinen Augen, daß in den bestehenden Verhältnissen Formen diskursrationaler Vernünftigkeit verwirklicht sind, an die sich wirtschaftsethische Diskurse anschließen lassen. Natürlich werden in dieser Kommunikationsgesellschaft Unternehmen nicht zu moralischen Anstalten; wenn Münch von der Unternehmensethik als einer überlebensstrategischen Wahl spricht, denn heißt das nicht, daß gleichsam über Nacht moralische Präferenzen die Oberhand über gewinnorientierte Strategien gewonnen haben, sondern nur, daß ökonomische Erwägungen für eine Teilnahme an den Diskursen und eine sorgfältige Beobachtung ihres Verlaufs und ihrer vorläufigen Ergebnisse sprechen. Denn Diskurse schaffen ein Klima auf dem Markt, in dem moralisch erwünschte Änderungen der Produktpolitik, Anpassungen und Vorleistungen wirtschaftlich einträglich werden. Diskursethisches Naserümpfen ist hier völlig unangebracht; warum sollte Kant nicht Recht haben und die Eigenethik des Diskurses, auch des unreinen, den strategischen Opportunismus nicht allmählich überformen? – Ich werde darauf zurückkommen. Vorher möchte ich mich noch dem eingangs angesprochenen Dilemma der Modesti und seiner Lösung durch den ethischen Kapitalismus Koslowskis zuwenden. Ich muß zu diesem Zweck noch einmal auf das Thema der Externalitäten, der sozialen Fallen und der kollektiven Praxis eingehen.

[8] Vgl. *Richard Münch*, Dialektik der Kommunikationsgesellschaft, Frankfurt a. M. 1991.
[9] Ebd., 143.
[10] Ebd., 138.

5. Moralphilosophisches Problem der Nebenwirkungen

Das moralphilosophische Problem der Nebenwirkungen gewinnt Kontur, wenn wir es auf zwei diametral entgegengesetzte Gestalten der Moral projizieren. Auf der einen Seite haben wir die archaische Moral des heroischen Selbstbewußtseins, das zur Reflexionsleistung der Unterscheidung der intentionalen Handlung und der objektiven Tat noch nicht fähig war, daher das ganze widrige Schicksal in seine Verantwortung aufnahm und klaglos die Folgen des Gewollten wie des Ungewollten trug.[11] Dieser moralischen Nebenwirkungsinternalisierung entspricht auf der anderen Seite der Skala die vollständige Externalisierung der Nebenwirkungen und deren moralische Salvierung: Man kann sich aus der Verantwortung für die Nebenwirkungen stehlen, wenn die unsichtbare Hand hinter den Rücken der verantwortungslosen Nebenwirkungsproduzenten die produzierten Nebenwirkungen in eine von jedermann moralisch gebilligte, gleichwohl nicht unmittelbar selbst intendierte Steigerung des Gesamtwohls integriert, und sie somit nicht nur moralisch neutralisiert, sondern in moralische Produktivkraft verwandelt. *Die unsichtbare Hand ist ein Mythos der Entproblematisierung der Nebenwirkungen wirtschaftlichen Handelns*. In dem Maße, in dem sich diese serologische Dialektik, die aus moralischen Schadstoffen allgemein nützliche Materialien gewinnen kann, als illusionär erweist, müssen Ökonomie und Gesellschaft ein Bewußtsein der Verantwortung für die Nebenfolgen wirtschaftlichen Handelns zurückgewinnen.

Die Nebenwirkungen verflechten sich zu sozialen Fallen, in denen auch der Verursacher von Hauptwirkungen zappelt. Soziale Fallen entstehen, wenn die Erwirtschaftung privater Güter die Schädigung kollektiver Güter nebenwirkungskausal herbeiführt und damit mittelbar auch den Nutzenmaximierer benachteiligen. Der Schutz kollektiver Güter vor privatem nutzenmaximierenden Handeln kann nur durch kollektive Disziplinierung privaten Handelns erreicht werden.[12] Niemals kann eine Wirtschaftsethik von einem Unternehmer, der unter Wettbewerbsbedingungen handelt, verlagen, als einziger vernünftig zu sein: Nicht nur Hobbes, auch Kant hat von den Menschen keine benachteiligende Vorleistungen und einseitige Opfer gefordert, nicht verlangt, als Märtyrer der moralischen Vernunft aus dem Rennen geworfen zu werden. Auch Kant hat, wie Hobbes, selbsterhaltungsprekäre Vernünftigkeit an die fundamentale Rationalitätsbedingung der Gegenseitigkeit gebunden. Situationen von der Art des Hobbesschen Naturzustandes oder des Gefangenendilemmas sind offenkundig von der Art, daß in ihnen nicht nur die Klugheit, sondern auch die Moralität in eine Falle gehen muß. Klugheitsfallen sind sie für den rational Handelnden, weil er mit vollem Wissen suboptimale und mindereffiziente Strategien wählen muß; weil sie also die effizienzbewußte Rationalität zur Selbstunterbietung zwingen. Und Moralitätsfallen sind sie, weil die gewählte moralische Strategie, also zum Beispiel

[11] Vgl. *Georg G. F. Hegel*, Grundlinien der Philosophie des Rechts, § 118.

[12] Vgl. *Karl Homann*, Kollektive Probleme und individualethisches Paradigma, in: Ethik und Sozialwissenschaften 1, 1990, 67-69; *Anton Leist*, Kollektive Güter und individuelle Verantwortung, in: Analyse und Kritik 11, 1989, 179-196.

unter den Unmäßigen des Hobbesschen Naturzustandes mäßig zu bleiben und sich nicht zur präventiven Aggression verleiten zu lassen oder als einziger das Kooperativitätsopfer zu bringen, nicht nur unklug, sondern auch moralisch unzulässig ist. Moralisches Handeln würde in dieser Situation offenkundig kontraproduktiv sein: Da der Entschluß zur privaten Verantwortlichkeit ohne Frage kostenträchtig ist, andererseits aber auch die Schadenskosten der kollektiven Praxis nicht nennenswert mindert, führt er nicht nur zu keiner Verbesserung der Gesamtsitution, sondern verschlechtert sie noch. Niemandem ist gedient, wenn man sich allein kooperativ verhält; es sei denn, man will sich am Genuß der eigenen moralischen Vortrefflichkeit schadlos halten. Aber damit ändert sich das Paradigma, geht es doch um die ethische Abwendung von Schäden, die alle betreffen, und nicht darum, im falschen Leben für sich selbst ein richtiges zu führen. Überdies muß das schöne Unternehmerseele durch folgende Überlegung beträchtlich betrübt werden: die individualmoralische Lösung ist ihrerseits moralisch verwerflich, da der moralische Luxus der richtigen Lebensführung in einer unvernünftigen Welt mit beträchtlichen Nachteilen für die abhängig Beschäftigen verbunden ist: die durch den moralischen Eigensinn hervorgerufenen Gewinneinbußen müssen irgendwann durch Lohnkürzungen, Kurzarbeit, Entlassungen, also durch ökonomische und dann soziale Schlechterstellungen der Mitarbeiter und ihrer Familien bezahlt werden. In Situationen dieser Art ist also die moralische Verhaltensweise die denkbar unvernünftigeste: sie bringt nicht nur einen Narrenlohn ein, das was in der Spieltheorie als *sucker's pay off* bezeichnet wird, sondern sie führt auch nach ihren eigenen, moralischen Maßstäben gemessen zu unzulässigen Ergebnissen. Moralität ist hier also ein doppeltes Verlustgeschäft.

6. Koslowski und die *iustitia distributiva* Gottes

Koslowski hat nun eine wirtschaftsethische Konzeption entwickelt, die eine andere Beurteilung der Strategie der unbedingten Moralität in Gefangendilemmasituationen erlaubt und damit der ökonomischen Klugheit und der Moralität zugleich einen Ausweg eröffnet, der den Erfolg beider von kollektiv-kontraktualistischen Arrangements unabhängig macht und damit die individualethische Verantwortungslösung rehabilitiert. Koslowski will den Argwohn, der zur Grundausstattung einer unter Knappheitsbedingungen großgewordenen Rationalität gehört, durch Vertrauen ersetzen. Im Zentrum seiner Argumentation dreht sich eine Kompensationsschraube, die in der Religion, mit dem Erreichen der Einstellung des „ontologischen Ur-Vertrauens"[13] zum Stillstand kommt. Nach Koslowski besteht die Aufgabe der Ethik in der Erbringung von Garantieleistungen, also „wesentlich darin, das Individuum durch die Allgemeingültigkeit eines ethischen Kodex zu versichern, daß sich die anderen auch an

[13] *Peter Koslowski*, Prinzipien der Ethischen Ökonomie, Tübingen 1988, 40.

die Regeln halten werden. Die Aufgabe einer speziellen Wirtschaftsethik liegt darin, dem einzelnen die Zusicherung zu geben, daß allgemeine Regelbefolgung auch für das Handeln in der Wirtschaft, im innerbetrieblichen Leben wie im Markttausch, gilt und damit seinen Willen und seine Anreize zu stärken, sich selbst an die gemeinwohlfördernden Regeln des Wirtschaftslebens zu halten".[14] Wie kann die Wirtschaftsethik aber diese motivationsfestigenden Sicherheiten geben? Zuerst durch die spieltheoretisch vertraute Lektion von den Effizienzgewinnen der Moral und dem kooperativen Mehrwert: Was im Politischen gilt, gilt nicht im Ökonomischen: Kontrolle ist gut, Vertrauen ist jedoch besser, weil kostensenkend. Freilich kann diese ethische Kompensation des Marktversagens nur unter der Bedingung allseitiger Kooperationsdisziplin erfolgreich sein: Daß hier die Moral nur unter der Bedingung ihrer allgemeinen Beachtung wirksam werden kann, bewertet Koslowski als „Ethikversagen", das nach einer geeigneten Kompensation ruft.[15] Diese wird ihr durch die Religion zuteil, genauer durch einen aus der postulatorischen Moraltheologie Kants bekannten Entschädigungsmechanismus für moralitätsgenerierte Glücksverluste. Wird der Moralität im Diesseits nicht der verdiente Lohn ausgezahlt, bedarf es eines kompensatorischen postmortalen Gratifikationssystems. Damit der Gerechte nicht resigniert, wird er auf die transzendente *iustitia distributiva* Gottes vertröstet, die nach der durchaus vertragsrationalen Maxime des *do ut des* operiert und in genauer Proportionalität zu den individuellen Moralitätseinlagen Glückseligkeitsdividenden ausschüttet. Die Religion verwandelt die hienieden vorfindlichen Unsicherheitsbedingungen moralischen Handeln in ein *super assurance game*. „Die Voraussetzung dafür, daß das Individuum bereit sein wird, zur Verwirklichung des Zustandes allgemeiner Regelbefolgung beizutragen, auch wenn es über die Präferenzen der anderen nicht sicher im Bilde ist, liegt in dem religiösen Glauben an den transzendentalen Ausgleich von Sittlichkeit und Glückseligkeit für die unsterbliche Seele"[16]. Zu einem die moralischen Präferenzen stabilisierenden Supersicherheitsspiel wird die Religion aufgrund der im „ontologischen Ur-Vertrauen" begründeten metaphysischen Wirklichkeitssicht des Gläubigen. „Religion leistet [...] die Versicherung des Subjekts, daß Sittlichkeit und Glück langfristig konvergieren. Sie ermöglicht Handeln unter Sicherheit in der Ethik auch dort, wo das Individuum aufgrund der Unsicherheit über das Verhalten der anderen in einem Isolations- und Prisoner's Dilemma steht"[17]. Es kommt also nur darauf an, den richtigen Begriff von Langfristigkeit zu entwickeln. Die Letzten werden die Ersten sein, und in der Ewigkeitsspieltheorie wird des *sucker's pay off* in sein ewiges Seelenheil verwandelt. Es rächt sich, wenn man mit Sittlichkeit und Religion spieltheoretisch herumklügelt und die Kontenblätter über das Grab hinaus weiter führt: Statt den hybriden ökonomischen Imperialismus in seine sittlichen Schranken zu verweisen, überbietet ihn Koslowskis Krämerreligion von dem jenseitigen Glückseligkeitsentgelt für diesseitige moralische Standhaftigkeit noch: In jenem hat sich

[14] Ebd., 42.
[15] Ebd., 37.
[16] Ebd.
[17] Ebd., 38.

der Markt nur die ganze Welt einverleibt; in dieser kommt noch das ganze Jenseits hinzu.

Der Protagonist dieser kompensatorischen Religiösität ist das genaue Gegenteil des entscheidungstheoretischen Maximin-Pessimisten, der mit metaphysischem Mißtrauen erfüllt ist und grundsätzlich davon ausgeht, daß das Schicksal ihm übel mitspielen will. Der Religiöse betrachtet die Wirklichkeit als sinnerfüllt; ethisches Handeln wird damit zu einer Rechtfertigung Gottes. Das ist umgekehrter Calvinismus, der den wirtschaftlichen Erfolg als göttliche Rechtfertigung des Handelnden interpretierte. Der kapitalistische Gewinn war ihm sichtbares Zeichen der Gottwohlgefälligkeit des wirtschaftlichen Werks, Grund der Erkenntnis, daß der Segen Gottes auf dem Geschäftsbetrieb ruht. Die wirtschaftsethische Indienstnahme der Religion durch Koslowski ist von der calvinistischen gut zu unterscheiden: Letztere läßt die durch moralische Anstrengungen unverzerrten Verteilungen des Erfolges durch den Markt und die Zuteilungen des göttlichen Segens konvergieren. Hier funktioniert die Religion. nicht als motivbildendes Korrektiv des Markt-, und dann des Ethikversagens, sondern sie ist unmittelbares Abbild der tiefmoralischen Verteilungsweisheit des Marktes und damit unmittelbare Legitimation eines ungehemmten, rationalen und ungemein konzentrierten, allein auf die Zwecke der wirtschaftlichen Erfolgssicherung ausgerichteten Wirtschaftsgeschehens.

Koslowskis kompensatorische Konzeption einer religiösen Wirtschaftsethik fällt hinter die kulturell erarbeiteten Rechtfertigungsstandards der Moderne zurück und verharmlost die Gefahren beträchtlich, die der atemberaubende Erfolg des wirtschaftsliberalen Systems für Gesellschaft und Natur bedeutet. Sie entwickelt Wirtschaftsethik nach dem traditionellen individualethischen Muster und beruft sich auf ein längst wirkungslos gewordenes kulturelles Orientierungssystem, das aber als kulturwirksame Sinnorientierung und Wirklichkeitssicht vorausgesetzt werden muß, damit das ganze Unternehmen der Ethisierung des Kapitalismus sinnvoll sein kann. Eine „für alle Gültigkeit besitzende religiöse Versicherung des Sinns von Sittlichkeit" kann unter den gegenwärtigen individualisierungs- und modernisierungsgeprägten gesellschaftlichen Bedingungen nur um den Preis einer gewalttätigen kulturellen Regression erreicht werden.[18]

7. Republikanische Unternehmensethik

In seinem Aufsatz „Philosophische Fundierungsprobleme einer Wirtschafts- und Unternehmensethik", der der Wirtschafts- und Unternehmensethik keine bereichsspezifische philosophische Fundierung gibt, sondern die normativen Grundprinzipien zwischenmenschlichen Umgangs der Aufklärungsethik auch zu Verfassungsregeln des wirtschaftlichen Handelns erhebt, damit Wirtschafts- und Unternehmens-

[18] Ebd., 38.

ethik als eine Art Sozial- oder politischer Ethik betrachtet, hat Paul Lorenzen von einer „republikanischen Unternehmungsethik“ gesprochen und die Forderung einer Republikanisierung der wirtschaftlichen Verhältnisse erhoben. Näherhin sieht er fünf Aufgabengruppen einer solchen republikanischen Unternehmensethik: „1. Die Förderung aller Mitarbeiter als republikanische Mitbürger. 2. Die Förderung des sozialen Friedens (z. B. bei Tarifverhandlungen durch eine gerechte Verteilung von Arbeit und Gewinn – ohne Ausgrenzung von Mitbürgern als ‚Arbeitslose‘). 3. Die Förderung der Gleichstellung der Frau im Kontext einer republikanischen Familienpolitik. 4. Nicht die Verbraucher durch die produzierten Güter oder angebotenen Dienstleistungen zu verführen, sondern ihnen als Mitbürger von Republiken zu nützen. 5. Nicht das private und politische Leben der Bürger durch Zerstörung der Umwelt (Natur- und Kulturlandschaft) zu schädigen, sondern die Umwelt – das gilt über die Grenzen des eigenen Staates hinaus – menschenfreundlicher zu machen“.[19] Man kann diese fünf Artikel auf folgenden verfahrensethischen Hauptnenner bringen: Eine republikanische Unternehmensethik ist eine Unternehmensethik, die die konfliktträchtigen und moralempfindlichen Auswirkungen der gewinnorientierten Handlungsmaxime bei den konkreten unternehmenspolitischen Entscheidungen durch Selbstverpflichtung auf Regeln und Grundsätze einzudämmen versucht, die im Kontext einer kommunikativen Verständigung mit allen Betroffenen auf der Grundlage der menschenrechtlichen Gleichheit und wechselseitigen Anerkennung und im Rahmen fairer Diskursbedingungen autonom entwickelt werden. Sie basiert auf der Überzeugung, daß die grundlegenden normativen Bestimmungen des Rechts- und Moraluniversalismus, der menschenrechtliche Personen- und Verfassungsbegriff und die damit eng verbundenden prozeduralen Rechtfertigungs- und Konfliktbereinigungskonzepte der Diskursrationalität auch für den Bereich wirtschaftlichen Handelns gelten. Aber ist das nicht eine reichlich hochfliegende Vorstellung? Wird hier die Wirklichkeit in ihrer konkreten Vernunft-Unvernunft-Mischung überhaupt noch wahrgenommen? Verweisen diese Konzeptionen nicht ins Phantastische? – denn in der Fluchtlinie ihrer Ordnungsvorstellungen scheint ja nichts Geringeres zu liegen als die vollständige Marginalisierung der ökonomischen Handlungskoordination des Marktes aufgrund seiner diskursethischen Integration in sich unaufhörlich ausdehnende Verständigungsverhältnisse. Moralphilosophische Konzepte besitzen nur dann einen Wert, wenn sie in der Welt diesseits ihrer theorieeigenen Idealverhältnisse Anknüpfungspunkte für ihre Wirklichkeitsarbeit ausfindig machen können. Sie müssen sich überlegen, wie sie mit einer Wirklichkeit umgehen, die ihnen in vielerlei Hinsicht überhaupt nicht entspricht, da in ihr eben noch lange nicht alle Hindernisse diskursiver Konfliktlösung, kommunikativer Bedürfniskritik, unparteilicher Technikfolgenabschätzung beseitigt sind. Hier gilt es, sich vor einem fahrlässig-rigorosen Utopismus zu hüten, der die Chancen der Diskursethik durch Ignorierung ihrer Anwendungsschwierigkeiten mindert und die Verbesserungschancen übersieht, die die gegenwärtige kulturelle Situation bereithält. Auch die Wirtschaft spricht selbst von der Notwendigkeit eines Wandels und

[19] In: Horst Steinmann/Albert Löhr (Hrsg.), Unternehmensethik, 2. Aufl., Stuttgart 1991, 35-68, 63.

bestätigt die Diagnose Münchs von der wachsenden Unvermeidlichkeit kommunikativer Einstellungen und diskursethischer Verhaltensmuster.

8. Motivation, Manipulation und erlaubter moralischer Schein

Zur Illustrierung dieser These sollen mir Überlegungen dienen, die der Unternehmensberater Reinhard Sprenger in seinem Buch „Mythos Motivation" angestellt hat, um für eine „Unternehmenskultur der Vereinbarung zwischen mündigen Menschen" und ein „Konsens-Management"[20] zu werben. Sprenger diskutiert in diesem Buch die wirtschaftliche Praxis des Anreizens, Lockens und Belohnens, die so wichtig geworden ist, daß diese Praxis bereits selbst vermarktet wird: Es ist eine Industrie der Anreize entstanden, die bereits Fachmessen, *Incentive Shows* organisiert. Hinter diesem Unternehmen steht das Zauberwort Motivation, und hinter diesem Zauberwort Motivation stehen Konzepte des außengeleiteten, manipulierbaren Menschen und der technisch herstellbaren Handlungsmotivation. Motivationspraxis gründet in wechselseitiger Instrumentalisierung: Die Unternehmensführung manipuliert durch geldliche und geldwerte Inzentive, um die Mitarbeiterschaft in eine ihr genehme Richtung zu bewegen; die Mitarbeiter benutzen die Inzentivpraxis der Unternehmensführung, um ihre Interessen zu verwirklichen. Das geschieht alles nicht heimlich, sondern in aller Offenheit, es wird ein von allen durchschautes Manipulationsspiel gespielt. Sprenger stützt seine Kritik der entwürdigenden Motivationspraxis freilich nicht auf die praktische Notwendigkeit des Kategorischen Imperativs. Auch wenn er den Satz „Das häufigste Vergehen im Wirtschaftsleben ist die fundamentale Mißachtung der Menschenwürde"[21] sogar umrahmt, tritt er doch nicht als praktischer Diskursethiker auf. Er benutzt das Kantisch-diskursethische Vokabular virtuos und beweist damit, in welch großem Maße diese aufklärung sethische Sprache der Mündigkeit zum Repertoire unserer kulturellen Selbstverständigung gehört und von der sich immer mehr in eine Kommunikationsgesellschaft verwandelnden modernen Sozialwirklichkeit verstanden und anerkannt wird. Aber Sprenger ist Unternehmensberater, und die Absicht des Buches ist nicht, dem Faktum der reinen praktischen Vernunft auch in den Kernlanden der Ökonomie Geltung zu verschaffen oder den Unternehmensleitern eine Revolution der Denkungsart anzusinnen, nein, Sprenger verkauft seine Revision, er argumentiert ökonomisch für sie, er ist nachwievor ein ökonomischer Unternehmensberater und kein Ethiker. Das Argument „Motivierung demotiviert mündige Menschen" ist ein ökonomisches, kein ethisches Argument. Motivierungsmißerfolge werden erklärt: Die moralische Subjektivität, die sich insgeheim durch die Anreizsysteme beleidigt sieht, wird als Kostenpunkt kenntlich gemacht, mit dem zu rechnen vergessen worden ist, mit dem zu rechnen aber beste

[20] *Reinhard Sprenger*, Mythos Motivation. Wege aus einer Sackgasse, Frankfurt a. M. 1991, 107.
[21] Ebd., 159.

Resultate erzielt. Die Monetarisierung ist grenzenlos: Selbst Kants Satz, daß der Mensch einen Wert, aber keinen Preis habe, ist ökonomischer Indienstnahme fähig. Die Moral wird benutzt, um der Ökonomie zu helfen. Aber verlagern wir die Akzente nur ein wenig, dann erlaubt das Projekt auch die genau entgegengesetzte Lesart: Die Ökonomie wird benutzt, um der Moral zu helfen. Die Grenzen zwischen ökonomischer und ethischer Unternehmensberatung verschwimmen – *realistische Wirtschaftsethik ist ein Diskurspragmatismus der gemischten Rationalitätsformen.*

Bei Kant gibt es das paradoxe Konzept einer Gewaltanwendungserlaubnis der reinen praktischen Vernunft: Die Idee ist hier, daß es die Vernunft selbst ist, die, unter Berücksichtigung der Bedingungen des wirklichen menschlichen Handelns, die Erlaubnis erteilt, von ihrem eigenen Gesetz abzurücken. Damit beweist Kants geltungstheoretisches Zentralkonzept eine Weltklugheit, die der reinen praktischen Vernunft gemeinhin nicht zugetraut wird. Verallgemeinern wir, dann kann man sagen, daß zu jeder normativen moralphilosophischen Konzeption auch eine selbstreflexive Überprüfung der moralischen Zumutbarkeit ihrer eigenen Forderungen gehören muß, die gegebenenfalls eine Einschränkung ihrer Forderungen erlaubt. Auch die unaufhörlich Kontrafaktisches bemühende Diskursethik sollte über hinreichend Weltklugheit verfügen, um das Faktische der Handlungsbedingungen nicht aus den Augen zu verlieren. Der Umstand, daß Sprengers intuitiver führungsethischer Kantianismus mit dem Argument von der langfristig demotivierenden Wirkung der motivationalen Konditionierungsprogramme den Praktiker von der ökonomischen Vorteilhaftigkeit der Mündigkeitsstrategie zu überzeugen versucht, sollte nicht zu dem Aufbegehren eines diskursethischen Purismus führen, der nur normative, jedoch keine strategischen Lernprozesse toleriert. *Strategische Indienstnahmen moralischer Organisationsformen haben ihre eigene Dialektik, die Kant als erlaubten moralischen Schein bezeichnet hat.* Die einschlägige Stelle findet sich in der „Anthropologie in pragmatischer Absicht": „Alle menschliche Tugend im Verkehr ist Scheidemünze; ein Kind ist der, welche sie für ächtes Gold nimmt. – Es ist doch besser, Scheidemünze, als gar kein solches Mittel im Umlauf zu haben, und endlich kann es doch, wenn gleich mit ansehnlichem Verlust, in baares Gold umgesetzt werden. Sie für lauter Spielmarken, die gar keinen Werth haben, auszugeben, [...] ist ein an der Menschheit verübter Hochverrath. Selbst der Schein des Guten an Anderen muß uns werth sein: weil aus diesem Spiel mit Verstellungen, welche Achtung erwerben, ohne sie vielleicht zu verdienen, endlich wohl Ernst werden kann."[22]

Diese antirousseauistische Position des Rousseauisten Kant ist bemerkenswert. Übertragen wir sie gleich auf die wirtschafts- und unternehmensethische Problemlage. Die strategische Einstellung, die sich in die unvermeidlichen öffentlichen Rechtfertigungsdiskurse fügt, die die Selbstachtungs- und Respektbedürfnisse der Mitarbeiter leistungsstabilisierend benutzt, die dialogische Verfahren zur vorteilhaften Herausbildung korporativer Identitäten einsetzt, bleibt, wie sehr sie sich letztinstanzlich immer am Gewinnprinzip orientiert, von ihrem neuen Gegenstand nicht unberührt; er färbt auf sie ab. *Die strategische Mündigkeitsunterstellung erzeugt*

[22] *Immanuel Kant*, Anthropologie in pragmatischer Absicht, Akademie-Ausgabe, Bd. VII, 153.

langfristig ihre eigene Mündigkeitsrealität. Ohne daß die fundamentalen ökonomischen Zielvorstellungen grundsätzlich modifiziert würden, kommt es zu evolutionären Veränderungen in der moralischen Verfassung des Unternehmens, die auf die jeweilige konkrete Ausgestaltung dieser Zielvorstellungen Einfluß nehmen werden. In dem Maße, in dem das Mündigkeitsprinzip zu einer unternehmensethischen Grundlage wird, in dem Maße werden sich auch die mündigen Mitarbeiter an der inhaltlichen Gestaltung der Unternehmenspolitik beteiligen. Die kritische, die Standards moralischer Relevanz definierende Öffentlichkeit dringt auch in das ökonomische Innenleben der Unternehmen ein und veranlaßt eine Selbstbindung der ökonomischen Macht an die Verfahrensregeln der Vernunft und an die inhaltlichen Normen, die zur Realisierung des Ziels einer sozial- und umweltverträglichen Gewinnpolitik entwickelt werden.

*

Es gibt einige versprengte, aus dem letzten großen Kulturkampf übriggebliebene Spötter, die in der allenthalben und allerorten anzutreffenden ethischen Diskussion ein geschickt inszeniertes Ablenkungsmanöver des Bestehenden von sich selbst erblicken – Ethik als neues gesellschaftspolitisches Opiat, als raffiniert gesponsorte Betriebsamkeit. Ich will diese Einstellung nicht teilen. Wir können nicht mehr auf die traditionellen geschichtsphilosophischen Erlösungsformeln setzen. Die alten ideologischen Fronten sind längst verschwunden; die Schützengräben zerfallen, in denen sich einst Kapitalismusapologeten und Kapitalismuskritiker gegenüber standen. Der Kapitalismus war siegreich, so siegreich, daß, um mit Hegel zu sprechen, die Differenz jetzt tief in ihm selbst wirkt; nicht zu Fraktionen und Spaltungen kommt es in der Wirtschaft, aber zu einer reflexiven Unruhe, zu einem kommunikativen Rumoren, Vorzeichen der fälligen kulturellen Modernisierung, die Wirtschafts- und Unternehmensethik aufzugreifen, zu deuten und zu verstärken haben.

Guy Kirsch

Das Kalkül der Moral

1. Der Sünder ein Tor? – Der Tor ein Sünder?

Die Vorstellung, daß rationales und moralisches Handeln nicht eins seien, war früheren Zeiten fremd; daß sich Rationalität und Moral gar widersprechen mochten, lag jenseits ihres Horizontes. Das Sein und das Sollen gründeten in *einer* Wirklichkeit, und das Wissen sollte *die* Wahrheit über diese Wirklichkeit enthalten. Wer richtig handeln wollte, konnte nur gut handeln; und wer gut handelte, handelte richtig. Die Regeln der *buona vita* sollten ein Leben des Menschen im Einklang mit sich, mit den Menschen, mit den Dingen und mit Gott ermöglichen. Das Wohlfahrtsstreben und das Streben nach dem Guten waren ununterscheidbar ein und dasselbe. Wem es um das eigene Glück ging, durfte sich an den Mitmenschen, an den Dingen, an Gott und an sich selbst nicht versündigen; und wer sich, den Menschen, den Dingen und Gott gab, was ihm bzw. ihnen gebührte, lebte nicht nur ein Gott und den Menschen wohlgefälliges, sondern auch ein glückliches Leben.

Inzwischen haben wir die Gewißheit, daß der Tor ein Sünder und der Sünder ein Tor sind, verloren. Für uns sind empirische Aussagen und normative Sätze nicht mehr im Wesen der Wirklichkeit verankert; beide sind Ausdruck mehr oder weniger weitreichender bis auf weiteres geltender gesellschaftlicher Konventionen. Theorien, die (noch) nicht falsifiziert wurden, werden als Aussagen über die Wirklichkeit be- und gehandelt. Ob wir etwas über *die* Wirklichkeit wissen und sagen (können), steht dahin; entscheidend ist, daß jenes als Wirklichkeit gilt, über das wir etwas sagen, ohne daß in einem gesellschaftlich akzeptierten Verfahren erfolgreich Widerspruch angemeldet worden wäre. Und: Nicht die Moral bestimmt die Gebote und Verbote, an denen wir unser Handeln ausrichten *sollen*, sondern die Gebote und Verbote, an denen wir unser Handeln ausrichten *wollen*, machen die Moral aus. Im Gegensatz zu früher leben wir in einer Wirklichkeit, die wir selbst konstruieren müssen, nach Geboten und Verboten, für die wir uns auf niemanden als auf uns selbst berufen und verlassen können. Wer dies – mit der Begründung, wir *wollten* nicht anders – verurteilt, übersieht, daß wir nicht mehr anders *können*. Auch haben wir erfahren, daß wir in dem, was wir erkennen, und in dem, zu welchem wir uns bekennen, fehlbar sind. Hybris wäre und ist es, dies nicht anerkennen zu wollen.

Es wäre wenig hilfreich, der Wesensschau und der Glaubenssicherheit einer untergegangenen Welt nachzutrauern. Wir müssen uns nicht nur mit der sozialen Konstruktion der Wirklichkeit, sondern auch mit der gesellschaftlichen Konstruktion der Moral abfinden. Mit anderen Worten: wir müssen uns damit abfinden, daß das Gute und das Richtige nicht *über*individuell gegeben sind und gefunden werden können, sondern in *inter*individuellen Austauschprozessen laufend erfunden werden müssen.

Wenn aber das Gute und das Richtige nicht (mehr) unfehlbar im Wesen der Wirklichkeit gefunden werden können, dann muß man mit der Möglichkeit rechnen, daß die sozialen Austauschprozesse zu nicht miteinander verbundenen Vorstellungen über das Gute und das Richtige führen. Es ist ein kurzer Schritt und – wie sich zeigen wird – ein vermeidbarer Fehltritt, hieraus zu schließen, daß die Rationalität und die Moral zueinander in Gegensatz geraten müssen, daß man gegebenenfalls ein Sünder sein muß, um kein Tor zu sein, und daß man ein Tor sein muß, wenn man kein Sünder sein will.

Die Vorstellung, daß Ratio und Moral sich wechselseitig ausschließen möchten, ist so schockierend, daß ihr auf breiter Front Widerstand begegnet. Es fällt in der Tat schwer, sich damit abzufinden, daß der Mensch unter Umständen nur moralisch handeln kann, wenn und soweit er seinen Verstand ausschaltet. Es fällt schwer zu akzeptieren, daß der Mensch, wenn er denn seinen Verstand gebrauchen will, unter Umständen unmoralisch handeln muß. Gerade die Moral sollte – weil sie von so großer Bedeutung ist – im Licht der Ratio bestehen können; gerade die Ratio sollte – weil sie so wichtig ist – vor der Moral Bestand haben. Eine unverständige Moral und ein unmoralischer Verstand sind beides Monstren, vor deren Grauen wir mit gutem Grund zurückschrecken.

Es fehlt denn auch nicht an Versuchen, die Moral und die Rationalität auch in einer Welt zu versöhnen, welcher die ontologische Sicherheit und die Glaubensgewißheit abhandengekommen sind. Diese Versuche werden einerseits auf der Ebene akademisch-abgehobener Reflexion, sie werden – andererseits – aber auch von den einzelnen auf der Ebene der praktischen Alltäglichkeit unternommen. Dem artikulierten Diskurs der Philosophen und Ethiker um die Aussöhnung von Ratio und Moral in einer Welt fehlbarer Menschen entspricht das oft konfuse Bemühen des Alltags, in einer pluralen Welt erfolgreich und doch anständig, anständig und doch erfolgreich zu sein. Die folgenden Überlegungen beziehen sich in der Hauptsache auf letzteres. Dabei gehen wir von der Frage aus, ob der einzelne sein Handeln an moralischen Kriterien ausrichten kann, *obschon* er rational überlegt. Am Ende unserer Darstellung wird die These stehen, daß er sein Handeln an moralischen Kriterien orientiert, *weil* er rational kalkuliert.

2. *Self interest* und *interest in one's own self*

Wir beginnen mit einem konstruierten Beispiel: Auf einem menschenleeren Platz sitzt ein blinder, tauber und lahmer Bettler. Vor ihm liegt eine Mütze mit einem Zehn-Mark-Schein. Ein Passant geht vorbei. Dieser weiß mit Sicherheit, daß um diese Tageszeit kein weiterer Mensch den Platz betreten wird; auch gelte, daß der Passant nur an sich selbst denkt. Frage: Nimmt der Passant den Geldschein? Der

Leser wird – hoffentlich – in einer ersten Reaktion die Frage verneinen. Er sollte aber im weiteren die Frage zulassen, warum der Passant den Geldschein eigentlich nicht stehlen sollte. In der Tat: Nimmt er das Geld, so ist er reicher. Da er sicher sein kann, daß er nicht ertappt wird, riskiert er keine Strafe. Soweit er sein Rationalkalkül an seinem eigenen Interesse, an seinem *self-interest* ausrichtet, gibt es für den Passanten keinen Grund, das Geld nicht zu nehmen. Das (vorläufige) Fazit lautet demnach: Das rationale Kalkül legt es dem Passanten nahe, den Bettler zu bestehlen.

Es ist dem Leser überlassen, die Logik dieses simplen Beispiels auf praktisch relevantere Fälle anzuwenden: Wird etwa ein Bergwanderer auf der einsamen Alm, die er nie mehr besuchen wird, die leere Mineralwasserflasche wegwerfen, oder wird er sie ins Tal tragen? Wird ein Geschäftsinhaber einen Behinderten als Verkäufer nicht einstellen, oder wird er dies – auch ohne gesetzliche Verpflichtung – doch tun? Wird der Kapitän eines Öltankers auf offener See – fern von jeder Kontrolle – die Tanks seines Schiffs reinigen, oder wird er es – trotz hoher Gebühren – im nächsten Hafen tun?

Dem aufmerksamen Leser wird nicht entgangen sein, daß die beiden letzten Beispiele in dem Sinne „dramatisch“ sind, als dort die Kosten für moralisches Handeln höher sind als in den beiden ersten Beispielen. Die zehn Markt, die der Passant *nicht* nimmt, wiegen im Zweifel genau so leicht wie die leere Plastikflasche, die der Wanderer nicht wegwirft. Hingegen führt die Einstellung des Behinderten für den Geschäftsmann im Zweifel zu existenzgefährdenden Gewinneinbußen, die nicht weniger groß sind als jene, die dem Kapitän aus der Tatsache entstehen, daß er Rücksicht auf die Umwelt nimmt.

Entsprechend wird der Leser, der eben noch entschieden verneint hat, jemand würde – wenn dies für ihn kosten- und risikolos möglich ist – einen Bettler bestehlen, zurückhaltender bei der Beantwortung der Frage sein, ob ein Kapitän seine Öltanks auf hoher See reinigt oder nicht. Dies aber bedeutet, daß der Leser offenkundig davon ausgeht, daß es von der Höhe der damit verbundenen Kosten abhängt, ob und in welchem Umfang sich jemand moralisch oder aber unmoralisch verhält.

Dies besonders hervorzuheben scheint müßig, ist doch die Annahme, daß die Menschen gemeinhin auf positive und negative Anreize mit Verhaltensänderungen reagieren, nicht nur plausibel, sondern auch empirisch nachgewiesen. Wenn dieser Zusammenhang hier trotzdem hervorgehoben wird, so weil sich damit der Blick auf eine weitere Frage öffnet: Wenn Akteure – der Passant, der Wanderer, der Geschäftsinhaber oder der Kapitän – die moralische Qualität ihres Verhaltens von den damit verbundenen Kosten (bzw. Vorteilen) abhängig machen, dann setzen sie die Moralität selbst offenkundig als *bonum* mit anderen Werten in Vergleich: Die moralische Qualität des Verhaltens wird zum Gegenstand des rationalen Kalküls. In dieser Optik verhält sich demnach der einzelne (un)moralisch nicht, weil er *nicht* rational kalkuliert, sondern weil er *sehr wohl* rational kalkuliert. Der einzelne verhält sich (un)moralisch, nicht weil er seinen Verstand ausschaltet; er handelt vielmehr (un)moralisch, weil er seinen Verstand gebraucht. Ist dem aber so, dann stellt die moralische Qualität des eigenen Handelns für den einzelnen offensichtlich einen Wert dar, um dessentwillen es sich lohnt, mehr oder weniger auf die Befriedigung von *self-interests* zu verzichten, also etwa die zehn Mark nicht zu nehmen oder die Plastikflasche nicht wegzuwerfen.

Wenn denn die moralische Qualität einer Handlung einen eigenen Wert darstellt, dann ist zu fragen, worin dieser besteht. Will man bei der Beantwortung dieser Frage nicht auf *über*individuelle Werte rekurrieren, so ist es nötig zu postulieren, daß es sich um einen Wert handelt, an dem der einzelne ein Interesse hat. An dieser Stelle ist es hilfreich, dem *self-interest* des einzelnen sein *interest in his own self* gegenüberzustellen: Der einzelne hat nicht nur ein Interesse daran, seine Wohlfahrt durch die Besitz- und Inanspruchnahme externer Werter zu erhöhen; er hat auch ein Interesse daran, seine Wohlfahrt durch die Sicherung und Stärkung seiner inneren Struktur zu erhöhen; er will – in Anlehnung an Erich Fromm – nicht nur etwas *haben*, er will auch jemand *sein*. Er hat nicht nur Selbstinteressen, sondern auch ein Interesse am eigenen Selbst.[1]

Beide Arten von Interessen mögen im Einzelfall problemlos gleichzeitig befriedigt werden, ja, die Befriedigung des einen mag der Befriedigung des anderen förderlich sein. Es mag aber auch sein, daß das *self interest* nur auf Kosten des *interest in one's own self* befriedigt und dieses nur um den Preis der mehr oder weniger teilweisen Vernachlässigung jenes verfolgt werden kann. Ist dies der Fall, so kann der einzelne nur dann mehr *haben*, wenn er bereit ist, weniger zu *sein*. Er kann die Welt nur gewinnen, wenn er seine Seele verliert, und: rettet er seine Seele, so verliert er die Welt.

3. Das Selbst im moralischen Raum

Blickt man auf die letzten Sätze zurück, so wird deutlich, daß sich – gleichsam unter der Hand – die Frage nach der moralischen Qualität des Verhaltens in die Frage nach dem Selbst des Menschen gewandelt hat. Soll dies kein intellektueller Taschenspielertrick sein, so ist es nötig, den Zusammenhang zwischen Moral und Selbst deutlich zu machen. Dabei können wir auf das Konzept des *moral space* zurückgreifen, wie es Charles Taylor in die Diskussion um die Quellen des Selbst eingeführt hat.[2] Taylor argumentiert, daß der einzelne sein Selbst in einem Raum definiert, dessen Dimensionen positive bzw. negative Vorzeichen haben. So wird jemand auf die Frage, wer er sei, was sein Selbst ausmache, etwa antworten, er sei ein Deutscher, ein Umweltschützer und homosexuell; er wird nicht antworten, er liebe Vanilleeis. Er wird – weil sie positiv bzw. negativ konnotiert sind – als konstitutiv für sein Selbst das Deutschsein, seine ökologische Einstellung und seine sexuelle Neigung nennen; seine Vorliebe für Vanilleeis wird er nicht erwähnen, weil diese weder positiv noch negativ bewertet wird. Vielleicht wird er sagen, daß er rothaarig ist; er

1 Vgl. auch *Robert Nozick*, The Examined Life. Philosophical Meditations, New York 1989, 141ff.

2 Vgl. *Charles Taylor*, Sources of the Self. The Making of the Modern Identity, Cambridge, Mass. 1989, 25ff.

wird nicht eigens hervorheben, daß er braunes Haar hat. Dies jedenfalls dann, wenn Rothaarigkeit ein negatives, braunes Haar aber kein Vorzeichen hat.

Mit anderen Worten. Der einzelne definiert sein Selbst in einem Raum, dessen Dimensionen Merkmale benennen, die als „gut" oder als „schlecht" gelten: Es ist „gut", ein ökologisch denkender Deutscher zu sein; es ist „schlecht", ein rothaariger Homosexueller zu sein. Es ist weder „gut" noch „schlecht", 1,78 Meter zu messen; es ist „schlecht", 1,24 oder 2,40 Meter zu messen: Während der Mittelgroße sein Selbst nicht an der Körpergröße festmacht, *ist* der unterdurchschnittlich Große ein Zwerg, der Übergroße aber ein Riese. In dem Maße wie die Moral in den Kategorien von „gut" und „schlecht" denkt, ist es berechtigt, mit Charles Taylor den so dimensionierten Raum als *moral space* zu bezeichnen.

Das immerhin mögliche Gegenargument, daß Haarfarbe und Körpergröße keine „moralischen" Angelegenheiten seien, trägt weniger weit als auf Anhieb scheint. In der Tat: Wie die Verhaltensforschung zeigt, werden auch diese Art von Merkmalen häufig, wenn auch implizit, als im engeren Sinne moralisch relevant angesehen. Aber auch dann, wenn man das Gegenargument gelten lassen wollte, bleibt die Möglichkeit, den moralischen Raum nur durch jene Merkmale zu definieren, die sich anzueignen der einzelne (mehr oder weniger) frei ist oder nicht. Der Streit um die Einstellung zur Homosexualität geht wohl im wesentlichen darum, ob sie als freigewählte oder als angeborene Neigung, also als Dimension eines eng oder eines weit definierten moralischen Raumes zu gelten hat.

Ob man den *moral space* im engeren oder im weiteren Sinn versteht, ist im wesentlichen eine definitorische Angelegenheit, also eine Frage der Zweckmäßigkeit. Im folgenden werde ich den weiteren Begriff verwenden; ich gehe also davon aus, daß allen Merkmalen, die als „gut" oder „schlecht" bezeichnet werden, Dimensionen des moralischen Raumes entsprechen. Wer also findet, daß es „gut" sei, ein Deutscher zu sein, definiert sein Selbst in einem moralischen Raum, welcher die Dimensionen der Volkszugehörigkeit aufweist. Wer der Ansicht ist, daß es lediglich „nützlich" ist, ein Deutscher zu sein, lebt in einem moralischen Raum, der eine solche Dimension nicht besitzt. Wer der Ansicht ist, daß es „schlecht" sei, homosexuell zu sein, bewohnt – im Gegensatz zu jemandem, in dessen Augen die Homosexualität lediglich den Karriereerfolg behindert – in einem auch durch die sexuelle Neigung dimensionierten moralischen Raum.

Es ist demnach festzuhalten: Der einzelne definiert sein *individuelles* Selbst in einem durch dessen Dimensionen charakterisierten moralischen Raum. Man könnte nun der Ansicht sein, daß der einzelne, da es um sein *individuelles* Selbst geht, es in der Hand hat, auch den moralischen Raum zu bestimmen, in dem er lebt, er also frei ist, jene Dimensionen zu bestimmen, anhand derer er sein Selbst definiert. Dies wäre ein Irrtum: Weil der Mensch ein soziales Wesen ist, kann er sich nur in der Interaktion mit *anderen* definieren. Auf unser Problem bezogen bedeutet dies, daß der moralische Raum ein *gesellschaftlicher* Raum ist. Welche Dimensionen dieser Raum in einer konkreten Situation aufweist, ist das Ergebnis gesellschaftlicher Interaktion. Wohl mag der einzelne an dieser Interaktion teilnehmen und so Einfluß auf jene Dimensionen nehmen, welche den Raum ausmachen; es ist ihm allerdings nicht möglich, sich im Alleingang jenen moralischen Raum zu schaffen, der ihm beliebt. Er muß – will er sich nicht in der Einsamkeit des Wahns verlieren – sich vorerst in jenem gesellschaftlichen *moral space* situieren, den er vorfindet – und den er im Rahmen seiner Möglichkeiten im Austausch mit anderen verändern kann.

Daß der moralische Raum, in dem sich das individuelle Selbst definiert, ein *gesellschaftlicher* Raum ist, läßt sich an einem Beispiel verdeutlichen: In einer ausschließlich aus Weißen bestehenden Gesellschaft ist nicht zu erwarten, daß jemand auf die Frage, wer er sei, antwortet, er sei ein „Weißer". Leben aber in einer Gesellschaft Weiße und Schwarze zusammen, so muß nicht, kann aber eine Situation entstehen, in welcher die einzelnen sich und andere als „Weiße" bzw. als „Schwarze" sehen. Letzeres wird dann der Fall sein, wenn der gesellschaftliche *moral space* die Dimension der Hautfarbe aufweist. Damit die Mitglieder einer Gesellschaft ihr individuelles Selbst mittels ihrer Hautfarbe definieren, ist es also nicht nur nötig, daß in dieser Gesellschaft diese bzw. jene Hautfarbe vorkommt, sondern auch, daß sie positiv bzw. negativ bewertet wird. Dabei ist es eine jeweils im Einzelfall zu beantwortende Frage, welche Dimensionen zu einer gegebenen Zeit in einer gegebenen Gesellschaft den moralischen Raum ausmachen. Dies impliziert zum einen, daß der *moral space* und damit die Definition des individuellen Selbst zu einem gegebenen Zeitpunkt von Gesellschaft zu Gesellschaft verschieden sein können, zum anderen bedeutet es, daß sie sich in einer bestimmten Gesellschaft über die Zeit verändern können.

Oben hieß es, der einzelne mache die moralische Qualität seines Verhaltens zum Gegenstand des rationalen Kalküls, indem er sein *self-interest* mit seinem *interest in his own self* konfrontiere. Dieses Kalkül, das – um rational zu sein – keineswegs explizit, bewußt, umfassend, vollinformiert sein muß, läßt sich leicht am Beispiel der Umweltmoral exemplifizieren. So kann man in der Tat feststellen, daß die Einstellung zur Umwelt seit einiger Zeit zunehmend als eine Dimension des *moral space* gilt: Man *ist* nicht nur ein Deutscher, sondern man *ist* (in den eigenen und in fremden Augen) zunehmend auch ein Umweltsünder oder ein Umweltschützer. Zwar kann man so oder anders zur Umwelt stehen und in den eigenen und in fremden Augen ein Selbst haben, kaum kann man aber in der Gesellschaft noch jemand sein, wenn man *keine* Einstellung zur Umwelt hat.

Je mehr nun die Ökologie als Dimension des moralischen Raumes für die Eigen- und Fremddefinition des eigenen Selbst an Bedeutung gewinnt, desto mehr muß der einzelne so oder anders Rücksicht auf die Umwelt nehmen, wenn er sein eigenes Selbst nicht gefährden soll. Er kann jetzt keine Alu-Dose (mehr) in den Wald werfen, ohne sein Selbst zu treffen.[3]

[3] Vgl. *Guy Kirsch*, Umweltbewußtsein und Umweltverhalten. Eine theoretische Skizze eines empirischen Problems, in: Zeitschrift für Umweltpolitik und Umweltrecht 3, 1991, 249ff.

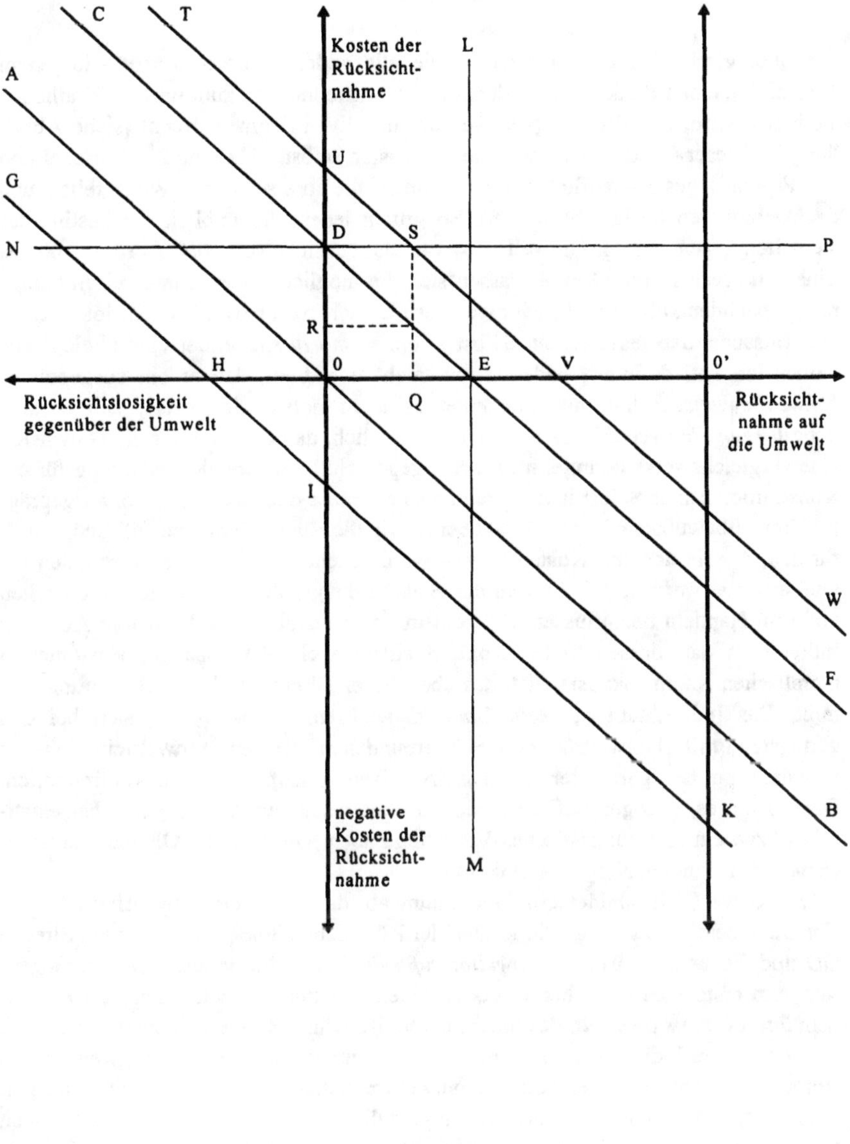
C
T
A
G
N
P
Kosten der Rücksicht-nahme
L
U
D
S
R
H
0
E
V
0'
Q
Rücksichtslosigkeit gegenüber der Umwelt
Rücksicht-nahme auf die Umwelt
I
W
F
K
B
negative Kosten der Rücksicht-nahme
M

Abbildung 1

4. Rationalkalküle im moralischen Raum

Die ökologische Dimension weist – wie alle anderen Dimensionen – in jedem Augenblick einen Punkt auf, bei dem das umweltfreundliche zum umweltfeindlichen Verhalten wird, der also das positive vom negativen Segment trennt (siehe Abbildung 1). Dieser O-Punkt ist – wie die Dimension selbst – über die Zeit variabel und das Ergebnis gesellschaftlicher Interaktionen, die ihrerseits von Werturteilen und Sachkenntnissen beeinflußt werden. So gilt in jedem Augenblick ein bestimmtes Verhalten gegenüber der Umwelt entweder als rücksichtsvoll oder als rücksichtslos. Links und rechts vom O-Punkt lassen sich die möglichen Verhaltensweisen anordnen, je nachdem, ob sie mehr oder weniger rücksichtsvoll bzw. rücksichtslos sind.
Die Tatsache, daß jemand sein Selbst in einem *moral space*, der eine ökologische Dimension hat, definiert, bedeutet nun nicht unbedingt, daß er ein ausgeprägtes *Umweltbewußtsein* hat; auch bedeutet es nicht notwendigerweise, daß er sich *umweltfreundlich verhält*. Es ist durchaus möglich, daß die ökologische Dimension eine vergleichsweise geringe, im Extrem gegen Null tendierende Bedeutung für die Konstitution seines Selbst hat: Er kann also ein mehr oder weniger stark ausgeprägtes Umweltbewußtsein haben. Weil aber häufig die Rücksichtnahme auf die Umwelt für den, der sie übt, mit Kosten bzw. – wohl seltener – mit Nutzen verbunden ist, muß erwartet werden, daß diese in das Entscheidungskalkül des einzelnen eingehen und sein Handeln beeinflussen. So stellt in unserer Abbildung die Kurve AOB ein Individuum dar, dessen Selbst wohl in einem auch ökologisch dimensionierten moralischen Raum lokalisiert ist, das aber dieser Dimension keine Bedeutung beimißt: Das Individuum hat *kein Umweltbewußtsein*. Es ist bereit, sich bei den geringsten mit Umweltrücksichten verbundenen Kosten umweltfeindlich zu verhalten, bei den geringsten positiven Anreizen verhält es sich umweltfreundlich. Dabei kann es, bezogen auf die positiven bzw. negativen Anreize, ein eher elastisches bzw. ein eher unelastisches Verhalten haben: Die Kurve AOB hätte entsprechend einen anderen Neigungswinkel.

Die Kurve CDEF bildet ein Individuum ab, das zu einem umweltfreundlichen Verhalten bereit ist, solange die Kosten der Rücksichtnahme geringer als die Strecke OD sind. Es hat ein *positives Umweltbewußtsein*. Dieses Individuum ist – im Gegensatz zum erstgenannten – bereit, bis zu einem bestimmten Punkt sein *self interest* dem *interest in its own self*, das (auch) ökologisch dimensioniert ist, zu opfern. Auch müssen diesem Individuum erst dann positive Anreize geboten werden, wenn es ein Verhalten an den Tag legen soll, das umweltfreundlicher als „E“ ist. Man kann sich vorstellen, daß es Individuen gibt, deren jeweilige Reaktionskurve noch weiter nach rechts verschoben ist: Sie haben ein noch stärkeres Umweltbewußtsein und sind entsprechend noch eher bereit, ihr *self interest* dem *interest in their own selves* zu opfern.

Individuen schließlich, deren Reaktionskurve – wie die Kurve GHIK – links vom O-Punkt verläuft, haben ein *negatives Umweltbewußtsein*. Wohl definieren auch sie ihr Selbst in einem ökologisch dimensionierten *moral space*, wohl hat auch für sie die ökologische Dimension ein (mehr oder weniger) großes Gewicht bei der Definition des eigenen Selbst, doch haben sie ein *negatives* Umweltbewußtsein: Sie sind bereit, sich die Zerstörung der Umwelt etwas kosten zu lassen. Die Abbildung ist auch dann hilfreich, wenn die für das Selbst relevante Dimension nicht das Verhalten gegenüber der Umwelt, sondern das Verhalten etwa gegenüber Ausländern abbildet. Auch hier mag es Menschen geben die es sich etwas kosten lassen, *keine* ausländischen Arbeitnehmer einzustellen.

Auf den ersten Blick mag es schwierig sein, die letztgenannten Beispiele anders denn als Fälle nekrophiler Destruktivität wahrzunehmen. Wenn auch nicht ausgeschlossen werden kann, daß es sich um solche handeln kann, so muß dem doch nicht so sein. Dies hat seinen Grund in folgendem: Ob eine individuelle Reaktionskurve rechts oder links vom O-Punkt liegt, hängt von der Lage dieses Punktes ab. Nun haben wir oben gesehen, daß dieser Punkt als Resultat sozialer Interaktion festgelegt wird, also auch nach rechts oder links verschoben werden kann. Entsprechend ist es möglich, daß jemand, der bislang für sich und andere als umweltbewußter und xenophiler Mensch galt, als Folge einer Rechtsverschiebung des O-Punktes in seinen und in fremden Augen nun als jemand gilt, der ein negatives Umweltbewußtsein und eine Abneigung gegen Fremde hat. Dies jedenfalls dann, wenn seine Reaktionskurve nicht oder nicht in gleichem Maße die Rechtsverschiebung des O-Punktes mitgemacht hat. Es mag also durchaus sein, daß jemand keineswegs ein destruktiver Mensch ist, und trotzdem in den eigenen und in fremden Augen ein negatives Umweltbewußtsein bzw. eine negative Einstellung zu Ausländern hat. Gestern mochte er noch als Umwelt- bzw. als Ausländerfreund gegolten haben; heute – nach der Rechtsverschiebung des Nullpunktes – ist er für sich und für andere ein Umweltfeind und Fremdenhasser.

Trotz aller Einfachheit erlaubt dieser Theorieansatz, einige Aspekte des Zusammenhangs von Moral und Rationalität zu modellieren und zu diskutieren. So ist es eine oft geäußerte Ansicht, daß Menschen mit einer ausgeprägten Moral sich etwa in Umweltfragen auch umweltfreundlich verhalten, also eine Stärkung des Umweltbewußtseins zu einem umweltfreundlichen Verhalten führt. Diese Ansicht ist insofern unzutreffend, als sie übersieht, daß auch Menschen mit einer positiven Umweltmoral die Umwelt zerstören können. So ist in unserer Abbildung das Individuum mit der Reaktionskurve CDEF ein Mensch mit einer positiven Umweltmoral. Übersteigen jedoch die Kosten der Rücksichtnahme auf die Umwelt die Strecke OD, so verhält auch dieses Individuum sich umweltfeindlich. Das Individuum mit der Reaktionskurve GHIK hingegen hat eine negative Umweltmoral; trotzdem verhält es sich dann umweltfreundlich, wenn ihm aus diesem Verhalten – etwa in Form von Subventionen – Vorteile erwachsen, die wenigstens die Höhe OI haben.

Ohne weitergehende Ausführung sollte deutlich werden, daß die positive Umweltmoral eines Individuums umso ausgeprägter ist, je weiter rechts vom Nullpunkt seine Reaktionskurve angesiedelt ist: Ein Individuum mit einer stark ausgeprägten Moral ist bereit, sich die Rücksichtnahme auf die Umwelt viel kosten zu lassen. Eine weit links vom Nullpunkt verlaufende Reaktionskurve bildet analog ein Individuum mit einer stark ausgeprägten negativen Umweltmoral ab. An diesem Punkt läßt sich

– wiederum am Beispiel der Umweltmoral – zeigen, daß die moralische Erziehung auch darin besteht, die Reaktionskurven möglichst nach rechts zu verschieben. So läßt sich wohl manche familieninterne Diskussion über Umweltprobleme so verstehen, daß Kinder die Reaktionskurven ihrer Eltern nach rechts verschieben wollen: Die Umweltmoral des Vaters soll soweit gestärkt werden, daß er die leeren Bierflaschen nicht in den Hausmüll, sondern – trotz der damit verbundenen Unbequemlichkeit – in den Container am anderen Ende der Straße wirft. Die Diskussion kann allerdings auch darauf hinauslaufen, daß dem Vater bei ökologisch richtigem Verhalten ein Prestigegewinn in den Augen seiner Kinder in Aussicht gestellt wird. In diesem Fall wird nicht die Reaktionskurve des Vaters verschoben, vielmehr soll es zu einer Bewegung *auf* der Reaktionskurve des Vaters kommen.

Allerdings muß man beim Stichwort „moralische“ Erziehung nicht nur an „Kinder“ denken. Vielmehr besteht auch der gesellschaftliche Diskurs über weite Strecken in einer Auseinandersetzung zwischen einzelnen und/oder organisierten Gesellschaftsmitgliedern über die Lokalisierung individueller Reaktionskurven.

Die moralische Erziehung, d. h. – in unserem Fall – die Stärkung der Umweltmoral besteht jedoch nicht nur in dem Bemühungen, die Reaktionskurven nach rechts zu verschieben. Sie kann auch darauf abstellen, die Elastizität dieser Kurven zu verändern. Ist nämlich die Reaktionskurve eines Individuums – im Extrem – völlig unelastisch, verläuft sie also vertikal (LEM), so hält dieses Individuum – koste bzw. bringe es was es wolle – an *einem* Umweltverhalten (E) fest. Das Individuum ist ein *verhaltensfixierter Rigorist*. Ist hingegen die Reaktionskurve eines einzelnen völlig elastisch, verläuft sie also horizontal, so genügt selbst die geringste Kostenerhöhung, um das Individuum zur totalen Rücksichtslosigkeit gegenüber der Umwelt zu motivieren; die geringste Vorteilssteigerung wird hingegen zu einer tendenziell unendlichen Rücksichtnahme auf die Umwelt führen. Das Individuum ist ein *anreizfixierter Opportunist*.

Wir haben bislang nur diskutiert, wie ein Individuum versucht, in seinem Verhalten gleichzeitig ein rationales und ein moralisches Wesen zu sein, also gleichzeitig sein *self interest* und sein *interest in its own self* zu berücksichtigen. Zunehmend tritt aber ein weiteres Problem ins Blickfeld: Die wechselseitige Erziehung der Menschen zu moralischen Wesen, d. h. das Interesse, das die einen daran haben (mögen), andere zu moralischen Wesen zu erziehen, bzw. das Interesse, welches diese haben (mögen), sich zu moralischen Wesen erziehen zu lassen. Es wäre hier wohl der Ort, ist aber nicht der Raum, dieses Problem eingehend zu erörtern. Einige eher skizzenhafte Überlegungen sollen die Richtung andeuten, in welcher Antworten gesucht und wohl auch gefunden werden können.

So wie es keinen Grund gibt anzunehmen, daß die moralische Qualität des Verhaltens dem rationalen Kalkül nicht unterworfen ist, so besteht auch kein Grund für die Annahme, daß die Erziehung des Menschen zu einem moralischen Wesen außerhalb der Reichweite rationaler Überlegungen stattfindet: Damit Peter in die Moral des Paul investiert, muß dies für Peter einen Sinn ergeben; damit Paul bereit ist, zu einem – gegebenenfalls unter Mitwirkung von Peter – moralisch qualifizierten Wesen zu werden, muß dies für ihn sinnvoll sein.

Wann aber lohnt es sich für Peter, wenn er denn an einem bestimmten, etwa umweltfreundlichen Verhalten von Paul interessiert ist, auf die Stärkung von dessen Moral hinzuarbeiten. Nehmen wir an, Paul habe die Reaktionskurve CDEF. Nehmen wir weiter an, Peter wünsche, daß Paul ein umweltfreundliches Verhalten (Q) praktiziere. Dieses Verhalten Q kann auf zwei Arten herbeigeführt werden. Erstens: Die Kosten der Rücksichtnahme auf die Umwelt werden um die Strecke DR auf R gesenkt; d. h. Peter belohnt Paul für sein ökologisches Wohlverhalten. Zweitens: Peter versucht, die Reaktionskurve von Paul nach rechts zu verschieben (TUVW). Gelingt dies, dann wird Paul auch dann ein umweltfreundliches Verhalten an den Tag legen, wenn die für ihn damit verbundenen Nachteile die Höhe von D haben. Es ist offenkundig, daß lediglich die zweite Möglichkeit auf eine Stärkung der Umweltmoral von Paul abstellt.

Zu fragen ist: Wann wählt Peter diese oder aber die erstgenannte Möglichkeit? Wenn man nicht annehmen will, daß er ohne jede Überlegung entweder das eine oder das andere tut, so muß man davon ausgehen, daß er seine Entscheidung mit Blick auf die mit beiden Möglichkeiten verbundenen Kosten und Nutzen treffen wird. Es können hier nicht alle denkbaren Kosten-Nutzen-Relationen durchgespielt werden; ich begnüge mich mit *einem* Fall als illustrierendem Exempel: Wenn Peter davon ausgeht, daß es aufwendiger, d. h. für ihn kostenintensiver ist, die Reaktionskurve des Paul nach rechts zu verschieben, als von Fall zu Fall durch die Zahlung von Belohnungen ein bestimmtes Umweltverhalten herbeizuführen, dann muß man gleichfalls davon ausgehen, daß Peter nur dann in die Moral des Paul investieren wird, wenn er erwartet, über eine lange Zeit von dem moralischen Verhaltens Pauls zu profitieren. Ist dies nicht der Fall, dann mag es sich für Peter lohnen, während der kurzen Zeit von Fall zu Fall das erwünschte Wohlverhalten Q zu erkaufen, also Paul auf der Reaktionskurve CDEF zu belassen.[4]

Man kann sich die Logik dieses Kalküls an einem anderen (vielleicht plastischeren) Beispiel klarmachen. Ein Vater, der weiß, daß er im Alter – etwa weil es keine Altersversicherung gibt – auf die Rücksichtnahme seines Sohnes angewiesen ist, hat eher ein Interesse daran, die moralische Qualität seines Sohnes soweit zu stärken, also dessen Reaktionskurve nach TUVW zu verschieben, daß dieser auch ohne Belohnung DR Rücksicht nimmt (also Q praktiziert). Muß der Vater aber davon ausgehen, daß der Sohn ab 18 Jahren ohnehin eigene und fremde Wege geht, und er selbst auf ihn nicht angewiesen ist, so mag es sich lohnen, bis zur Volljährigkeit des Sohnes dessen Wohlverhalten Q von Fall zu Fall mit Belohnungen (DR) zu erkaufen. (Man mag sich überlegen, ob die heute wohl gängige Praxis, das Wohlverhalten von Kindern und Jugendlichen durch von Fall zu Fall gezahlte Belohnungen zu erkaufen, anstatt in ihre moralische Erziehung zu investieren, ihren Grund auch darin hat, daß die Erzieher – Eltern, Lehrer, usw. – häufig nicht nur flüchtige, sondern auch absehbar kurze Beziehungen zu ihnen haben.)

Dem Interesse, das Peter – gegebenenfalls – an einer bestimmten Moral von Paul hat, steht das Interesse gegenüber, das Paul – möglicherweise – daran hat, selber

[4] Vgl. *James Coleman*, Foundations of Social Theory, Cambridge, Mass./London 1990, 579ff.

eine bestimmte Moral zu haben. Auch hier müssen wir uns mit einem kurzen Hinweis begnügen. Die Frage lautet: Hat Paul – und wenn ja, warum – ein Interesse daran, etwa ein Umweltgewissen zu haben? Mit Blick auf unsere Graphik ausgedrückt: Warum hat Paul ein Interesse daran, nicht ein mehr oder weniger anreizorientierter Opportunist, sondern eher ein verhaltensfixierter Rigorist zu sein? Warum mag Paul lieber eine Reaktionskurve LEM als eine Kurve NDP haben? Zwei Gründe bieten sich als besonders plausibel an: die Senkung von Entscheidungskosten und die zeitliche Kontinuität des Selbst. Dazu folgendes:

Erstens: Die Reaktionskurve LEM, also eine Fixierung auf das Verhalten E, enthebt Paul der Notwendigkeit, von Fall zu Fall eigene Entscheidungskalküle anzustellen; wer eine starre verhaltensfixierte Moral hat, ist mit niedrigeren Entscheidungskosten konfrontiert als jener, der von Fall zu Fall die Vor- und Nachteile unterschiedlicher Verhaltensalternativen gegeneinander abwägen muß. Wer ein für allemal entschieden hat, daß er auf Wanderungen unter keinen Umständen leere Plastikflaschen wegwirft, muß nicht bei jeder Gelegenheit hin- und herüberlegen. Wenn man so will: Das individuelle Gewissen vereinfacht für den einzelnen zwar nicht die Welt, wohl aber das Leben in der Welt. So kann man vermuten, daß gerade in einer komplizierten Welt, also in einer Welt, in der es schwierig und kostenintensiv ist, sich von Fall zu Fall zurechtzufinden, es für den einzelnen sinnvoll ist, sich auf *ein* Verhalten festzulegen.[5]

Zweitens: Der einzelne ist – siehe oben – auch an seinem Selbst interessiert; insbesondere hat er ein Interesse daran, daß dieses Selbst über die Zeit erhalten bleibt. Konkret: Er hat ein Interesse daran, daß sein Verhalten in der Vergangenheit derart war und in der Zukunft derart sein wird, daß er es in der Gegenwart in seine Lebensgeschichte integrieren kann. Das Gewissen, genauer: die Festlegung auf ein bestimmtes Verhalten, hat für den einzelnen den Vorteil, daß es Handlungen in der Zukunft ausschließt, die er in der Gegenwart nicht in seine (in der Zukunft projizierte) Lebensgeschichte integrieren könnte. So möge sich der Leser fragen, ob und wie er heute auch nur mit der Möglichkeit leben könnte, morgen kleine Kinder zu schänden. Das Beispiel ist drastisch, illustriert deshalb aber wohl mit der nötigen Klarheit, daß und wie sehr eine Festlegung auf Verhaltensnormen für das individuelle Selbst von Bedeutung ist.[6]

5. Der moralische Raum als Gegenstand von Rationalkalkülen

Ein letzter Punkt ist anzusprechen: So wurde oben zum einen ausgeführt, daß der moralische Raum, in welchem der eine sein individuelles Selbst definiert, verschiedene Dimensionen haben kann, und diese Dimensionen im Zeitablauf wechseln kön-

[5] Vgl. *Robert Nozick*, The Nature of Rationality, Princeton 1993, 3ff.

[6] Vgl. *Paul Ricœur*, Soi-même comme un autre, Paris 1990.

nen. Die Frage ist, wie und durch wen dieser Wechsel zustandekommt. Zum anderen wurde auch der „Nullpunkt" als jener Punkt bezeichnet, der das moralische vom unmoralischen Verhalten trennt, gleichfalls wurde darauf hingewiesen, daß dieser Punkt eher rechts oder eher links liegen kann. Zu fragen ist, wovon seine Lage in einem gegebenen Augenblick abhängt.[7]

Wenn man nicht unrealistischerweise davon ausgehen will, daß die Dimensionen „irgendwie" von selbst entstehen und verschwinden, dann muß man annehmen, daß sie durch das Verhalten der in der Gesellschaft interagierenden Menschen in den *moral space* eingezogen bzw. zum Verschwinden gebracht werden. Wenn man nicht annehmen will, daß „irgendwie" vor zwei Jahrzehnten das Umweltverhalten zu einer Frage der Moral geworden ist, dann muß man annehmen, daß sich einzelne in der Gesellschaft dafür eingesetzt haben. Es ist denn auch genau diese Annahme, die in der Wirklichkeit ihre Bestätigung findet: So waren es Publizisten, Wissenschaftler, Literaten, Studenten und andere, die sich dafür eingesetzt haben, das Umweltverhalten zu einer Frage der Moral, also zu einer Frage von „gut" und „schlecht" zu machen. Daß sie dies taten, mag im Einzelfall unterschiedliche Gründe gehabt haben; entscheidend ist, daß es nicht *ohne* Gründe, sondern nach rationaler Abwägung geschah. Dabei ist es nicht ausgeschlossen, aber auch nicht nötig, daß die Einführung einer neuen Dimension in den *moral space* aus moralischen Gründen erfolgt. Der eine mag im Einsatz für die Umweltmoral eine Befriedigung seines Ego, der andere – über den Verkauf seiner Bücher – eine Aufstockung seines Bankkontos angestrebt haben: Peter mag aus schierem *self-interest* auf die Veränderung des *self* von Paul hinwirken.

Auf der anderen Seite finden die Propagandisten einer neuen Moraldimension dann leicht Unterstützung, wenn das Verhalten, welches sie moralisieren wollen, den Eigeninteressen anderer Gesellschaftsmitglieder förderlich ist: Will ich nicht an Hautkrebs erkranken, so bin ich durchaus daran interessiert, daß die anderen Gesellschaftsmitglieder den Gebrauch von FCKW als unmoralisch ansehen. Sind sie nämlich nur der Ansicht, daß dieses Gas schädlich ist, so werden sie – wegen des Kollektivgutcharakters einer intakten Ozonschicht – als einzelne nicht von seinem Gebrauch ablassen. Aus *self-interest* werden sie – der Logik der Kollektivgüter folgend – nicht auf den Gebrauch von FCKW verzichten, wohl aber ist zu erwarten, daß das *interest in their own selves* sie dazu anhält. Es läßt sich demnach zeigen, daß die einzelnen nicht nur rational kalkulieren, wenn es ihnen darum geht, sich – gemessen an schon existierenden Dimensionen – moralisch zu verhalten; es hängt auch von rationalen Überlegungen ab, ob sie sich für die Einführung und die Geltung von – und wenn ja, von welchen – moralischen Dimensionen einsetzen werden.

Dies gilt auch für die Festlegung des Nullpunktes auf den Dimensionen des *moral space*. Auch die Lokalisierung des Nullpunktes ist das Ergebnis gesellschaftlicher Interaktion; sie ist das Ergebnis einer mehr oder weniger geregelten, mehr oder weniger herrschaftsfreien Auseinandersetzung zwischen den einzelnen Gesellschaftsmitgliedern. Dabei hängt es von den individuellen Rationalkalkülen ab, ob

[7] Vgl. *Guy Kirsch*, Neue Politische Ökonomie, 3. Aufl., Düsseldorf 1993, 239ff.

sich einzelne an dieser Auseinandersetzung, und wenn ja, mit welchem Engagement, beteiligen. Gleichfalls stellen die einzelnen als einzelne oder in organisierten Gruppen mehr oder weniger explizite, mehr oder weniger komplizierte Überlegungen darüber an, ob sie sich für eine eher „rechte" oder eher „linke" Plazierung des Nullpunktes, also für eine lasche oder für eine strikte Moral einsetzen wollen. Auch hier mag ein Beispiel den Zusammenhang verdeutlichen: Es gehe um die Frage, ob bestimmte gentechnische Manipulationen am Menschen moralisch erlaubt sind oder nicht, ob sie vielleicht sogar moralisch geboten sind. Auf der einen Seite stehen jene, die für diese Art von Manipulation eintreten. Auf der anderen Seite stehen jene, die dagegen opponieren. Wenn man nicht annehmen will, daß die Mitglieder beider Gruppen ohne jede Überlegung handeln, so muß man davon ausgehen, daß auf beiden Seiten rationale Kalküle angestellt werden. Die Auseinandersetzung selbst kann nach allseits akzeptierten Regeln ausgetragen werden; sie kann auch nach dem Gesetz des Stärkeren ablaufen. Das Ergebnis dieser Auseinandersetzung kann darin bestehen, daß sich alle – freiwillig oder gezwungen, in souveräner Freiheit oder als Opfer von Indoktrination – auf *einen* Nullpunkt einigen, daß sich also alle mit jener Grenze einverstanden erklären, die das moralische vom unmoralischen Verhalten trennt. Die Auseinandersetzung kann aber auch zu dem Ergebnis führen, daß nicht *ein*, sondern mehrere Nullpunkte festgeschrieben werden.

Konkret bedeutet dies, daß die Mitglieder der Gesellschaft wohl in einem *moral space* leben, es aber in der Gesellschaft mehrere Teilgesellschaften gibt, die jeweils strengere oder weniger strenge moralische Anforderungen stellen. Ist dies der Fall, so ist die Kommunikation zwischen den Mitgliedern dieser Teilgesellschaften schwierig, weil die einen ein bestimmtes Verhalten als unmoralisch verurteilen, welches die anderen als moralisch bewerten. Noch schwieriger dürfte die Kommunikation zwischen Mitgliedern von Teilgesellschaften sein, die nicht nur unterschiedliche Nullpunkte auf *einer* Dimension, sondern auch unterschiedliche Dimensionen selbst als verbindlich annehmen. Im ersten Fall bewohnen alle Gesellschaftsmitglieder *einen moral space*; im zweiten Fall bewohnen die Mitglieder der einzelnen Teilgesellschaften je unterschiedliche *moral spaces*. Man sagt wohl nicht zuviel, wenn man formuliert, daß sie in verschiedenen Welten leben. Es ist anzunehmen, daß die Verständigung zwischen Menschen dann besonders schwierig ist, wenn der eine den anderen nicht einfach als un-moralisch, sondern wenn er ihn als a-moralisch ansieht.

Am Anfang unserer Überlegung stand die Frage, ob der einzelne in seinen Entscheidungen auch schon mal um der Moral willen seinen Verstand ausschalten, sich unrational verhalten müsse. Am Ende steht die Einsicht, daß er auch und gerade in Fragen der Moral auf seinen Verstand angewiesen ist. Weil es keinen von allen als gesichert angesehenen Zugang zu *einer* moralsetzenden Instanz gibt, und weil keiner der allesamt fehlbaren einzelnen *die* moralsetzende Instanz sein kann, ist jeder nicht nur berechtigt, sondern auch gezwungen, im Austausch mit anderen *eine* moralsetzende Instanz zu sein. Soll er nicht unter sich selbst absinken, kann er eine solche nur als rationales Wesen sein.

Daß der einzelne eine moralsetzende Instanz ist, wird nicht dadurch in Frage gestellt, daß er nicht im Alleingang agiert, sondern daß er mit anderen interagiert. Dabei ist die Moral, wie sie zu einem bestimmten Zeitpunkt in einer gegebenen Gesellschaft gilt, gleichsam ein Kollektivgut. Wie jedes andere Kollektivgut ist sie von einzelnen in Interaktion mit anderen erstellt worden; sie wird von einzelnen in Interaktion mit anderen gehütet und gegebenenfalls weiterentwickelt. Jene anderen mögen Zeitgenossen des mit ihnen interagierenden einzelnen, es mögen aber auch die heute, in der Tradition präsenten Vertreter vergangener Generationen sein.

6. Jeder moralische Raum ist ein Raum, kein moralischer Raum ist der Raum

Der nüchterne Ton dieser Protokollsätze sollte nicht über deren geradezu aufregende Implikationen hinwegtäuschen. In der Tat: Wenn es denn nur von den einzelnen und von deren gesellschaftlicher Interaktion abhängt, was als Gegenstand des moralischen Urteils in einer Gesellschaft zu gelten hat, wenn es nur von ihnen abhängt, wie streng oder wie lose die moralischen Gebote und Verbote in der Gesellschaft sein sollen, dann gibt es kein absolutes *tertium comparationis*. Auch wenn wir davor zurückschrecken, so ist es nicht nur denkbar, sondern – weil unvermeidbar – anzunehmen, daß es Gesellschaften gibt, in denen es *moralisch* geboten ist, lebendigen Menschen das Herz aus dem Leibe zu reißen, Frauen zu beschneiden, Alte Hungers sterben zu lassen, mißgebildete Neugeborene zu töten, während eines Monats vor Sonnenuntergang nichts zu essen oder Homosexuelle aus bestimmten Berufen fernzuhalten. So abstoßend oder unverständlich solche *moral spaces* für uns auch immer sein mögen, so sehr fehlt uns jede Berechtigung, sie mit Bezug auf unseren *moral space* zu verurteilen, ihnen die Dignität eines *moralischen* Raumes abzusprechen. Es ist nicht zu leugnen, daß – gegenwärtig – im Zuge der intergesellschaftlichen Verflechtung das Nebeneinander ehemals weitgehend voneinander getrennter *moral spaces* zu einem Gegeneinander von moralischen Räumen führt, zu dessen Bewältigung uns offenkundig weitgehend (noch) sowohl der theoretische Ansatz als auch der institutionelle Rahmen fehlen.[8]

Für den einzelnen impliziert das Fehlen eines absoluten Bezugspunktes, daß er nicht nur gehalten ist, sich innerhalb des Rahmens einer bestimmten Moral zu verhalten, sondern daß er auch vor sich selbst in der Verantwortung steht, diesen moralischen Rahmen mitzugestalten. Anders ausgedrückt: Der einzelne ist nicht nur gehalten, sein *self interest* unter Berücksichtigung moralischer Normen zu verfolgen; er ist auch gehalten, sein Selbst durch die Mitgestaltung des moralischen Raumes zu entwerfen. Der einzelne ist nicht nur für sich selbst verantwortlich, er ist auch für

[8] Vgl. *John Rawls*, Political Liberalism, New York 1993; *Earnest Gellner*, Conditions of Liberty. Civil Society and its Rivals, London 1994.

sein Selbst verantwortlich. Er muß – weil dies füglich niemand anders für ihn tun kann – entscheiden, ob er jener sein will, der Behinderte tötet, Alte in der Einsamkeit verkommen läßt und Föten zu Kosmetika verarbeitet. Nachdem wir vom Baum der Erkenntnis gegessen haben, *müssen* wir zwischen Gut und Böse unterscheiden.

Selbstverständlich mögen viele, die meisten, gar alle vor dieser schrecklichen Notwendigkeit zurückschrecken wollen. Die Versuchung ist groß, die schreckliche Unausweichlichkeit dieser Freiheit an nicht hinterfragte Orthodoxien und an unfehlbare Hierarchen abzutreten. Nur: Orthodoxien sind solange fraglos gültig, wie man keine Fragen an sie stellt, und Hierarchen sind nur solange unfehlbar, wie niemand mit ihrer Fehlbarkeit rechnet. Die Rationalität gebietet, Fragen zur Moral zu stellen und die Fehlbarkeit der Antwortenden zu unterstellen. Auch gebietet sie, sich als moralisches Wesen in Frage stellen zu lassen, und den Blick auf die eigene Fehlbarkeit nicht zu verstellen

Selbstverständlich muß jener, der diese Position vertritt, mit dem Vorwurf rechnen, er sei gleichermaßen arrogant und kleinmütig; er sei arrogant, weil er jede Autorität vor das Tribunal seines Verstandes zitiere; kleinmütig sei er, weil er bereit sei, alles, was in ihm fremden gesellschaftlichen Räumen als moralisch gelte, auch als moralisch zu respektieren.

Was den Vorwurf der Arroganz anlangt, so läßt sich mit ihm in der Gesellschaft Kants gut leben: „Sapere audere. Habe Muth dich deines *eigenen* Verstandes zu bedienen! ist also der Wahlspruch der Aufklärung. Faulheit und Feigheit sind die Ursachen, warum ein so großer Theil der Menschen [...] gerne zeitlebens unmündig bleiben; und warum es Anderen so leicht wird, sich zu deren Vormündern aufzuwerfen. Es ist so bequem unmündig zu sein. Habe ich ein Buch, das für mich Verstand hat, einen Seelsorger, der für mich Gewissen hat [...], so brauche ich mich ja selbst nicht zu bemühen."[9]

Auch der Vorwurf des Kleinmuts trifft nicht: So wie der der Vernunft verpflichtete einzelne jeden sich unfehlbar gebenden Hierarchen mit der Frage „Wer bist denn schon Du?" stürzen kann, so verbietet ihm die Frage „Wer bin denn schon ich?", sich zum Richter über andere aufzuwerfen. So wie es möglich ist, die Position eines Hierarchen, den man kritisiert, zu respektieren, so ist es auch möglich, die moralische Position Fremder, die man respektiert, zu kritisieren. So wie es dem einzelnen möglich ist, mit Entschiedenheit darauf zu bestehen, daß Fremde seine Moral respektieren, weil sie vor *seiner* Ratio vorerst Bestand hat, so ist es auch nötig, daß er bejaht, daß Fremde seine Moral in Frage stellen, weil sie *nur vor seiner* Ratio Bestand hat.

Allerdings: Es ist für den einzelnen nicht leicht, sein Selbst in einem Raum zu definieren, dessen Dimensionen – wie er unterstellen muß – nur vorerst existieren, andere sein könnten und morgen vielleicht andere sein werden. Doch ist diese Unvorhersehbarkeit nichts anderes als ein Ausdruck der Freiheit des Menschen als moralischen und rationalen Wesens.[10]

[9] *Immanuel Kant*, Beantwortung der Frage: Was ist Aufklärung?, Akademie-Ausgabe, Bd. VIII, 35.

[10] Vgl. *Anthony Giddens*, Modernity and Self Identity. Self and Society in the Late Modern Age, Stanford 1991.

Andreas Suchanek

Verdirbt der *homo oeconomicus* die Moral?

1. Problemstellung

1993 veröffentlichten die drei amerikanischen Forscher Robert Frank, Thomas Gilovich und Dennis Regan eine Studie mit den Ergebnissen von experimentellen Untersuchungen zum Verhalten von Studenten in Gefangenendilemma-Situationen.[1] Danach zeigte sich bei Studenten der Wirtschaftswissenschaften ein unterschiedliches Verhalten im Vergleich zu Studenten anderer Fachrichtungen. Nach Meinung der Autoren ist dieser Unterschied im Verhalten auch „the result of repeated and intensive exposure to a model [eben dem Gefangenendilemma; A. S.] whose unequivocal prediction is that people will defect whenever self-interest dictates“[2].

Damit scheinen zwei Thesen, die eine lange Tradition aufweisen können, experimentell bestätigt worden zu sein:[3]

(1) Die Menschen scheinen keineswegs alle und jederzeit so eigeninteressiert zu sein, wie es – scheinbar – von der ökonomischen Theorie behauptet wird; d. h. der *homo oeconomicus* ist empirisch falsch.
(2) Wenn sie jedoch mit einem Denken vertraut gemacht werden, das sie auf ihre eigenen Interessen aufmerksam macht, kann dies einen schlechten Einfluß auf sie haben, da sie sich dann tatsächlich in stärkerem Maße als zuvor an ihren eigenen statt an übergeordneten Interessen orientieren. Das heißt, auch wenn der *homo oeconomicus* falsch ist, so weist er doch die negative Eigenschaft auf, die Moral zu verderben.

Die zwei Kritiken sind zunächst auf zwei unterschiedliche Probleme bezogen; die erste Kritik betrifft die Rolle, die der *homo oeconomicus* als Analyseinstrument im Rahmen positiver Forschung spielt, die zweite die normativen Konsequenzen einer spezifischen Semantik. Beide Probleme sind jedoch, wie die Studie nahelegt, verknüpft, da die Art der positiven Analyse Folgen zeitigt für die Form des Denkens,

[1] *Robert H. Frank/Thomas Gilovich/Dennis T. Regan,* Does Studying Economics Inhibit Cooperation?, in: Journal of Economic Perspectives 7 (3), 1993, 159-171.

[2] Ebd., 170.

[3] Die folgenden Ausführungen zielen nicht auf eine Auseinandersetzung mit der experimentellen Forschung ab. Es geht vielmehr um eine methodologische Klärung der Rolle und Interpretation des *homo oeconomicus*. Doch wird in den Schlußbemerkungen noch einmal auf die Studie eingegangen.

wie normative Probleme angegangen werden. Die Fokussierung auf das Eigeninteresse der Akteure läßt, wie es scheint, jene sozialen Normen und Werte aus dem Blick treten, die zur Basis jeder Gesellschaft gehören, d. h. der *homo oeconomicus* verdirbt die Moral. Nötig scheint daher nach Auffassung vieler Autoren eine andere Theoriebildung, die die moralischen Gefühle, Dispositionen usw. stärker in den Mittelpunkt stellt, methodisch schärfer: eine Theoriebildung, in der die Ethik nicht verbannt, sondern bereits in den Prämissen verankert ist.

Gegenüber einer solchen Position wird hier die Auffassung vertreten, daß der *homo oeconomicus* ein unentbehrliches Instrument darstellt für die positive Analyse jener Bedingungen moderner Gesellschaften, die für die Verwirklichung normativer Ideale von grundlegender Bedeutung sind. Nicht selten wird der Blick auf die *strukturellen* Ursachen gesellschaftlicher Probleme durch normative Prämissen, z. B. die Annahme bzw. Forderung spezifischer moralischer Verhaltensweisen, verstellt; derartige normative Argumentationen sind stets in der Gefahr, im schlechten Sinne abstrakt, d. h. nicht mit den konkreten Bedingungen der Situation der Handelnden vermittelt zu sein und in der Folge den Adressaten der normativen Argumentation zu überfordern, evtl. gar zu kontraintentionalen Handlungsfolgen zu führen. Demgegenüber kann das Modell des *homo oeconomicus*, in adäquater Weise eingesetzt und interpretiert[4], einerseits dazu dienen, den Status quo zu analysieren und jene Ursachen ausfindig zu machen, die zu den unerwünschten sozialen Zuständen führen. Es kann andererseits bei den Überlegungen zu möglichen Reformen als Implementationskriterium dienen, indem gefragt wird, ob die vorgeschlagene Reform im (wohlverstandenen) Interesse all jener ist, die an ihr mitwirken. Damit dies gelingen kann, sind jedoch zuvor jene Mißverständnisse zu klären, die eine fruchtbare Anwendung des Modells behindern.

Diese Klärung wird nachfolgend in zwei Schritten entwickelt, die sich mit den beiden angeführten Kritiken des *homo oeconomicus* befassen. Die Ausführungen erfolgen mit Bezug auf die Argumentationen von Amitai Etzioni; die Orientierung an Etzioni bietet sich nicht nur deshalb an, weil seine Kritik als repräsentativ gelten kann, sondern auch, weil mit der von ihm (mit-)entwickelten „Sozio-Ökonomik" ein alternativer Theorieentwurf vorliegt, der durch den Vergleich eine bessere Beurteilung der diskutierten methodischen Konzepte ermöglicht.

[4] Es ist anzumerken, daß etliche Vertreter des *homo oeconomicus* selbst mit dazu beigetragen haben, durch überzogene Interpretationen des *homo oeconomicus* dieses Modell zu diskreditieren. Angesichts der sehr großen Vielfalt der Interpretationen wäre zu überlegen, ob auf diesen Begriff verzichtet werden sollte. Gleichwohl wird er im folgenden weiterhin verwendet, wobei ausdrücklich darauf hinzuweisen ist, daß mit ihm eine spezifische Interpretation bzw. Konzeption von Ökonomik verknüpft wird. Vgl. dazu *Karl Homann*, Ökonomik und Demokratie. Perspektiven nach dem Ende des Sozialismus, in: Wilhelm Jäger (Hrsg.), Neue Wege der Nationalökonomie, Münster 1994, 49-83; *Ingo Pies*, Normative Institutionenökonomik, Tübingen 1993; *Andreas Suchanek*, Max Weber und ökonomische Gesellschaftstheorie, erscheint in: Sociologia Internationalis; jeweils mit weiterer Literatur.

2. Der *homo oeconomicus* als Analyseinstrument

1. Die Kritik

Nach Etzioni besteht das zentrale Problem beim *homo oeconomicus* in der Reduktion menschlicher Motivationen auf die Annahme des Eigeninteresses. Moralische Motive bzw. Empfindungen können nach seiner Auffassung auf diese Weise nicht angemessen rekonstruiert werden. „Viele Handlungen sind entweder angenehm oder moralisch, oft sind sie nicht beides zugleich. Häufig steht die Orientierung des Menschen auf das ihm selbst Angenehme im Gegensatz zur Erfüllung seiner moralischen Pflichten."[5] Jede der beiden Empfindungen löst „ein völlig anderes Gefühl"[6] aus. Und auch, wenn sie nicht notwendig einen Gegensatz darstellen, gibt es doch oft Konflikte hinsichtlich des Einsatzes knapper Ressourcen oder miteinander unverträglicher Handlungsimperative in einzelnen Situationen. Dies gilt sowohl für den privaten Bereich, etwa bei Eltern, als auch in Unternehmen, wo der Konflikt als Spannung von moralischen Anforderungen und Gewinninteresse auftritt.[7]

Etzioni bestreitet dabei keineswegs, daß Eigeninteresse als Motiv bzw. Disposition, seine Handlungen am eigenen Nutzen zu orientieren, eine mächtige Triebkraft menschlichen Verhaltens darstellt; insofern kann diese Annahme durchaus einen Gutteil von Handlungsweisen erklären. Jedoch kann es keinesfalls als einzige Motivationsquelle angesehen werden. Es gibt unübersehbare Evidenz für uneigennütziges Verhalten[8], und deshalb ist eine so verstandene Eigennutz-Annahme als alleiniger Erklärungsfaktor falsch.

Auf das Gegenargument von Ökonomen, die Eigennutz-Annahme sei anders zu interpretieren, nämlich als formale Annahme einer konsistenten Präferenzordnung, die altruistische und moralische Motive durchaus zulasse, entgegnet Etzioni, daß durch eine solche Theoriebildung der ökonomische Ansatz gehaltlos, „tautologisch" werde.[9] Kennzeichnend ist folgende Formulierung: „Gemäß diesem Begriff gibt es kein Verhalten, das nicht auf die Maximierung des Eigennutzes des Handelnden gerichtet wäre. Als Folge davon erhellt diese ‚Theorie' die Motivation nicht mehr. Bringt man jedwedes Verhalten unter die Bezeichnung ‚Nutzen' oder ‚Eigeninteresse', so erklärt das gar nichts. Der Einblick in die Motive des Verhaltens geht verloren, und der Begriff wird unfruchtbar und tautologisch."[10]

[5] *Amitai Etzioni.* Über den Eigennutz hinaus, in: Josef Wieland (Hrsg.), Wirtschaftsethik und Theorie der Gesellschaft, Frankfurt a. M. 1993, 109-133, hier: 110.

[6] Ebd.

[7] Ebd., 111.

[8] *Amitai Etzioni,* The Moral Dimension. Toward a New Economics, New York 1988, 51ff.

[9] Vgl. z. B. ebd., 27f. Dort unterscheidet Etzioni zwischen einem inhaltlich definierten Nutzen, der beide Argumente umfaßt und einem rein formalen Konzept einer „offenen" Nutzenfunktion, bei der beliebige Argumente eingeführt werden können. Da dieser Unterschied jedoch, soweit ich sehe, keine Implikationen hat, wird er hier vernachlässigt.

[10] *Amitai Etzioni,* Eigennutz..., a.a.O., 112.

Damit ist der *homo oeconomicus* für Etzioni als Instrument für die positive Analyse ungeeignet, da er entweder falsch oder „tautologisch" ist.

2. Replik auf die Kritik

Um zu verstehen, inwiefern beide von Etzioni vorgebrachten Kritiken verfehlt sind, ist zunächst die Problemstellung zu klären, auf die der *homo oeconomicus* bezogen ist. Ein solcher Schritt ist gerade hier notwendig, da insbesondere beim *homo oeconomicus* das weitverbreitete Mißverständnis besteht, bei ihm handele es sich um ein „Menschenbild", das unabhängig von einem spezifischen Problem- bzw. Theoriekontext Gültigkeit beanspruche als Beschreibung des „Wesens" des Menschen. Diese Interpretation ist beim *homo oeconomicus* ebenso verfehlt wie bei jeder anderen einzelwissenschaftlichen Theorie und ihrer Beschreibung realer Phänomene. Einzelwissenschaftliche Theorien sind hochselektive Schemata, in denen empirische Phänomene grundsätzlich nur in jenen Aspekten bzw. Kategorien erfaßt werden, die für die zugrundeliegende Problemstellung einen systematischen Unterschied machen. Wenn in einem physiologischen Modell des Menschen psychologische oder soziologische Momente keine Rolle spielen – mehr noch: kategorial keine Rolle spielen *können* –, so wird damit selbstverständlich nicht ausgesagt, daß es diese Momente nicht gäbe, sondern nur, daß sie im Rahmen der Problemstellung keine Berücksichtigung finden. In jeder Einzelwissenschaft werden empirische Phänomene, Sachverhalte usw. „pragmatisch reduziert". Der Begriff „pragmatisch" verweist erstens darauf, daß einzelwissenschaftliche Kategorienbildung problemorientiert erfolgt; für das Problem irrelevante Aspekte werden vernachlässigt, ohne deswegen ihre ontologische Existenz zu bestreiten (dies ist besonders bei der Interpretation der theoretischen Begriffe zu beachten). Zweitens bedeutet „pragmatische Reduktion", daß die Leistungsfähigkeit von Theorien gerade darin besteht, hochkomplexe Sachverhalte soweit zu vereinfachen, daß sie rational diskutierbar werden.[11]

Im Alltag finden permanent „pragmatische Reduktionen" statt: Angenommen, ein Arzt in einem akuten Notstandsgebiet würde gefragt, wieviele Patienten er mit einem bestimmten Medikament versorgen müsse; es gäbe demnächst die Möglichkeit, ihn bei einem Transport mitzuversorgen. Um die gewünschte Auskunft geben zu können, *zählt* der Arzt die betreffenden Patienten, und das heißt: Er „reduziert" die Menschen (!) auf völlig identische Einheiten, die man zusammenzählen, quantifizieren, kann – obwohl jeder dieser Patienten eine einmalige Persönlichkeit ist. Unproblematisch ist dies deswegen, weil er keinerlei Schwierigkeit hat, das „reduktionistische" Zahlenschema und die unendlich reichere Wirklichkeit der einzelnen Menschen auseinanderzuhalten und trotzdem das Schema in bestimmten

[11] Vgl. hierzu generell *Andreas Suchanek*, Ökonomischer Ansatz und theoretische Integration, Tübingen 1994.

Problemkontexten zu gebrauchen, in denen es sehr nützlich ist; und auch keiner seiner Patienten wird etwas gegen sein Vorgehen einwenden.

In gleicher, nur komplexerer und dem Alltagsverstand (und nicht nur ihm) ungewohnter Weise stellt der *homo oeconomicus* ein Schema für eine spezifische Problemstellung dar. Diese Problemstellung richtet sich auf die Frage nach den Ursachen bzw. Gründen für soziale Zustände bzw. Prozesse. Erklärt werden soll z. B., aus welchen Gründen unterschiedliche Wachstums-, Beschäftigungs- oder Umweltverschmutzungsraten resultieren. Diese Problemstellung ist letztlich normativ inspiriert. Es geht darum, die Ursachen sozialer Probleme besser zu verstehen (zu „diagnostizieren"), um die Möglichkeiten erfolgreicher Reformmaßnahmen („Therapien") zu verbessern.

Schematisch läßt sich die Form, in der das Problem im Rahmen des ökonomischen Ansatzes gestellt wird, folgendermaßen darstellen:

Bedingungen → Handlungen → (aggregierte) Handlungsfolgen

Abbildung 1

Explanandum sind die sozialen Zustände bzw. Prozesse, die rekonstruiert werden als Ergebnis zahlreicher individueller Handlungen, die ihrerseits Reaktionen sind auf die situativen Bedingungen, in denen sich die handelnden Individuen befinden.

Damit läßt sich bereits ein erstes verbreitetes Mißverständnis klären, das auch der Kritik Etzionis zugrundeliegt. Soziale Handlungen werden im ökonomischen Ansatz *nicht* aus (situationsunabhängigen) Motiven bzw. Dispositionen erklärt, sondern aus dem (situationsspezifischen) *Zusammenhang* von Präferenzen und Restriktionen. Insofern ist Etzionis Kritik, daß der Ansatz die Motivation nicht erhellt, verfehlt, weil das gar nicht die Fragestellung des ökonomischen Ansatzes ist. Zu erklären sind die (aggregierten) Folgen des individuellen Verhaltens als Reaktion auf die situativen Bedingungen, wobei vereinzelt auftretende Abweichungen uninteressant sind, solange sie für das Explanandum keine relevanten Folgen zeitigen. Bei den individuellen Reaktionen auf die situativen Bedingungen spielen Motive und Dispositionen zwar fraglos eine Rolle, doch werden sie gerade nicht situationsunabhängig spezifiziert; ihre Berücksichtigung erfolgt immer im systematischen Zusammenhang mit den Restriktionen der jeweiligen Situation. Deshalb zielt die erste Kritik Etzionis, Menschen seien keineswegs nur eigeninteressiert (im Sinne einer situationsunabhängigen Eigenschaft), ins Leere, da mit dem *homo oeconomicus* keinerlei Aussage getroffen wird über unabhängig von situativen Bedingungen bestehende individuelle Motivationen, Einstellungen usw.

Dabei kann allerdings jener Eindruck entstehen, der der zweiten Kritik Etzionis zugrundeliegt. Wenn der *homo oeconomicus* „lediglich" ein Schema[12] darstellt, mit dem situativ spezifiziert wird, welche Anreize als Ursachen für das Verhalten der

[12] Zum Begriff „Schema", wie er hier verstanden wird, vgl. *Karl Homann/Andreas Suchanek*, Methodologische Überlegungen zum ökonomischen Imperialismus, in: Analyse und Kritik 11, 1989, 70-93; *Andreas Suchanek*, Ökonomischer Ansatz..., a.a.O.

Menschen anzusehen ist, wird er – so die Kritik – zu einem analytischen Konzept, das nichts erklären kann und nur „tautologisch“ ist.

Nun müßte jene Kritiker, die so argumentieren, eigentlich stutzig machen, daß mit diesem angeblich so unfruchtbaren, weil tautologischen Konzept in den letzten Jahrzehnten enorme Erkenntnisfortschritte gemacht worden sind, die mit mehreren Nobelpreisen gewürdigt wurden. Offenbar ermöglicht dieses Schema durchaus die Formulierung aufschlußreicher und überprüfbarer neuer Hypothesen.

Verkannt wird beim Tautologievorwurf die Produktivität analytischer Schemata bei der Strukturierung des Denkens. Wenn gesagt wird, man könne auf den *homo oeconomicus* als Schema verzichten, da er analytisch geschlossen sei, wäre konsequenterweise auch auf Mathematik und Logik zu verzichten. Die Produktivität des *homo oeconomicus* als Schema zeigt sich in bezug auf zwei grundlegende theoretische Funktionen.

Die eine Funktion besteht darin, dem Anwender der Theorie bzw. des Schemas eine Anweisung zu liefern, worauf er zu achten bzw. wonach er zu suchen hat bei der Klärung des jeweils zu analysierenden Problems. So läßt sich der *homo oeconomicus* als eine derartige Anweisung interpretieren, bei der Erklärung sozialer Zustände systematisch nach jenen *situationsbedingten Anreizen* zu suchen, die das Handeln der Individuen verständlich werden lassen. Fast trivial ist diese Suchanweisung erst, nachdem sie formuliert ist; die kaum zu unterschätzende Bedeutung einer solchen Heuristik wird erhellt, wenn man sich die Hilflosigkeit vergegenwärtigt, die einen in komplexen Situationen erfaßt, wenn in keiner Weise klar ist, worauf man zu achten habe. Den Hinweis auf die situativen Anreizbedingungen liefert jenes Selektionsraster, mit dessen Hilfe eine Fokussierung auf die problemrelevanten Faktoren in verständlicher Weise möglich wird.

Weiterhin entfaltet das Schema des *homo oeconomicus* seine strukturierende Leistung, indem es ermöglicht, die verschiedenen Anreize, mit den relativen Preisen gewichtet, präzise in eine systematische Beziehung zu setzen. Das Schema gibt zwar nicht vor, wie die relativen Preise sind – das ist eine Frage, die in der jeweiligen Situation empirisch zu klären ist –, doch kann *nur* mit seiner Hilfe „berechnet“ werden, welches Verhalten aufgrund spezifischer Preisverhältnisse zu erwarten ist. Es mag dem methodisch weniger geschulten Blick zwar zunächst so scheinen, daß die empirischen Hypothesen die eigentliche wissenschaftliche Leistung darstellen, doch wird dabei nicht gesehen, daß gerade bei komplexeren Zusammenhängen eine formale Struktur zugrundeliegt, ohne die die einzelnen beobachteten empirischen Phänomene unzusammenhängend blieben. Nicht die Benennung einzelner empirischer Phänomene ist das eigentliche theoretische Problem, sondern ihre methodisch präzise Relationierung, für die sich der *homo oeconomicus* als außerordentlich leistungsfähig erweist.

Anzumerken ist allerdings, daß die *Anwendung* des Schemas in einer mehr oder weniger fruchtbaren Weise geschehen kann. Es ist offenbar wenig zweckmäßig, eine bestimmte Verhaltensweise damit zu „erklären“, die Akteure handelten so, weil sie eben dies gewollt hätten. Diese Form der Anwendung haben vermutlich die Kritiker im Auge; doch ist dies keineswegs die einzig mögliche Art und Weise, das Schema anzuwenden.[13] Ein fruchtbarer Gebrauch dieses Analyseinstrument liegt erst dann vor, wenn die Zurechnung der verhaltensbestimmenden Anreize auf solche – intersubjektiv beobachtbaren – Bedingungen erfolgt, die ein besseres Verstehen des sozialen Zusammenhangs tatsächlich ermöglichen wie beispielsweise substitutive oder komplementäre Beziehungen verwendeter Ressourcen, finanzielle oder institutionelle Restriktionen, usw.[14]

Von besonderer Bedeutung für Fragen der Gestaltung (unternehmens-)politischer Prozesse ist die Frage, wann sich Menschen an Regeln halten. Die Modellierung dieses Verhaltens als rationale Reaktion auf Anreize ist deswegen wichtig, weil mit diesen Anreizen zugleich die *Gründe* benannt werden, warum die Menschen den jeweiligen Regeln *zustimmen* sollen, denn ohne ihre Zustimmung wird auch ihre Mitwirkung an den Reformen bzw. Befolgung der Regeln nicht zu erwarten sein.[15] Im Rahmen solcher Analysen spielen moralische Dispositionen als eine Form von verhaltensbeeinflussenden Faktoren fraglos eine erhebliche Rolle, wobei hier nicht auf die gegenwärtig intensiv diskutierte Frage eingegangen werden kann, welche Formen der Modellierung möglich und sinnvoll sind.[16]

Offenkundig wird jedenfalls, daß beide Kritikpunkte Etzionis mit den neueren Theorieentwicklungen in der Ökonomik nichts zu tun haben. Weder ist der *homo oeconomicus* auf eine spezifische Motivationslage festgelegt, noch ist er als analytisches Schema wertlos.

[13] Wie auch bei anderen Techniken ist zu berücksichtigen, daß eine mehr oder weniger zweckmäßige Anwendung vor allem vom Anwender abhängt: „Gerade wie der Kalkulator, damit die Zucker-, Seide- und Wollrechnungen stimmen, seine Abzüge für das Gewicht der Kisten, der Verpackung und sonstigen Ballasts machen muß, so muß der Geometer, wenn er die theoretisch bewiesenen Folgewirkungen experimentell studieren will, die störenden Einflüsse der Materie in Abrechnung bringen. Wenn er das versteht, so versichere ich Euch, alles wird accurat ebenso stimmen wie die zahlenmäßigen Berechnungen. Die Fehler liegen also weder an dem Abstrakten noch an dem Konkreten, weder an der Geometrie noch an der Physik, sondern an dem Rechner, der nicht richtig zu rechnen versteht." (Galilei, zit. n. *John Losee,* Wissenschaftstheorie: eine historische Einführung, München 1977, 63)

[14] Beispielhaft kann hier verwiesen werden auf *Gary S. Becker,* Nobel Lecture: The Economic Way of Looking at Behavior, in: Journal of Political Economy 101, 1993, 385-409.

[15] Auf die darin liegende Problematik, Anreizanalysen zur Generierung von Gründen für Regelbefolgung zu verwenden, geht der nachfolgende Abschnitt ein.

[16] Die Modellierung kann beispielsweise erfolgen, indem moralisches Verhalten rekonstruiert wird als Produktion sozialer Anerkennung (*Siegwart M. Lindenberg,* An Extended Theory of Institutions and Contractual Discipline, Journal of Institutional and Theoretical Economics 148, 1992, 125-154) oder als Produktion des „Basisgutes" Identität (*Andreas Suchanek,* Institutionenökonomik und ökologische Herausforderung, in: Bernd Biervert/Martin Held (Hrsg.), Das Naturverständnis der Ökonomik, Frankfurt a. M./New York 1994, 88-105). Vgl. weiterhin *Hartmut Kliemt,* Ökonomische Analyse der Moral, in: Bernd-Thomas Ramb/Manfred Tietzel (Hrsg.), Ökonomische Verhaltenstheorie, München 1993, S. 281-310; *Martin Leschke,* Die Funktion der Moral in der liberalen Gesellschaft – Die Perspektive der Konstitutionellen Ökonomik, in: Ingo Pies/Martin Leschke (Hrsg.), James Buchanans konstitutionelle Ökonomik, Tübingen 1996; *Peter Weise,* Moral: Die Handlungsbeschränkung für den Deppen?, in: Eberhard K. Seifert/ Birger P. Priddat (Hrsg.), Neuorientierungen in der ökonomischen Theorie: Zur moralischen, institutionellen und evolutorischen Dimension des Wirtschaftens, Marburg 1995, 73-105; *Josef Wieland,* Ökonomische Organisation, Allokation und Status, Tübingen 1996, jeweils mit weiterer Literatur.

Tatsächlich liegt nach meiner Einschätzung das eigentliche Problem auf einer anderen Ebene, die mit dem folgenden Zitat Etzionis angesprochen wird: „The moral preferences are lost among a myriad of others, such as preferences for California wines over those from France, or Pepsi over Dr. Pepper."[17] Aus der Sicht der positiven Analyse der Einzelwissenschaft Ökonomik gibt es keinen normativ bedingten Unterschied mehr zwischen verschiedenen Arten individueller Präferenzen.[18] Hierin, so die nachfolgend ausgeführte These, liegt letztlich die Ablehnung begründet, die normativ inspirierte Kritiker gegenüber dem *homo oeconomicus* formulieren.[19]

3. Die normative Kritik am *homo oeconomicus*

1. Die Kritik

Die Leistungsfähigkeit des ökonomischen Ansatzes liegt in seiner theoretischen Integrationsfähigkeit[20]; unterschiedlichste Handlungsgründe werden theoretisch vereinheitlicht, indem sie als „Anreize" rekonstruiert werden. Diese im Rahmen positiver Analyse erfolgende Gleichstellung verschiedener Präferenzen bzw. Interessen nivelliert indes eine grundsätzliche Differenz, die im ethischen Diskurs eine zentrale Rolle spielt. Danach sind *verallgemeinerbare* Interessen grundlegend zu unterscheiden von *partikularen* Interessen; nach verbreiteter, oft auf Kant rekurrierender Auffassung können nur erstere moralisch genannt werden.

Das Problem einer positiven Analyse anhand des *homo oeconomicus* besteht darin, daß dieser normativen Differenz nicht Rechnung getragen wird. Im Gegenteil liegt es aus ökonomischer Sicht nahe, die These zu vertreten, daß die Verallgemeinerbarkeit per se nur in seltenen Fällen einen handlungswirksamen *Anreiz* darstellt.[21] Die unbedingte Verbindlichkeit moralischer Normen, die ihnen aus normativer Sicht aufgrund ihrer wie auch immer begründeten Geltung zukommt, wird im

[17] *Amitai Etzioni,* Dimension..., a.a.O., 27.

[18] Vgl. dazu auch *Bernd Biervert/Josef Wieland,* Der ethische Gehalt ökonomischer Kategorien – Beispiel: Der Nutzen, in: Bernd Biervert/Martin Held (Hrsg.): Ökonomische Theorie und Ethik, Frankfurt a. M./New York 1987, 23-50.

[19] Nicht weiter gehe ich auf die methodologisch naive Kritik ein, daß mit derartigen Abstraktionen ein „Verlust der Menschlichkeit" verbunden sei, s. *William Kapp,* Zum Problem der Enthumanisierung der „reinen Theorie" und der gesellschaftlichen Realität, in: Kyklos 20, 1967, 307-330. Das Gleiche ließe sich beispielsweise für physiologische Untersuchungen sagen. Lernen läßt sich aus dieser Kritik nur die Bedeutung methodologischer Reflexion.

[20] Vgl. *Andreas Suchanek,* Ökonomischer Ansatz..., a.a.O.

[21] Gundsätzlich ist dies allerdings nicht auszuschließen. Es gibt fraglos das Phänomen, daß Menschen weder aus Gewohnheit noch aus sozialem Druck, sondern nur aufgrund der bewußten Einnahme des internen Standpunktes zu einer Norm diese befolgen. Doch läßt sich auch dieses Verhalten ökonomisch rekonstruieren, und ebenfalls läßt sich die Vermutung plausibilisieren, daß es eine Frage relativer Preise ist, ob und in welchem Ausmaß ein solches Verhalten systematisch erwartet werden kann.

Rahmen der positiven Analyse suspendiert, indem beispielsweise gefragt wird, unter welchen Bedingungen diese Normen noch befolgt werden und wann nicht mehr. In gewissem Sinne findet eine „Entzauberung“[22] der moralischen Werte statt durch ihre „Reduktion“ auf situationsabhängige (Anreiz-)Bedingungen, die zugleich eine Relativierung der Verbindlichkeit bedeutet. Auch wenn die empirische Untersuchung der Bedingungen einer faktischen Übertretung moralischer Norm nicht gleichbedeutend ist mit der Behauptung ihrer Nicht-Geltung – es handelt sich um zwei verschiedene Diskurse –, wird doch damit, so die Vorstellung, dem Denken der moralischen Subjekte die Möglichkeit eröffnet, sich unter Hinweis auf beliebige externe Umstände von Pflichten zu suspendieren. Diese Befürchtung vieler normativ inspirierter Kritiker des ökonomischen Ansatzes läßt sich mit der folgenden Anekdote illustrieren:

> „Als Mong Dsi den König Hui von Wei aufsuchte, meinte dieser: ‚Da Du es der Mühe für wert gehalten hast, tausend Meilen zu reisen, um mich aufzusuchen, so hast Du mir sicher etwas mitzuteilen, was für mein Königreich von Nutzen ist?‘ Doch Mong Dsi antwortete unwillig: ‚Warum hat Eure Majestät es nötig, vom Nutzen zu reden: Alles, was ich Euch sagen kann, handelt von Güte und Recht und nichts anderem. Wenn Eure Majestät fragt, wie kann ich meinem Reiche nützen?, so werden Eure hohen Beamten bald fragen, wie kann ich meiner Familie nützen, und Eure niederen Beamten und kleinen Leute werden fragen, wie kann ich mir selber nützen?!‘“[23]

Der klassische Denker, der diese Befürchtung am klarsten und mit sehr großem Einfluß formuliert hat, war Kant. Er hatte utilitaristischen Moralbegründungen eine scharfe Abfuhr erteilt und dies damit begründet, daß „Glückseligkeit“ als moralisches Prinzip untauglich sei. Ein solches Prinzip ist auf Erfahrungen darüber angewiesen, worin die Glückseligkeit bestehe und *unter welchen Bedingungen* sie erreicht werde, und die darin liegende grundsätzliche Kontingenz zerstört jene Unbedingtheit moralischer Forderungen, die ihre eigentliche Qualität und ihren Sinn ausmachen. Kalkulationen, Abwägungen von *trade-offs* zwischen eigenem Partikularinteresse und dem moralisch Gebotenen, sind gerade nicht zugelassen, da man dem einzelnen sonst „unendlich viel Ausnahmen erlauben muß, um jene Wahl seiner Lebensweise seiner besonderen Neigung und seiner Empfänglichkeit für die Vergnügen anzupassen und am Ende doch nur durch seinen oder andere ihren Schaden klug zu werden“.[24]

[22] Der Begriff der „Entzauberung“ geht auf Weber zurück, der diese Zusammenhänge sehr genau sah. Karl Löwith vermerkt richtig, daß Weber selbst jene Wert(vor)urteile „entzaubern“ wollte, die einer adäquaten empirischen Analyse der modernen gesellschaftlichen Strukturen im Wege stehen, *Karl Löwith,* Max Weber und Karl Marx, in: Gesammelte Abhandlungen. Zur Kritik der geschichtlichen Existenz, 2. Aufl., Stuttgart u. a. 1960, 1-67, 13. Webers Problemstellung unterscheidet sich allerdings von der der normativen Ökonomik, was sich auch in der Interpretation des *homo oeconomicus* bemerkbar macht; vgl. dazu *Andreas Suchanek,* Max Weber…, a.a.O.

[23] Zitiert nach *Friedrich Jonas,* Die Institutionenlehre Arnold Gehlens, Tübingen 1966, 69.

[24] *Immanuel Kant,* Die Metaphysik der Sitten, Akademie-Ausgabe, Bd. VI, 216.

Wenn man also, wie im ökonomischen Ansatz, erst einmal anfängt, danach zu fragen, ob eine relative Erhöhung der (subjektiven Opportunitäts-)Kosten moralischen Verhaltens möglicherweise die Beachtung der zugrundeliegenden Norm negativ beeinflussen könnte, schafft man, wenn auch vielleicht sehr indirekt, damit – so die Überlegung – genau die Grundlage dafür, daß Menschen die (unterstellte!) Anerkennung der Verbindlichkeit moralischer Normen relativieren. Normative Argumente, die auf Solidarität, Verantwortungsbewußtsein usw. abstellen, könnten dann nicht mehr auf Gründen basieren, die durch ihre Verallgemeinerbarkeit, d. h. ihre moralische Qualität überzeugen sollen, vielmehr würden die Menschen nur noch nach ihrem persönlichen Vorteil fragen; diskursethisch reformuliert findet die Degradierung des Konsenses zum Kompromiß statt. Die unausweichliche Folge einer solchen Aufweichung moralischer Normen ist nach Ansicht dieser Kritiker die Zerstörung der Grundlagen der Gesellschaft[25]; kurz gesagt: Der *homo oeconomicus* verdirbt die Moral.

2. Replik auf die Kritik

Die illustre Reihe der Denker, die in der einen oder anderen Form derartige Bedenken vorgetragen haben, zeigt, daß dieser Einwand ernst zu nehmen ist. Allerdings läßt sich eine Entgegnung in Form von zwei Fragen formulieren:

(1) Ist es wirklich so, daß erst die Theorie die Menschen darauf bringt, ihre eigenen Interessen zu verfolgen, oder rekonstruiert die Theorie nicht vielmehr Phänomene, die sich schon längst in der Wirklichkeit finden lassen, und gibt sie den Menschen nicht die Möglichkeit, mit den damit verbundenen Problemen rational umgehen zu lernen?

(2) Welche konzeptionelle Alternative gibt es zum ökonomischen Ansatz, und wie wird bei ihr das Problem der Differenz normativer und empirischer Bedingungen der Geltung moralischer Normen gehandhabt?

Die erste Frage läßt sich letztlich nicht eindeutig beantworten. Geht man jedoch von den Bedingungen der heutigen Gesellschaft aus, so erscheint es plausibel zu sagen, daß Korruption, Steuerhinterziehung, Versicherungsbetrug usw. vermutlich nicht vorrangig von Menschen ausgeübt werden, die zunächst eine ökonomische Ausbildung durchlaufen haben und erst durch diese auf die entsprechenden Ideen kamen. Vielmehr scheint es so zu sein, daß die Ökonomik hier Entwicklungen nachzeichnet, die längst stattgefunden haben bzw. stattfinden aufgrund sozialer Bedingungen, zu deren Analyse die Ökonomik antritt.

Anhand des Gefangenendilemmas soll im folgenden die Vorgehensweise der Analyse dieser Bedingungen andeutungsweise gezeigt werden. Am Rande vermerkt sei,

[25] Dieses „Kartenhaus-Argument" findet sich neben vielen anderen Autoren auch bei *John Rawls*, Die Idee des politischen Liberalismus. Aufsätze 1978-1989, Frankfurt a. M. 1992, 295.

daß das Gefangenendilemma ebenfalls ein „tautologisches“ Schema darstellt, das für sich genommen keine Aussage über die Welt ist und dennoch – eine vernünftige Anwendung vorausgesetzt – enorme analytische Kraft entfalten kann durch die Darstellung einer spezifischen Kombination gemeinsamer und konfligierender Interessen. Vor allem läßt es deutlich werden, daß im Kontext sozialer Beziehungen das Problem der Moral nicht vom Tun des einzelnen, sondern von der Interaktion her zu denken ist, wobei insbesondere auf den alle sozialen Systeme durchdringenden *Wettbewerb* zu verweisen ist.

Im Gefangenendilemma läßt sich das Problem individueller Vorteilskalkulation und verallgemeinerbarer Interessen wiederfinden als Spannung zwischen zwei Prinzipien, dem Symmetrie- und dem Dominanzargument.

		II a	II b
I	a	(2, 2)	(0, 3)
	b	(3, 0)	(1, 1)

Abbildung 2

Das *Dominanzargument* entspricht der üblichen spieltheoretischen Argumentation: Für beide Spieler ist die Strategie *b* besser unabhängig davon, was der andere tut, d. h. *a* wird von *b* (streng) dominiert. Gemäß diesem Lösungskonzept kommt es somit zu den Auszahlungen (1, 1), obwohl die Pareto-superiore Möglichkeit (2, 2) existiert für den Fall, daß beide Spieler jeweils *a* wählen. Nach dem Dominanzargument orientiert sich der Spieler nur an seinen (partikularen) Interessen, die repräsentiert werden durch die Auszahlungen, die er erhält.

Das *Symmetrieargument* stützt sich darauf, daß die *verallgemeinerte* Strategie *a* zur Pareto-superioren Lösung von (2, 2) führt, also einer höheren Auszahlung als die *verallgemeinerte* Strategie *b*. Es liegt durchaus nahe, diese Lösung als die moralisch richtige zu interpretieren, da erstens alle Betroffenen bessergestellt werden[26], was zweifelsohne moralisch wünschenswert ist, zweitens aber auch der individuelle „Verzicht“ auf die Ausbeutungsoption[27] moralische Anforderungen an den einzelnen stellt, was den intuitiven Vorstellungen vieler Menschen nahekommt, daß Moral in irgendeiner Weise weh tun muß, wie es auch im oben angeführten Zitat von Etzioni zum Ausdruck kommt.

[26] Nicht thematisiert wird hier der gesellschaftstheoretisch bedeutsame Umstand, daß es moralisch wünschenswert sein kann, zwei Spieler gezielt in diese Dilemmastruktur zu bringen im Interesse der Allgemeinheit, d. h. Kooperationen dort zu verhindern, wo sie zu Lasten Dritter gehen. Das klassische Beispiel ist Wettbewerb mit Kartellierungsverbot; s. dazu *Ingo Pies*, Normative Institutionenökonomik – Zur Problemstellung eines Forschungsprogramms demokratischer Politikberatung, in: Zeitschrift für Wirtschaftspolitik 44, 1995, 311-340.

[27] Hinzuweisen ist darauf, daß der Begriff „Ausbeutung“ in diesem Kontext nicht mit Eigenschaften der jeweiligen Spieler, sondern mit strukturellen Merkmalen der Situation zu konnotieren ist.

Das Problem des Symmetrie-Arguments liegt darin, daß es – jedenfalls im Fall des einmaligen Spiels – keine gleichgewichtige Lösung darstellt, da für jeden Spieler der Anreiz besteht, von *a* abzuweichen.[28] In manchen Fällen kann bereits die Vermutung, daß andere defektieren, auch moralisch motivierte Menschen zur Defektion bringen[29], in anderen Fällen bringt möglicherweise erst die wiederholte Wahrnehmung der Defektion einzelner zunehmend mehr Menschen dazu, auch selbst nicht mehr zu kooperieren. Diese inhärente Instabilität der kooperativen Lösung verlangt dort, wo die Kooperation stabilisiert werden soll, eine Absicherung, die durchaus informeller Art sein kann, die jedoch die wechselseitige Verhaltensverläßlichkeit (hinreichend) sicherstellen muß.

Die Ökonomik thematisiert die verschiedenen Möglichkeiten der Stabilisierung Pareto-superiorer Ergebnisse. Dabei spielt der *homo oeconomicus* eine zentrale Rolle, da er, wie skizziert, das logisch notwendige Schema zur Anreizanalyse darstellt. Der Sinn der Verwendung dieses Instrumentariums liegt genau darin, die Schwierigkeiten erwünschter Kooperationen theoretisch präzise und zugleich hinreichend verständlich in den Blick nehmen zu können, um nach Ansatzpunkten für ihre Lösung suchen zu können. Dadurch wird es möglich, verschiedene Bedingungskonstellationen zu unterscheiden, die unterschiedliche Formen der Versicherung verläßlicher wechselseitiger Verhaltenserwartungen, vom Rechnungshof über die Gewißheit der Gegenwart von Konkurrenten bis zum nachbarschaftlichen Gespräch und der damit verknüpften sozialen Kontrolle, verlangen bzw. ermöglichen. Die Stabilisierung (erwünschten) kooperativen Verhaltens über moralische Normen stellt hier eine institutionelle Alternative unter anderen dar, deren Erfolg an spezifische gesellschaftliche Bedingungskonstellationen geknüpft ist. Beispielhaft seien nachfolgend vier unterschiedliche Konstellationen skizziert, die auf die Vielfalt und Komplexität sozialer Interaktionen verweisen und zugleich deutlich machen sollen, wie begrenzt die Möglichkeiten sind, das erwünschte kooperative Verhalten durch seine moralische Verbindlichkeit zu forcieren:

[28] Das Symmetrieargument wird oft begründet mit dem Hinweis, daß die Strategienkombination $\{a, a\}$ dann plausibel gemacht werden könne, wenn beide Spieler rational seien und dies vom anderen wüßten; s. etwa *Douglas R. Hofstadter*, Metamagicum, Stuttgart 1988, 813f. Diese Argumentation unterstellt indes unter der Hand eine Veränderung der Struktur des Spiels. Die Strategienkombinationen $\{a, b\}$ und $\{b, a\}$ werden durch die Voraussetzung einer spezifischen Interpretation der Rationalitätsannahme praktisch gestrichen, indem angenommen wird, daß jeder Spieler erkennt, (1) daß diese Kombinationen das kooperative Ergebnis verhindern, (2) daß dies für jeden Spieler einen *wirksamen* Grund darstellt, auf die Ausbeutungsoption zu verzichten und (3) daß *1* und *2 common knowledge* sind. Das ist indes gleichbedeutend mit der Annahme, daß jeder Spieler seine Strategie *in Abhängigkeit* von der Strategiewahl des anderen trifft – wobei durch die Annahme des common knowledge zugleich die *Verläßlichkeit der wechselseitigen Verhaltenserwartungen* unterstellt wird – und nicht unabhängig davon; vgl. dazu *Russell Hardin*, Pragmatic Intuitions and Rational Choice, in: Andreas Diekmann/Peter Mitter (Hrsg.), Paradoxical Effects of Social Behavior. Essays in Honor of Anatol Rapoport, Heidelberg, Wien 1986, 27-37.

[29] Vgl. *Karl Homann*, Homo oeconomicus und Dilemmastrukturen, in: Hermann Sautter (Hrsg.), Wirtschaftspolitik in offenen Volkswirtschaften, Göttingen 1994, 387-411, 399; generell zur Kritik des Symmetrieargunments *Ken Binmore*, Game Theory and the Social Contract, Bd. I: Playing Fair, Cambridge, Mass./London 1994.

a) *Sehr hohe Verluste bei Ausbeutung*: Sofern in einem Spiel wie dem in Abb. 3 dargestellten derjenige, der *a* spielt, mit sehr hohen Verlusten rechnen muß, ist damit zu rechnen, daß sehr viele Menschen b wählen, um kein Risiko einzugehen, das Spiel mit -100 zu beenden, selbst wenn *b* nicht mehr die dominante Strategie darstellt.[30] Es ist fraglich, ob hier aus normativer Sicht den Individuen die „moralische" Kooperationslösung, a zu spielen, zugemutet werden kann.

		II	
		a	b
I	a	(2, 2)	(-100, 0)
	b	(0, -100)	(1, 1)

Abbildung 3

b) *Zahlreiche, anonyme Mitspieler*: Wenn sich die Situation aus Abb. 2 als n-Personen-Dilemma (n>100) darstellt, zum Erreichen des Kooperationsergebnisses das Mitwirken (fast) aller erforderlich ist und schließlich anzunehmen ist, daß sich die Mitspieler untereinander nicht oder kaum kennen, ist ein Erreichen des Kooperationsergebnisses bekanntermaßen nicht zu erwarten.[31] Erschwerend kann hier hinzukommen, daß die einzelnen Spieler die Auszahlungen der anderen nicht kennen, jedoch befürchten müssen, daß die Ausbeutungsoption für diese attraktiv sein könnte.[32] Auch hier ist es fraglich, ob die moralisch motivierte Forderung, *a* zu spielen, pauschal als zumutbar angesehen werden kann. Sicherlich gibt es Fälle, typischerweise „Kleinkostensituationen"[33], in denen sich informell das moralisch erwünschte Verhalten stabilisieren kann, doch wird oft damit zu rechnen sein, daß es mit zunehmender Attraktivität der *free rider*-Position verschärfter Informations-, Kontroll- und Sanktionsmechanismen bedarf, um das erwünschte Verhalten zu erreichen. In jedem Fall gilt auch hier wieder, daß zunächst die situativen Bedingungen zu untersuchen sind, bevor die

[30] Technisch gesehen stellen in dem in Abb. 3 dargestellten Spiel {*a*, *a*} und {*b*, *b*} gleichermaßen strategische Gleichgewichte dar, wobei {*a*, *a*} den Vorzug hat, Pareto-superior zu sein.

[31] Man könnte einwenden, daß das Kooperationsergebnis erreicht wird in jenen Fällen, in denen eine Norm etabliert ist. M. E. ist jedoch dieser Fall anders zu modellieren. Eine etablierte Norm, die *a* gebietet, führt dazu, daß von den Spielern die Wahl von *b* entweder nicht als reale Möglichkeit wahrgenommen wird oder mit geringeren eigenen Auszahlungen verknüpft ist, so daß sich keine Dilemmasituation ergibt. Das Gefangenendilemma wird interessant in jenen Fällen, in denen Normen noch nicht oder nicht mehr existieren.

[32] Dies ist das Argument, mit dem Geoffrey Brennan und James Buchanan die Verwendung des *homo oeconomicus* begründen, *Geoffrey Brennan/James M. Buchanan*, Die Begründung von Regeln, Tübingen 1993, 73ff. Allerdings hat das nichts mit einer „zynischen" Sicht des Menschen zu tun, sondern mit der Struktur von Situationen.

[33] S. dazu *Hartmut Kliemt*, The veil of insignificance, in: Europäische Zeitschrift für Politische Ökonomie 2/3, 1986, 333-344.

Zumutbarkeit moralischer Forderungen, *a* zu wählen, angenommen werden kann.

c) *Dauer der Situation*: Ein weiteres Problem ist der Fall, wenn die Struktur des Gefangenendilemmas dauerhaft besteht und einer der Spieler wiederholt die Erfahrung macht, daß andere ihn ausbeuten – evtl. unwissentlich, evtl. trotz wiederholter Ermahnung, dies zu unterlassen. Auch hier ist es fraglich, was eine wohlformulierte Begründung der Moralität kooperativen Verhaltens zu leisten vermag. Aussichtsreicher dürfte oft der – glaubwürdige! – Verweis auf die eigene Defektion sein, wobei dessen Wirksamkeit davon abhängt, inwiefern der bzw. die anderen davon getroffen werden.

d) *Betroffene der eigenen Strategiewahl*: Als letzte, für gesellschaftliche Probleme besonders relevante Komplikation sei der Fall genannt, in dem einer, mehrere oder alle Spieler Funktionsträger („Agenten") sind mit der Folge, daß die jeweilige Auszahlung nicht nur sie selbst betrifft, sondern auch jene, die von ihrem Handeln betroffen sind; Beispiele hierfür könnten Unternehmer und Mitarbeiter sein oder Politiker, die im Auftrag ihrer jeweiligen Regierungen verhandeln. Hier stellt sich nicht nur das Problem individueller Zumutbarkeit, sondern auch schwierige Abwägungsprobleme im Hinblick auf die Betroffenheit Dritter. Werden hier, wie oft zu beobachten, an den einzelnen moralische Forderungen gerichtet, so berücksichtigen diese in den seltensten Fällen die institutionellen Voraussetzungen, die die Handlungsmöglichkeiten der Spieler erheblich einschränken resp. Folgen zeitigen, die nicht im Blickfeld eines von seiner Intuition geleiteten Beobachters sind.[34]

Diese Beispiele sollen vor allem deutlich machen, daß Überlegungen zur Frage, was aus ethischer Sicht getan werden sollte, nicht verzichten können auf die Analyse der *Bedingungen*, unter denen Forderungen an einzelne zumutbar erscheinen oder eben nicht. Dies gilt insbesondere dann, wenn es sich nicht um Probleme kleiner überschaubarer Gruppen handelt, in denen moralische Intuitionen für sich beanspruchen können, die Problemsituation adäquat erfassen und die Folgen unterschiedlicher Handlungsweisen bzw. Normen beurteilen zu können. Im Kontext der hochkomplexen, funktional ausdifferenzierten Gesellschaft kann dies nicht mehr erwartet werden.[35] Viele der problemrelevanten Zusammenhänge sind hier (zunächst) kontraintuitiv; als klassisches Beispiel kann die Möglichkeit erfolgreicher dezentraler Koordination einer sehr großen Zahl individueller Handlungen über Märkte und Preise genannt werden.

[34] „The Cardinal Rule of Policy is this: *Never ask a person to act against his own self-interest*" (*Garrett Hardin*, The Limits of Altruism, Bloomington/London 1977, 2; Heraushebung im Original). Und der Grund ist wiederum nicht in den Motiven zu suchen, sondern in der Struktur der Situation.

[35] Vgl. *Uwe Gerecke/Andreas Suchanek*, Pluralismus und seine Folgen für eine Ethik der modernen Gesellschaft, erscheint in: Barbara Guckes/Klaus Peter Rippe (Hrsg.), Angewandte Ethik in der pluralistischen Gesellschaft.

Um die Bedeutung einer Theoriebildung, wie sie in bezug auf den *homo oeconomicus* als Instrument zur Analyse sozialer Bedingungen und ihrer sozialen Folgen skizziert wurde, besser einschätzen zu können, bedarf es der Gegenüberstellung mit theoretischen Alternativen, mit denen versucht wird, das diskutierte Problem der Relativierung der Geltungsansprüche moralischer Regeln auf andere Weise zu lösen. Eine Antwort, die der Idee nach bis Kant zurückverfolgt werden kann, besteht darin, beide Argumentationen zu trennen und dem ethischen Diskurs den Vorrang vor dem ökonomischen zu geben („Dualismus“).[36] Damit ist allerdings das Problem der einzelwissenschaftlichen Relativierung moralischer Normen durch die Frage nach den Bedingungen ihrer empirischen Befolgung noch nicht gelöst. Konsequenterweise müßte auch die Methode der empirischen Analyse bis in die Begrifflichkeit hinein so angesetzt werden, daß der normative Gehalt bestimmter moralischer Regeln und geforderter Verhaltensweisen nicht in Frage gestellt werden darf.[37] Als exemplarische Illustration einer derartigen „deontologischen Sozialwissenschaft“ sei wiederum Etzionis Ansatz einer „Sozioökonomik“ vorgestellt.

Nach Etzioni besteht das Ziel der Theoriebildung darin, die (soziale) Welt besser zu verstehen und – auf der Grundlage dieses Verständnisses – „to provide a framework for decision and policy making“[38]. Sein Anspruch ist es, gegenüber der zu „engen“ ökonomischen Theorie einen „umfassenderen“ (*encompassing*) Ansatz zu haben, der nicht nur auf monetäre Anreize abstellt, sondern alle relevanten Faktoren umfaßt: „Policy makers must deal with all the major relevant factors; socio-economics, by incorporating economic, social, psychic, and political factors, obviously is more encompassing than mono-disciplinary approaches.“[39]

Nun ist die Nennung vieler relevanter Faktoren noch keine Theorie, überdies könnten hier nach Belieben weitere hinzugefügt werden; zweifellos spielen das Wetter, die Regenerationsrate erneuerbarer Ressourcen, technologische Entwicklungen usw. ebenfalls eine wichtige Rolle für gesellschaftliche Prozesse; die eigentliche theoretische Leistung besteht darin, die *strukturellen Zusammenhänge* der relevanten Faktoren analysieren zu können. Vor allem aber ist nach dem bisher Gesagten zu berücksichtigen, daß Etzioni beansprucht, der normativen Bedeutung der Geltung moralischer Normen gebührend Rechnung zu tragen.

In seiner Sozioökonomik führt dies zu folgender Konzeptualisierung des Problems der sozialen Ordnung: „Ultimately the social order rests on the moral community.“[40] „The social realm and its order are based on the assumptions that individuals have acquired a set of [internalized] shared moral commitments that legitimate the social

[36] Vgl. dazu *Karl Homann*, Ethik und Ökonomik. Zur Theoriestrategie der Wirtschaftsethik, in: ders. (Hrsg.), Wirtschaftsethische Perspektiven I. Theorie – Ordnungsfragen – Internationale Institutionen (Schriften des Vereins für Socialpolitik N. F., Bd. 228), Berlin 1994, 9-30.

[37] M. E. kann man das Habermassche Projekt einer Theorie des kommunikativen Handelns als einen solchen Versuch ansehen. In der Unternehmensethik wären die Ansätze von Peter Ulrich und, mit Abstrichen, von Horst Steinmann zu nennen.

[38] *Amitai Etzioni*, Dimension…, a.a.O., 237.

[39] Ebd., 239.

[40] *Amitai Etzioni*, Toward Deontological Social Sciences, in: Philosophy of Social Sciences 19, 1989, 145-156, 151.

order and that lead them to treat others the way they seek to be treated themselves. [...] [I]n part, the sources of individual [moral] commitments are moral values shared by the community of which individuals are members; in part, they are the result of internal moral individual developments."[41]

Dieses Modell sozialer Ordnung läßt sich in Variation des in Abb. 1 dargestellten Schemas wie folgt skizzieren:

Gesinnungen → Handlungen → Handlungsfolgen

Abbildung 4

Danach sind es letztlich die Präferenzen, Motive, individuellen Dispositionen, die die Handlungen der Individuen in der Gesellschaft – und *a fortiori* auch deren Folgen – bestimmen. Daraus folgt, daß dann, wenn die soziale Ordnung gefährdet ist, dafür offenbar (letztlich) die Erosion der moralischen Werte – des Gemeinsinns, des Verantwortungsbewußtseins etc. – verantwortlich zu machen ist, und daß folglich auf Erziehungsprozesse zu setzen ist, wenn man die gesellschaftlichen Probleme lösen will.

Die zugrundeliegende Vorstellung ist offenbar, daß durch die von der normativen Theorie angeleiteten Erziehungsprozesse „sich der Akteur in einer partizipativen moralischen Erfahrungswelt [findet], in der er eine reziproke normative Handlungsorientierung lernt und internalisiert. Er macht die haltungsprägende Erfahrung, daß auch die anderen ihre Pflicht tun und z. B. mögliche *free rider*-Strategien nicht wahrnehmen, und daß der einzelne an den Ergebnissen kooperativer Anstrengungen in fairer Weise beteiligt wird."[42]

Um die Qualität einer solchen Diagnose resp. Therapie zu beurteilen[43], ist allerdings danach zu fragen, ob die strukturellen Zusammenhänge, innerhalb derer soziale Handlungen stattfinden, systematisch präzise berücksichtigt werden. Hier bleiben Etzionis Theorie ebenso wie andere konzeptionell analog argumentierende Ansätze indes die Antwort schuldig. Zwar werden zahlreiche verbale Hinweise auf die verschiedenen gesellschaftlichen Funktionszusammenhänge gegeben, doch bleibt deren strukturelle Interdependenz und insbesondere die Rolle individueller Dispositionen innerhalb dieser Funktionssysteme unklar; das Problem der *Vermittlung* moralischer Anforderungen an den einzelnen mit den sonstigen institutionellen, finanziellen und sozialen Restriktionen, die seine Handlungsmöglichkeiten beschränken, wird konzeptionell nicht behandelt, was insofern methodisch stringent

[41] Ebd., 149.

[42] *Siegfried Katterle*, Methodologischer Individualismus and Beyond, in: Bernd Biervert/Martin Held (Hrsg.), Das Menschenbild der ökonomischen Theorie. Zur Natur des Menschen, Frankfurt a. M./New York 1991, 132-152, 146.

[43] Vgl. dazu auch *Andreas Suchanek*, Erfolgreiche Therapie ohne gute Diagnose? Zum Zusammenhang von positiver und normativer Ökonomik, erscheint in: Martin Held (Hrsg.), Norms matter, Frankfurt a. M./New York.

ist, da dann gefragt werden müßte, *unter welchen Bedingungen* denn die Befolgung moralischer Normen erwartet werden kann.[44]

Dabei soll die Möglichkeit gar nicht geleugnet werden, daß Erfahrungen stattfinden können, wie sie im Zitat von Katterle angeführt wurden. Doch muß die Theorie die Bedingungen benennen können, unter denen das der Fall ist, und sie sollte etwas dazu sagen können, welche institutionellen Alternativen es für die (in der modernen Gesellschaft zahlreichen) Fälle gibt, wenn solche auf Kleingruppen-Beziehungen basierenden Kooperationsbedingungen nicht gegeben sind. Die Schwierigkeit besteht ja nicht darin, abstrakt einzelne Werte wie Gerechtigkeit, sozialer Friede, Umweltschutz usw. als erwünschte gesellschaftliche Ziele zu begründen – wer würde sich dagegen wenden? –, sondern aufzuzeigen, was diese Werte in verschiedenen Handlungskontexten implizieren. Auch hier zeigt sich wieder, daß gerade auch der normative Diskurs darauf angewiesen ist, die empirischen Bedingungen der Umsetzung der Werte systematisch zu berücksichtigen.

Ohne eine entsprechende Analysemöglichkeit kann keine adäquate Diagnose der den sozialen Problemen zugrundeliegenden Ursachen und der Möglichkeit ihrer Veränderung stattfinden. Typischerweise findet dann eine verkürzte – und damit verfehlte – Zurechnung auf individuelle Motive („Verfall der Moral") statt, die den Blick auf strukturelle Bedingungen verstellt. Dies ist im übrigen auch unter ethischen Gesichtspunkten problematisch, da eine solche Vorgehensweise leicht zu jenen ungerechtfertigten Schuldzuweisungen führen kann, wie sie in der öffentlichen Diskussion gang und gäbe sind.[45]

Es ist deshalb zu bezweifeln, ob die von Etzioni ja explizit intendierten Politikempfehlungen längerfristig Aussicht auf Erfolg haben können. Zwar mag seine Problemsicht und die dazugehörende Lösung kurzfristig auf erhebliche Resonanz stoßen, da die in Abb. 4 skizzierte Darstellung gesellschaftlicher Probleme den Intuitionen des Alltagsverstands näherliegt als die nicht selten kontraintuitive Betrachtungsweise der Ökonomik, doch wenn die Vermittlung moralischer Werte nicht sorgfältig abgestimmt ist mit den Anreizbedingungen der Situationen der handelnden Individuen – insbesondere den sozialen Interdependenzen und funktionalen Erfordernissen der heutigen Gesellschaft –, ist kaum zu erwarten, daß sie zu den gewünschten Folgen führt.[46]

[44] Vgl. demgegenüber für eine elaborierte theoretische Analyse dieses Problems *Josef Wieland*, Ökonomische Organisation..., a.a.O.

[45] Demgegenüber ist darauf hinzuweisen, daß die Zurechnungsheuristik der Ökonomik, die die Ursachen sozialer Probleme in den Anreizbedingungen sucht, dadurch auch eine *Versachlichung* der Diskussion ermöglicht. Im übrigen zeigt sich m. E. hier noch einmal besonders deutlich die heuristische Qualität des *homo oeconomicus*; für den Alltagsverstand ist es angesichts der Komplexität gesellschaftlicher Zusammenhänge die zunächst naheliegendste Überlegung, die Ursachen bei den beteiligten Akteuren (Unternehmer, Politiker, Journalisten usw.) zu sehen, da der Hinweis auf strukturelle Bedingungen zu diffus ist, um verständlich sein zu können. Hingegen ermöglicht der Begriff der Anreize auch dem ungeschulten Verstand ein besseres Verstehen der Bedingungen sozialer Handlungen und ihrer Folgen.

[46] Ein klassisches Beispiel für kontraintentionale Folgen moralisch motivierter Leistungen sind Hilfslieferungen in Form von Nahrung, Kleidung usw., die zur Unterminierung der Anreize für Eigenanstrengungen und zum Zusammenbruch lokaler Märkte führen.

Im Ergebnis führen derartige „präferenztheoretische" Ansätze[47] dazu, die strukturelle Ursachenforschung normativ zu überbrücken. Soziale Probleme werden letztlich dem Umstand zugerechnet, daß die Individuen ihre partikularen Interessen verfolgen, und als Therapie erfolgt – unter Rückgriff auf die Differenz von normativen Geltungs- und empirischen Handlungsgründen – die Empfehlung, das eigene Handeln fortan stattdessen an verallgemeinerbaren (konsensfähigen) Interessen auszurichten. Ein solches Moralisieren kann durchaus selbst zu genau dem Prozeß führen, für den der *homo oeconomicus* verantwortlich gemacht wird: der Erosion der Moral.[48]

4. Schlußbemerkung

Die Ausführungen sollten deutlich machen, worin die Probleme mit dem *homo oeconomicus* liegen. Die methodologische Kritik, daß dieses Modell empirisch falsch bzw. analytisch fruchtlos, weil „tautologisch" sei, wurde zurückgewiesen mit dem Hinweis auf die zugrundeliegenden methodologischen Mißverständnisse. Weder werden mit diesem Modell Aussagen der Art (Eigeninteresse als situationsunabhängige allgemeine menschliche Disposition) formuliert, wie Etzioni und andere Kritiker dies unterstellen, noch impliziert die Möglichkeit eines unzweckmäßigen Gebrauchs dieses Schemas in Form von *Ad-hoc*-Rationalisierungen, daß dies die einzig mögliche Verwendungsform sei.

Die normative Kritik wurde im Kern darauf zurückgeführt, daß in der positiven Analyse der empirischen Bedingungen des Befolgens moralischer Regeln, bei der in gewisser Weise eine Gleichstellung der verschiedenen Handlungsgründe erfolgt, die Gefahr der Erosion normativer Geltungsgründe gesehen wird. Ohne die grundsätzliche Möglichkeit einer solchen Entwicklung bestreiten zu wollen, liegt doch die Einschätzung näher, daß die Ökonomik die Menschen nicht erst auf die Möglichkeit der Verfolgung ihrer (partikularen) Interessen hinweisen muß; das eigentliche Problem besteht darin, wie mit den faktisch bestehenden Interessenskonflikten rational umgegangen werden kann.

Während eine „deontologische Sozialwissenschaft" (Etzioni), wenn sie methodisch konsequent sein will, hierauf letztlich reagieren muß durch das Verbot der empirischen Analyse von *trade-offs* zwischen moralisch (wie auch immer) begründeten und partikularen Interessen, besteht das Potential der Ökonomik darin, Einsichten zu entwickeln, wie die (partikularen) Interessen durch rationale Gestaltung der institutionellen Bedingungen produktiv genutzt werden können zur Verwirklichung der moralischen Ideale, deren Existenz seit Adam Smith die Grundlage der

[47] Ich übernehme den Begriff aus *Karl Homann/Franz Blome-Drees*, Wirtschafts- und Unternehmensethik, Göttingen 1992, 103ff.

[48] *Karl Homann*, Wider die Erosion der Moral durch Moralisieren, in: Jan Beaufort u. a. (Hrsg.), Moral und Gesellschaft (Forum für interdisziplinäre Forschung, Bd. 11), Dettelbach 1993, 47-68.

Ökonomik darstellt. So zog Smith aus der Tatsache, daß sich auf dem Gefühl der Sympathie als handlungsleitendem Motiv keine moderne Gesellschaft aufbauen läßt, die Konsequenz, das Eigeninteresse funktional zu nutzen durch geeignete „Spielregeln" – nämlich die einer Marktwirtschaft -, was allerdings voraussetzt, das die Funktionsweise dieser Spielregeln in ihren Grundzügen verstanden und – angesichts ihrer moralischen Qualität – akzeptiert werden kann.

Abschließend können nach den bisherigen Überlegungen die Ergebnisse der eingangs genannten Studie von Frank, Gilovich und Regan folgendermaßen interpretiert werden: Die Tatsache, daß diejenigen, die bereits mit dem Gefangenendilemma vertraut sind, vermehrt defektieren, kann auch als Indiz dafür gedeutet werden, daß die Betreffenden die Struktur von Situationen, die einen systematischen Anreiz zur Defektion bzw. ein hohes Risiko der Ausbeutung des eigenen kooperativen Verhaltens bieten, *besser erkennen.* Sie werden vor „naiver" Kooperation und damit vor folgenschweren Enttäuschungen bewahrt. Ein Verständnis solcher Strukturen ist zudem die *Voraussetzung für den rationalen Umgang* mit ihnen, das heißt, das Schema des Gefangenendilemmas kann dazu genutzt werden, nach den Anreizbedingungen zu fragen, dem ein solches Verhalten zugrundeliegt, *und damit die Bedingungen kooperativen Verhaltens besser zu differenzieren und spezifizieren.*[49]

Diese Interpretation wird gestützt von Untersuchungen, die Anthony Yezer, Robert Goldfarb und Paul Poppen als Reaktion auf die Studie von Frank, Gilovich und Regen durchführten.[50] Danach führt eine ökonomische Ausbildung nicht zu weniger kooperativem Verhalten, sondern zu einer geringeren Differenz zwischen tatsächlichem Verhalten und den Aussagen bzw. Verhaltensweisen in der Situation des Experiments: „These results suggest that economics students gave answers that were a more truthful reflection of their actual behavior."[51] Teilweise ließen sich auch bei ökonomisch vorgebildeten Studenten höhere Kooperationsraten beobachten.[52]

Es ist bemerkenswert, daß Frank, Gilovich und Regan in ihrer Erwiderung auf die Untersuchung von Yezer, Goldfarb und Poppen an ihrer These festhalten, daß ökonomische Ausbildung das Ausmaß an kooperativem Verhalten verringere: „Three important points remain clear. First, all parties concede that economics training encourages the view that people are motivated primarily by self-interest. Second, there is clear evidence that this view leads people to expect others defect in social dilemmas. Third, there is also clear evidence that when people expect their partners to defect in social dilemmas, they are overwhelmingly likely to defect themselves."[53]

[49] Vgl. hierzu beispielsweise *Iris Bohnet/Bruno S. Frey,* Ist Reden Silber und Schweigen Gold? Eine ökonomische Analyse, in: Zeitschrift für Wirtschafts- und Sozialwissenschaften 115, 1995, 169-209, mit weiterer Literatur.

[50] *Anthony M. Yezer/Robert S. Goldfarb/Paul J. Poppen,* Does Studying Economics Discourage Cooperation? Watch What We Do, Not What We Say of How We Play, in: Journal of Economic Perspectives 10 (1), 1996, 177-186.

[51] Ebd., 184.

[52] Ebd., passim.

[53] *Robert H. Frank/Thomas D. Gilovich/Dennis T. Regan,* Do Economists Make Bad Citizens?, in: Journal of Economic Perspectives 10 (1), 1996, 187-192, 192.

Diese Reaktion bestätigt die angestellten Überlegungen. Frank, Gilovich und Regan betrachten das Problem sozialer Kooperation als eine Frage der individuellen Vorstellungen – *und nicht der situativen Bedingungen.* Dabei geht es nicht um die Frage, ob subjektive Erwartungen und Einstellungen eine Rolle spielen – das ist unbestritten –, sondern wie ihr Verhältnis zu den situativen Bedingungen („Restriktionen") ist und welche Situtationswahrnehmungen *adäquat* sind. „Präferenztheoretische" Argumentationen, wie sie auch bei Frank, Gilovich und Regan anklingen, erwecken den Eindruck, als sei es eine Frage des guten Willens, daß gesellschaftliche Probleme „kooperativ" gelöst werden könnten. Derartige Vorstellungen sind den Strukturen der modernen, funktional differenzierten und damit hochkomplexen Gesellschaft nicht angemessen.[54] Zu nennen ist nicht nur die Überschätzung der Möglichkeit, im Rahmen funktional differenzierter Systeme durch individuelle Handlungen gezielt nachhaltige Erfolge bei der Lösung gesellschaftlicher Probleme erzielen zu können; verkannt wird auch regelmäßig, daß zahlreiche institutionelle Vorkehrungen – aus guten Gründen! – dafür sorgen, daß verschiedene Formen von „Kooperation", wie z. B. Kartellabsprachen, Vetternwirtschaft, Korruption usw., unterbleiben.

Schließlich ist noch darauf hinzuweisen, daß Frank, Gilovich und Regan ebenso wie viele ähnlich argumentierende Autoren verkennen, daß das Gefangenendilemma nicht nur dazu dienen kann, Gefährdungen kooperativen Verhaltens zu analysieren, sondern auch dazu, das in öffentlichen Diskursen oft anzutreffende Muster, Interaktionen als Nullsummenspiele[55] zu interpretieren, durch ein Schema zu ersetzen, das das kompetitive Element der Situation nicht leugnet, zugleich aber Pareto-superiore, d. h. *eigene und zugleich allgemeine,* Kooperationsgewinne als Möglichkeit eröffnet, sofern es nur gelingt, geeignete Bedingungen dafür zu schaffen.

Insofern besteht der vielleicht wichtigste Beitrag des *homo oeconomicus* bzw. des Gefangenendilemmas für die Bewältigung der sozialen Probleme unserer Zeit darin, die *soziale Kompetenz auszubilden,* um mit den in der gesellschaftlichen Wirklichkeit weit verbreiteten Dilemmastrukturen besser umgehen zu lernen, denn überall dort, wo moralische Normen aus welchen Gründen auch immer instabil geworden sind, kann nicht mehr damit gerechnet werden, durch abstraktes Betonen der Moralität dieser Normen ihnen wieder zur Geltung zu verhelfen.[56] Das in der Gesellschaft nach wie vor vorhandene moralische Kapital bedarf jener – evtl. auch informellen – institutionellen Lösungen, die die moralischen Subjekte von der Möglichkeit überzeugen, mit ihrem Handeln Pareto-superiore Kooperationsgewinne zu realisieren.

[54] Darauf weist vor allem Niklas Luhmann hin; s. etwa *Niklas Luhmann,* Ökologische Kommunikation. Kann die moderne Gesellschaft sich auf ökologische Gefährdungen einstellen?, 3. Aufl., Opladen 1990.

[55] Zu denken ist dabei nicht nur an Tarifauseinandersetzungen, sondern auch an moralisch motivierte (!) Aufforderungen zum Teilen.

[56] Vgl. a. *Karl Homann,* Homo oeconomicus, a.a.O., 405 f.

Christine Chwaszcza

Anmerkungen zu Funktion und Stellenwert des Eigeninteresses in der Theorie praktischer Rationalität

1. Vorbemerkung

Dieser Artikel möchte nicht die Frage beantworten, was genau unter dem Begriff des Eigeninteresses, eines aufgeklärten oder gar „echten", „wahren" oder „idealen" Eigeninteresses zu verstehen ist. Denn die fast schon ubiquitäre Präsenz des Eigeninteresses in den Theorien praktischer Rationalität verdankt sich weniger geglückten Versuchen einer Bestimmung seines materialen Gehalts, als vielmehr seiner interpretativen Offenheit, die es erlaubt, im Rahmen eines weitgehend in sich geschlossenen Paradigmas der Begründung normativer Theorien ganz unterschiedliche Positionen zu beziehen, resp. verschiedene Ansätze zu vertreten. Dieses Paradigma ist charakterisiert durch eine individualistische Methodologie[1], die ihren deutlichsten Ausdruck in der sog. *homo-oeconomicus*-Anthropologie der ökonomischen Mikrotheorie und den rationalistisch, z. T. explizit „ökonomistisch" orientierten Begründungstheorien der zeitgenössischen „liberalen" Moralphilosophie findet. Meines Erachtens gründet die ubiquitäre Präsenz des Eigeninteresse in einem stillschweigenden Zugeständnis einer starken Strömung der neuzeitlichen praktischen Philosophie darin, daß jede Person sich selbst (in gewissem Maße) nicht nur lieben darf, sondern auch soll, obwohl selten der Versuch unternommen wird zu sagen *warum*[2]

[1] In diesem Zusammenhang sind zwei Dimensionen des methodologischen Individualismus zu unterscheiden: eine explanatorische und eine ethische Variante: Unter explanatorischem Individualismus wird die These verstanden, daß komplexe/soziale Phänomene dann und in dem Maße hinreichend erklärt sind, als sie auf Handlungen, Dispositionen, Präferenzen und/oder Interessen der an ihnen beteiligten oder von ihnen betroffenen Individuen zurückgeführt worden sind. Demgegenüber macht der ethische Individualismus als meta-ethische Position die Legitimität sozialer Institutionen von einer (hypothetischen) Zustimmung der an ihnen beteiligten oder von ihnen betroffenen (ideal rationalen) Individuen abhängig.

[2] Vorwiegend wird das Eigeninteresse als Interesse an der Selbsterhaltung und am eigenen Wohlergehen schlicht als „natürlich" betrachtet und als eine konstante anthropologische Bedingung genommen. Adam Smith, der das Eigeninteresse im Sinne der Sorge um die eigene Glückseligkeit mit der Klugheit explizit zusammenfallen läßt, schlägt eine Brücke zum stoischen Begriff der Selbsterhaltung; vgl. *Adam Smith*, Theorie der ethischen Gefühle (1790), übs. u. hrsg. v. Walther Eckstein, Hamburg 1994, 371. Zur Differenz zwischen dem stoischen und dem neuzeitlichen Verständnis der Selbsterhaltung vgl. *Hans Blumenberg*, Selbsterhaltung und Beharrung. Zur Konstitution der neuzeitlichen Rationalität, und *Manfred Sommer*, Ist Selbsterhaltung ein

und noch seltener eine Anleitung gegeben wird, wie man praktisch zu dieser Einstellung gelangen könnte, wenn man sie nicht schon von vornherein besitzt. Obwohl ein erster Versuch unternommen wird, der Attraktivität des Eigeninteresse auf die Spur zu kommen, geht es im folgenden primär um eine kritische Bestandsaufnahme des argumentativen Stellenwertes, der lokalen Verortung des Eigeninteresses im Feld der praktischen Rationalität, wobei sowohl eine explanatorische als auch eine normative Dimension berücksichtigt werden soll. Abschnitt 2 befaßt sich eher allgemein mit dem Problem der Motivation in Rahmen der analytischen Theorie der Handlungserklärung und kritisiert die Positionen des Internalismus und des Instrumentalismus; Abschnitt 3 rekonstruiert im Rückgriff auf die Theorien von John Rawls, Robert Nozick und David Gauthier drei „typische" Interpretationen des Begriffs des Eigeninteresses im Rahmen der moralphilosophischen Begründung von Institutionen. In beiden Fällen wird nicht mehr versucht, als eine allgemeine und eher meta-theoretische Charakterisierung der verschiedenen Positionen zu skizzieren. Doch können diese Klärungsversuche vielleicht dazu beitragen, sowohl den Begriff des rationalen Eigeninteresses als auch das Verhältnis von Rationalität und Moralphilosophie näher zu beleuchten.

Ausgangspunkt der Untersuchung ist die vor-theoretische, um nicht zu sagen: triviale Überzeugung, daß jede Handlung ein „Gut" für den Handelnden erstrebt und daß es rational ist, das „Gute" oder zumindest eher mehr „Gutes" als „Schlechtes" zu erstreben. Obwohl in der zeitgenössischen Literatur der relationale Begriff der „Präferenz" bevorzugt wird, wird hier auf die alte Terminologie zurückgegriffen, da der Begriff der Präferenz i. d. R. als vor-theoretisch klar verwendet und nicht weiter spezifiziert wird, was u. a. zur Folge hat, daß weder der Objektbereich noch die Konstitution von „Präferenzen" in den Blick genommen werden, was hier ansatzweise versucht werden soll. Sofern der Begriff des „Interesses" i. d. R. eine Reflexionsdimension einschließt[3], scheint der Begriff des Eigeninteresses, unabhängig von seiner jeweiligen Interpretation, ein speziell qualifiziertes Gut – bzw. ein unter dem Begriff des subjektiven Wohlergehens zusammengefaßtes Bündel von Gütern – zu bezeichnen, nämlich ein wohlüberlegtes und ein in gewissem Maße gerechtfertigtes Gut; daher wird die Verfolgung des Eigeninteresses traditionell dem Bereich der Klugheit zugerechnet:[4] in der neueren am *rational choice*-Paradigma orientierten Diskussion steht die Verfolgung des „Eigeninteresses" i. S. der rationalen Verfolgung subjektiver Güter häufig als Synonym für eine Konzeption individueller Rationalität. Die These dieses Artikels ist, daß die Plausibilität dieser Rationalitätskonzeption von der theoretischen Bestimmung des Begriffs des Eigeninteresses abhängt.

Fortsetzung Fußnote letzte Seite

rationales Prinzip, beide in: Hans Ebeling (Hrsg.), Subjektivität und Selbsterhaltung. Beiträge zu Diagnose der Moderne, Frankfurt a. M. 1996.

3 Zur historischen Interpretation des Interesses als einer Vermittlungsinstanz zwischen Vernunft und Leidenschaften sowie des Wandels der Bedeutung des Begriffs „Eigeninteresse" vgl. *Albert O. Hirschman*, Leidenschaften und Interessen, Frankfurt a. M. 1970; *Steven Holmes*, The Secret History of Self-Interest, in: Jane J. Mansbridge (Hrsg.), Beyond Self-Interest, Chicago 1990; *Harvey C. Mansfield*, Self-Interest Rightly Understood, in: Political Theory 23, 1995, 48-55.

4 Vgl. a. *Thomas Nagel*, The Possibility of Altruism, Oxford 1978, Kap. 5.

2. Eigeninteresse als anthropologisches Axiom der Handlungstheorie

Die Attraktivität des Eigeninteresses hängt m. E. mit zwei Aspekten der philosophischen Handlungstheorie zusammen, die wiederum eng mit der Theorie praktischer Rationalität als einer Theorie der Handlungs-Rationalität verbunden sind: der subjektivistischen Ausrichtung der neuzeitlich-modernen Wertetheorie bzw. Güterlehre als Grundlage der Handlungstheorie und der Tendenz zu einer internalistischen Motivationstheorie. Der entscheidende Begriff, der diese drei theoretischen Dimensionen der Evaluation, der Motivation und der Rationalität verknüpft, ist der des praktischen Grundes (*practical reason*). Im Begriff des Grundes treffen sich sowohl normativ-präskriptive als auch explanatorische Aspekte praktischer Rationalität[5] und der (quasi-)kausale, bzw. motivationale Aspekt der Handlungserklärung.[6]

Die enge Verknüpfung von explanatorischer und normativ-präskriptiver Dimension zeigt sich vor allem in der weit gebrauchten Parallelisierung von Handlungserklärung und Handlungsrechtfertigung. Eine Handlung[7] scheint in dem Maße erklärt, in dem wir einen „Grund" (*reason*) für sie angeben können, und ein Handlungsgrund beansprucht als Rationalisierungsvehikel[8] der Verständlichkeit, resp. Nachvollziehbarkeit der Handlung intersubjektive Plausibilität. Obwohl es m. E. angebracht ist, zwischen Begründung einer Handlung, im Sinne einer plausiblen Angabe möglicher oder faktischer Gründe des Handelnden, und ihrer Rechtfertigung, im Sinne des Rückbezugs auf allgemein anerkannte – präskriptive oder ethisch-moralische – Normen, zu unterscheiden, beruht die Akzeptanz einer Hand-

[5] Die Entwicklung einer Theorie (praktischer) Rationalität wird hier als kohärenztheoretisches Unternehmen aufgefaßt, das einerseits normative Kriterien der Rationalität entwickelt, diese Überlegungen andererseits „empirisch" rückbindet an Urteile und Intuitionen kompetenter Rationalitätsbeurteiler, welche Entscheidungen, Handlungen etc. als rational bezeichnet werden. Vgl. *Wolfgang Spohn*, Wie kann die Theorie der Rationalität normativ und empirisch zugleich sein?, in: Lutz H. Eckensberger/Ulrich Gähde (Hrsg.), Ethische Norm und empirische Hypothese, Frankfurt a. M. 1993.

[6] Die Debatte um Intentionalität vs. Kausalität der Relation von „Grund" und Handlung wird in diesem Zusammenhang nicht nachgezeichnet, da sie zu weit in die Probleme der Kausalitätstheorie führen würde; unabhängig davon, wie die Beziehung zwischen Akteur oder Grund auf der einen und Handlung auf der anderen Seite genau aussehen mag, muß eine bestimmte Form von Kausalbeziehung unterstellt werden, wenn man sinnvoll von Verantwortung des Handelnden und Zurechnung von Handlungen zu einem Akteur sprechen möchte; vgl. *Peter F. Strawson*, Scepticism and Naturalism: Some Varieties, London 1985, 58ff.; zum Problem der Handlungserklärung vgl. *Georg Meggle/Ansgar Beckermann* (Hrsg.), Analytische Handlungstheorie, Bd. 2: Handlungserklärung, Frankfurt a. M. 1985.

[7] „Handlung" wird hier in dem weiten Sinne verstanden, der auch Unterlassungen und Sprechhandlungen einschließt. Prinzipiell wird davon ausgegangen, daß Handlungen im Gegensatz zu „bloßem" Verhalten durch den Aspekt der Intentionalität charakterisiert sind.

[8] Der Rationalisierungsaspekt ist eng verknüpft mit dem Problem der Handlungsbeschreibung, denn i. d. R. reicht eine Deskription der Tätigkeit und eventuell möglicher Konsequenzen der Tätigkeit nicht aus, um diese adäquat als Handlung beschreiben zu können; zum Problem der Handlungsbeschreibung vgl. *Georg Meggle/Ansgar Beckermann*, Analytische Handlungstheorie, Bd. 1. Handlungsbeschreibung, Frankfurt a. M. 1985.

lungserklärung in beiden Fällen auf der intersubjektiven Plausibilität ihres Grundes oder ihrer Gründe. Man könnte „Gründe" tentativ als komplexe Einstellungen charakterisieren; für die vorliegende Untersuchung genügt es zu sehen, daß sie auf alle Fälle einen kognitiv-epistemischen und einen evaluativen Bestandteil unfassen, d. h. sowohl eine Interpretation der Situation oder der Gegebenheiten, in denen der Akteur sich befindet, als auch eine wertende Beurteilung des Zustands der gegebenen Situation und/oder alternativer Veränderungen bzw. der möglichen Handlungen, die für eine Zustands-/Situationsänderung in Betracht kommen. Betrachtet man die Beziehung zwischen Grund und Handlung rein formal unter Vernachlässigung kognitiver Rationalitätsstandards, erklärt die Angabe eines Grundes eine Handlung i. d. R. unabhängig davon, ob die für den Grund konstitutiven Überzeugungen und Einstellungen als vorliegend, zutreffend, „wahr" etc. angesehen werden, solange der Akteur diese Überzeugungen für „wahr" oder gegeben hält oder sie ihm zugeschrieben werden können. Ähnlich verhält es sich mit den in den Gründen zum Ausdruck gebrachten Werturteilen: Auch ihre Plausibilität hängt i. d. R. nicht von einem „objektiven" Begriff des Guten ab, sondern davon, daß der Akteur einem Zustand, einem Gegenstand oder einer Handlung einen subjektiven Wert zuschreibt, sie als subjektiv gut betrachtet. Der hier verwendete Begriff des Subjektivismus bedarf einer Klärung: In Anlehnung an Gauthiers[9] Unterscheidung wird der Ausdruck „subjektiv" bzw. „subjektivistisch" verwandt, wenn die „Quelle" der Wertzuschreibung gemeint ist: die Wertzuschreibung durch eine oder mehrere Personen. „Subjektivistisch" steht insofern im Gegensatz zu einer naturalistischen Theorie des Guten und zum Begriff eines intrinsischen Gutes; sofern zum Ausdruck gebracht werden soll, daß ein Zustand, ein Gegenstand oder eine Handlung nur für die Person, die ihnen einen Wert zuschreibt, ein Gut ist, wird die Bezeichnung „relativistisch" gewählt. Eine subjektivistische Werttheorie ist nicht notwendigerweise auch eine relativistische Werttheorie, da zwischen Personen durchaus Übereinstimmung hinsichtlich der Bewertung von Zuständen, Gegenständen oder Handlungen bestehen kann. Der Begriff des Eigeninteresses ist hinsichtlich seiner Verwendung zunächst neutral. Läßt man die objektivistische Verwendungsweise unbeachtet, bleiben zumindest drei Interpretationen offen. Relativistisch interpretiert bezieht sich das Eigeninteresse auf das Wohlergehen des jeweiligen Subjekts; dieses Wohlergehen kann rein autozentrisch (*self-regarding*) ausgerichtet sein oder das Wohlergehen anderer Personen einschließen (*other-regarding/other-inclusive*), sofern der Akteur das Wohlergehen anderer Personen für gut erachtet, d. h. positiv bewertet.[10] Diese beiden Fälle bilden die Standard-Interpretation im Rahmen ökonomischer Mikrotheorie und eher ökonomistisch orientierter Anwendungen der *rational choice*-Theorie, wie bei Gauthier. Der Begriff des Eigeninteresses kann jedoch auch subjek-

[9] *David Gauthier*, Morals by Agreement, Oxford 1986, 46ff.

[10] Die relativistische Interpretation des Eigeninteresse fällt daher nicht notwendigerweise mit einer egoistischen Moralphilosophie zusammen, sofern man letztere als die normative Theorie interpretiert, ausschließlich den eigenen (persönlichen) Vorteil suchen zu sollen.

tivistisch, aber inter-subjektiv[11] interpretiert werden, wie bspw. in der Bestimmung primärer (sozialer oder privater) Güter, etwa in Rawls' Liste der *primary social goods*, oder der Vermeidung des gewaltsamen Todes/dem Interesse an einer Rechtsordnung in der neuzeitlichen und modernen Vertragstheorie.

Während hinsichtlich der Subjektivität von Werturteilen weitgehende Einstimmigkeit herrscht[12], besteht in der Theorie praktischer Rationalität grundsätzliche Differenz hinsichtlich der Bewertung der evaluativen Komponente praktischer Gründe. Gerade im Bereich der angelsächsischen Philosophie vertritt eine Reihe von im folgenden als Humeaner charakterisierten Philosophen die Ansicht, daß Gründe nur insofern handlungsmotivierend wirken können, als sie mit einem Wunsch (*desire*) verbunden sind. „Wünsche" werden dabei i. d. R. als a-rational verstanden, wobei das „Interesse" als bereits reflektierte positive Einstellung eine Zwischenstellung innehat, die jedoch letztlich auch als an Wünsche rückgebunden verstanden wird; diese Auffassung wird aufgrund ihres rein instrumentellen Rationalitätsbegriffs im folgenden auch als Instrumentalismus bezeichnet. Die Plausibilität des Instrumentalismus basiert m.E. auf einer internalistischen Interpretation (des Motivationsaspekts) praktischer Gründe, die von Bernard Williams tentativ durch folgende Interpretation des Satzes „A has a reason to x" charakterisiert wird: „A has some motive which will be served or furthered by his x-ing."[13] Der Humeaner würde diese Interpretation wie folgt spezifizieren: „A has a reason to x if A has some desire the satisfaction of which will be served by his x-ing."[14] Konkret heißt das, daß externe Gründe, z. B. Überzeugungen hinsichtlich bestimmter Zusammenhänge oder evaluativer Orientierungen, keine handlungsrelevanten Gründe darstellen können, sofern sie nicht mit einem Wunsch verbunden sind.

[11] Gauthier bezeichnet die Gegenposition zum Relativismus als absolutistisch, ein anderer naheliegender Begriff wäre universell. Beide Begriffe scheinen zuviel zu fordern: Zum einen scheint es kaum Güter zu geben, die man unter bestimmten Umständen nicht auch aufgeben würde; dies gilt sogar für die Selbsterhaltung. Zum anderen soll nicht die Behauptung aufgestellt werden, es gäbe Güter, die jenseits kultureller Grenzen universell gelten. Der Ausdruck „universalistisch" wird im folgenden dann verwandt, wenn Zustände unparteiisch (*agent-neutral*), nicht aus einer persönlich-partikularistischen Perspektive (*agent-relative*) betrachtet und bewertet werden. Ich würde Nagel zustimmen, daß die Möglichkeit der Einnahme eines universalistischen Standpunkts die Möglichkeit der Selbst-Distanzierung voraussetzt, d.h. der Anerkennung Anderer als Personen, die in gleicher Weise rational sind, wie man selbst – vgl. *Thomas Nagel*, Possibility..., a.a.O., Kap. 11. Die prägnanteste Formulierung scheint mir allerdings Smith in seiner moralpsychologischen Theorie des unparteiischen Zuschauers zu formulieren: „Er (der unparteiische Zuschauer) ist es, der uns, sooft wir im Begriffe stehen so zu handeln, daß wir die Glückseligkeit anderer in Mitleidenschaft ziehen, mit einer Stimme, die imstande ist, unsere vermessensten Leidenschaften in Bestürzung zu versetzen, zuruft, daß wir nur *einer* aus der Menge sind und in keiner Hinsicht besser als irgendein anderer" – *Adam Smith*, Ethische Gefühle..., a.a.O., 203 (Hervorhebung im Original).

[12] Eine Ausnahme bildet *Thomas Nagel*, Possibility..., a.a.O., Kap. 10; vgl. dazu jedoch: *Thomas Nagel*, The View from Nowhere, New York/Oxford 1986, Kap. 8.

[13] *Bernard Williams*, Internal and External Reasons, in: Rex Harrison (Hrsg.), Rational Actions, Studies in Philosophy and Social Science, Cambridge 1979, 17.

[14] Ebd.

Die Attraktivität des Eigeninteresses im Rahmen der explanatorischen Handlungstheorie liegt m. E. darin, daß seine Angabe als Handlungsgrund immer auch als ausreichendes, wenn nicht gar als ausgezeichnetes Motiv angesehen wird, da das Eigeninteresse sich im weiteren Sinne auf das persönliche Wohlergehen bezieht, und dieses i. d. R. als subjektiv wünschenswert betrachtet wird. In diesem Sinn wird das Eigeninteresse sehr häufig als hinreichendes Motiv akzeptiert, bzw. speziell in der ökonomistisch orientierten Theorie wird der Nachweis subjektiver Vorteile für den handelnden Akteur als notwendiger Bestandteil der Erklärung individueller Handlungen gefordert. Daher scheint es angebracht, die humeanisch-internalistische Position etwas genauer zu untersuchen.

Prima facie kommt der humeanisch-internalistischen Position durchaus Plausibilität zu. So wird z. B. die Tatsache, daß ich weiß, daß ein Fahrrad besser fährt, wenn die Kette geölt wird, für mich, selbst wenn ich Fahrradbesitzer bin, keinen Grund darstellen, die Kette meines Fahrrades zu ölen, sofern oder solange ich nicht mit dem Rad fahren möchte. Anders sieht es jedoch aus, wenn man Handlungen betrachtet, die in einem institutionellen Kontext im weiteren Sinne stehen. Der humeanische Internalist würde die Frage „Warum hast du Müller das Salz gegeben?" mit der Replik „Er hat mich darum gebeten" als nicht hinreichend beantwortet betrachten. Nehmen wir an, es wäre sinnvoll, weiter zu fragen, „Warum hast du seiner Bitte entsprochen?", so ist schwer einzusehen, daß die Antwort „Weil ich den Wunsch hatte" oder „Weil ich gerne den Bitten anderer Leute entspreche, sofern ich sie nicht für anstößig oder unangebracht aufwendig halte" adäquater wäre als etwa die Antwort „Weil ich ein höflicher Mensch bin". „Weil ich ein höflicher Mensch bin" bezeichnet jedoch keinesfalls einen Wunsch, sondern eher eine Einstellung, eine Disposition oder eine Gewohnheit. Man könnte natürlich weiter fragen „Warum möchtest Du ein höflicher Mensch sein?" oder „Warum hast Du diese Disposition ausgebildet?", und der Humeaner könnte eine autozentrisch-relativistische oder subjektivistisch-universalistische Antwort geben: „Weil ich mir durch mein Handeln/meine Disposition zukünftige Vorteile erwarte" oder „Weil mir eine Welt, in der Höflichkeit ihren Platz hat, besser gefällt als eine ohne Höflichkeit und ich gerne meinen Beitrag zu einer solchen Welt leisten möchte."[15] Erschien die erste Nachfrage schon seltsam überflüssig, so erscheinen die nachgereichten Motivationen seltsam konstruiert.

Bereits Williams kritisiert diese von ihm als sub-humeanisches Modell bezeichnete Interpretation als unzureichend, indem er darauf verweist, daß Überlegung (*deliberation*) eine Änderung des „motivationalen Sets" eines Akteurs bewirkt. Die Elemente dieses „motivationalen Sets" können nach Williams formal als Wünsche charakterisiert werden, umfassen jedoch u. a. „such things as dispositions of evaluation, patterns of emotional reaction, personal loyalties, and various projects, as they may be abstractly called".[16] Dennoch besteht er darauf, daß nur interne Gründe handlungsmotivierend wirken können: „The whole point of external reason statements is that they can be true independently of the agent's motivation. But nothing

[15] Der Zusatz ist zumindest bei allen öffentlichen und kollektiven Gütern notwendig, soweit der eigene Beitrag nicht als konstitutiv für die Erstellung des Gutes betrachtet wird.

[16] *Bernard Williams*, Reasons…, a.a.O., 20.

can explain an agent's (intentional) actions except something that motivates him so to act. So something is needed beside the truth of external reason statements to explain action, some psychological link; and that psychological link would seem to be belief."[17] So verstanden verwechselt die internalistische Position jedoch zwei grundsätzlich unterschiedliche Unternehmungen, wie Baier zutreffend bemerkt: „Motives count when we want to explain someone's behavior, reasons count when we want to know whether it was in accordance with reason, whether it was rationally justified."[18] Sofern man den Begriff der Handlung logisch oder kausal mit dem der Absicht verknüpft, muß man *per definitionem* davon ausgehen, daß die im Grund formulierten Überzeugungen in der einen oder anderen Form in der handlungskonstitutiven Absicht auftauchen.

Auf der Ebene der Handlungserklärung erweist sich daher die Unterscheidung zwischen internen und externen Gründen als überflüssig, da eine Handlungserklärung trivialerweise immer einen internen oder internalisierten Grund angibt. Der Internalismus macht auf der Ebene der Handlungserklärung nur als materiale These einen Sinn, als Behauptung, daß Handlungen immer kausal mit Wünschen verbunden sind, bzw. daß Gründe nur in dem Maße motivational wirksam werden, als sie mit einem (starken, überwiegenden) Wunsch oder einer (ausgeprägten) Neigung verbunden sind, d. h. als rein instrumentelles Rationalitätsverständnis. Diese Behauptung scheint jedoch nicht sonderlich plausibel. Selbst wenn man nicht geneigt ist, Emotionen oder Wünsche als rationaler Kritik für zugänglich zu erachten[19], ist schwer zu sehen, wie Evaluierungen oder gar Projekte als gänzlich arational zu interpretieren sind, was auch Williams einräumt, wenn er Änderungen des motivationalen Sets aufgrund von Überlegungsprozessen für möglich hält. Überzeugungen, wie der von Williams angeführte *belief* sind jedoch auf keinen Fall arational zu verstehen. Williams wendet nun ein, daß der Externalist nachweisen können müßte, daß der externe Grund die Überzeugung kausal hervorgebracht hat, was wiederum einen Wunsch implizieren müßte, seine motivationalen Einstellungen an rationale Überzeugungen zu binden. Diese Forderung ist m.E. jedoch unangemessen, da sie eine grundsätzliche Dichotomie zwischen motivationalen Einstellungen, die nach Williams eigener Ansicht sehr komplexe Phänomene umfassen können, und Überzeugungen voraussetzt, die aufgrund des propositionalen Gehalts sowohl von

[17] *Bernard Williams*, Reasons..., a.a.O., 22. Der kritische Punkt scheint mir in der Wahrheitsfähigkeit zu liegen: Dahinter steht offensichtlich die Vorstellung, daß zwischen kognitiven Überzeugungen die Beziehung der logischen Implikation dominant ist, die auch auf praktische Gründe übertragen wird. Dagegen ist einzuwenden, daß erstens auch zwischen kognitiven Überzeugungen nicht immer logische Implikationen bestehen (z. B. bei induktiven Schlüssen) und daß zweitens zwischen den logischen Implikationen von Aussage P1/P2 und C und dem „Haben der Überzeugung, daß P1/dem Haben der Überzeugung, daß P2" und dem „Haben der Überzeugung, daß C" keinesfalls eine logische Beziehung besteht; vgl. a. *Thomas Nagel*, Possibility..., a.a.O., Abschn. IV.3.

[18] *Kurt Baier*, The Rational and the Moral Order. The Social Roots of Reason and Morality, Chicago/La Salle, Ill. 1995, 111.

[19] Die grundsätzliche A-Rationalität von Wünschen wird von kognitivistisch orientierten Ansätzen in der Emotionstheorie infragegestellt; vgl. dazu *Gerald Gaus*, Value and Justification, Cambridge 1990, Kap. 2.

Überzeugungen als auch von Motiven schwer zu verstehen ist. Darüber hinaus führen Gründe häufig nicht aktuelle Wünsche an, sondern Pläne, Projekte, Normen und dergleichen mehr. Nagel hat in „The Possibility of Altruism" m. E. überzeugend dafür argumentiert, daß zumindest zukunfts-orientierte Gründe, wenn nicht bereits einfache Zweck-Mittel-Relationen involvierende Gründe, nicht notwendigerweise aufgrund eventuell involvierter aktueller Wünschen oder Neigungen motivieren. Diese Argumentation kann hier nicht im einzelnen nachgezeichnet werden, doch läuft sie grob dargestellt darauf hinaus, daß Wünsche allein eine zu geringe Orientierung bieten, zumal Wünsche, besonders über die Zeit hinweg[20], inkonsistent, inkohärent und widersprüchlich sein können. Nach Nagel setzt bereits Klugheit im Sinne einer zukunftsgerichteten Orientierung, eine rationale Organisation der Wünsche voraus, die mit der humeanischen Interpretation unvereinbar ist.[21] Dies heißt jedoch nicht, daß jede rationale Einsicht oder Überzeugung als hinreichender Handlungsgrund angesehen wird. Wir handeln (glücklicherweise) weder immer rational noch orientieren wir unser Handeln ausschließlich an „besten" Gründen.[22] Darüber hinaus werden Gründe selten *eine* spezifische Handlungsoption als zwingend oder notwendig auszeichnen, sondern i. d. R. werden mehrere Alternativen offenstehen, zwischen denen wir aufgrund verschiedener Aspekte wählen. Was die humeanisch-internalistische Position bei genauerer Betrachtung so befremdlich erscheinen läßt, ist, daß sie das Subjekt vielleicht nicht zum Sklaven, aber doch zum Büttel seiner Wünsche macht, und man fragt sich, wer diesen Büttel denn einsetzt. Gerade der hohe Stellenwert, den wir dem Problem der Rechtfertigung zuschreiben, ist m. E. ein Indiz dafür, daß wir weder einen a-rationalen psychologischen Determinismus noch einen ebensolchen Voluntarismus als angemessene Beschreibung unserer Praxis betrachten. Obwohl Handlungserklärung und Handlungsrechtfertigung nicht identifiziert werden sollten, setzt die Möglichkeit der Rechtfertigung doch zumindest so etwas wie eine Entscheidung des Akteurs i. S. einer subjektiven Wahl voraus, die nicht a-rational verstanden werden kann.[23]

[20] Obwohl man von Wünschen nur in dem Maße sprechen kann, als sie aktuell bestehen, ist hier in der Terminologie Hares zwischen gegenwärtigen auf die Gegenwart bezogenen Wünschen (*now for now*), gegenwärtigen auf die Zukunft bezogenen Wünschen (*now for then*) und eventuell auftretenden zukünftigen Wünschen hinsichtlich der Zukunft (*then for then*) zu unterscheiden, vgl. *Richard M. Hare*, Moral Thinking. Its Levels, Method and Point, Oxford 1981, Abschnitt 7.4.

[21] Man könnte zwar den Begriff des „Wunsches" so weit fassen, daß er langfristige Einstellungen, Lebenspläne oder Persönlichkeitsentwürfe umfaßt, doch wird der Begriff dann so unspezifisch, daß die internalistische These zur Tautologie gerät. Nach Nagel setzt Klugheit als zukunftsorientierte Verfolgung von Interessen die Vorstellung eines über die Zeit hinweg identitären Selbst voraus; in diesem Sinn verwirft er eine *time-slice*-Version des *multiple-self*-Konzepts. Auch hier befindet sich Nagel offensichtlich in Übereinstimmung mit Smith – vgl. *Adam Smith*, Ethische Gefühle..., a.a.O., 365.

[22] Wäre dies so, gäbe es nicht nur das Problem der Akrasia nicht und keine „willentlich böse" oder eingesehenermaßen „unrechte" Tat, sondern wahrscheinlich auch kein spontanes Handeln.

[23] Die Verknüpfung unseres Subjektivitätsverständnisses mit der Fähigkeit, Entscheidungen zu treffen, scheint auch Baiers Einwand gegen die internalistisch-instrumentalistische Position zu sein; vgl. *Kurt Baier*, Order..., a.a.O., 91ff.

Diese Einwände können und sollen nicht belegen, daß das Eigeninteresse kein starkes Handlungsmotiv im individuellen Handeln wie in der sozialen Interaktion darstellt. Gerade wenn man strukturelle Handlungsweisen oder vergleichbare Handlungsweisen größerer Gruppen von Personen betrachtet, wird man i. d. R. feststellen, daß diese Handlungsweisen langfristig oder „im großen und ganzen" auch individuell vorteilhaft sind. Doch bedeutet dies nicht unbedingt mehr, als daß Handlungspraktiken, die sich langfristig oder „im großen und ganzen" als individuell unvorteilhaft erweisen, wenig Chancen haben, in dieser Form beibehalten zu werden – es sei denn, es bestehen keine Alternativen. Das heißt jedoch nicht, daß ihre Vorteilhaftigkeit, bzw. das Eigeninteresse den motivationstheoretisch ausschlaggebenden Grund für die Handlungen benennen muß.[24] Insbesondere gilt dies m. E. für Institutionen und für an Institutionen orientiertes Handeln: Es bedarf nicht der Angabe eines weiteren Grundes, um zu erklären, daß Müllers Bitte ein hinreichendes Motiv für mich war, ihm das Salz zu reichen. Die Partizipation an einer bestimmten Institution, hier der der Höflichkeit, ist bereits Grund genug. Die Befolgung institutioneller Regeln scheint vielmehr daran zu hängen, ob man bereit ist, eine Institution anzuerkennen und/oder an ihr zu partizipieren. Im Rahmen explizit institutionell orientierten Handelns nach weiterführenden Gründen zu fragen, ist jedoch in etwa so sinnvoll oder so unsinnig wie die Frage zu stellen: „Warum hast du den Akkusativ korrekt gebraucht?"[25]

Nun sind die wenigsten Institutionen so unangefochten und ihre Handlungsanweisungen so wenig umstritten wie die Sprache und die Regeln der Grammatik. Daher beschäftigt sich der folgende Abschnitt mit der Funktion und dem Stellenwert des Begriffs des Eigeninteresses im Rahmen der normativen Begründung sozialer Institutionen.

[24] Ein funktionalistischer Erklärungsansatz menschlichen *Verhaltens* mag dieser Differenzierung gleichgültig gegenüberstehen: „Im übrigen unterstellt der ökonomische Ansatz nicht, daß die Entscheidungsträger sich notwendigerweise ihrer Maximierungsbemühungen bewußt sind, oder daß sie in informativer Weise Gründe für die systematischen Muster in ihrem Verhalten verbalisieren oder sonstwie beschreiben können. Der ökonomische Ansatz ist daher vereinbar mit der Betonung des Unbewußten in der modernen Psychologie oder mit der Unterscheidung von latenten und manifesten Funktionen in der Soziologie." – *Gary Becker*, Der ökonomische Ansatz zur Erklärung menschlichen Verhaltens, Tübingen 1982, 6. Es sollte jedoch offensichtlich sein, daß eine Theorie der unbewußten Rationalität allenfalls als idealtypische Vereinfachung im Rahmen eines Erklärungsansatzes von Makrophänomenen akzeptiert werden kann, nicht jedoch zur Fundierung einer Mikrotheorie des *homo oeconomicus* und einer Theorie praktischer Rationalität. Zur Kritik des funktionalistisch-evolutionstheoretischen Ansatzes normativer und politischer Institutionen auf der Basis einer ökonomistischen Verhaltenstheorie vgl. *Karen I. Vaughn*, The Limits of Homo Economicus in Public Choice and in Political Philosophy, in: Analyse und Kritik 10, 1988, 161-180, insbes. 170ff.

[25] Auf diese Parallele hat mich Bernd Ludwig hingewiesen.

3. Eigeninteresse als axiologische Prämisse in der Moralphilosophie

Es ist offensichtlich, daß ein Begründungsansatz im Rahmen des ethischen Individualismus der Interpretation und Evaluation sozialer Institutionen entscheidende Bedeutung einräumen muß. Vor dem Hintergrund der Unterscheidung eines partikularistischen und eines universalistischen Standpunkts[26] stehen hinsichtlich der Bewertung sozialer Institutionen prinzipiell zwei Optionen offen: a) Soziale Institutionen sind in dem Maße und soweit legitim, als sie von personalem Vorteil sind; b) soziale Institutionen sind in dem Maße und soweit legitim, als ihre Einrichtung im individuellen Interesse liegt. Die erste Option wird wegen des *free-rider*-Problems höchstwahrscheinlich gar keine Institution legitimieren, sondern ist dezidiert anti-institutionalistisch.[27] Diese Option hat neben den Nachteilen der epistemischen Überforderung der Akteure, wie sie aus der Kontroverse Akt- versus Regel-Utilitarismus hinlänglich bekannt sind, den weiteren Nachteil, daß der individuelle Vorteil sich normalerweise in einer regel-orientierten Interaktions-Struktur besser verfolgen läßt, da die Handlungsweisen der Interaktionspartner in höherem Maße prognostizierbar sind: in diesem Sinn können Institutionen auch als Instrument der Reduzierung von Kontingenz verstanden werden.[28] Gerade zur Vermeidung sub-optimaler Ergebnisse in *Prisoners' Dilemma*(PD)-Situationen, die im Interesse aller Beteiligten liegt, scheinen institutionalisierte Handlungsanweisungen unumgehbar.[29] Auch Gauthiers letztlich tugend-ethisch zu verstehende Argumentation für eine Rationalität der *constrained maximization* in PD-Situationen kann als Institutionalisierung einer Verhaltensweise verstanden werden, obwohl diese Art der Internalisierung einer moralischen Norm in Form der Ausbildung einer Disposition keine organisationelle Implementierung benötigt.[30] Die Kritik der humeanisch-internalistischen Position in der Handlungserklärung hat jedoch gezeigt, daß die zweite Option nicht

[26] Zur Terminologie vgl. Anm. 11.

[27] Unter der meta-ethisch geforderten Voraussetzung, daß die Institution zumindest überwiegend oder manchmal zum Vorteil gereicht, stellt die Einrichtung/Erhaltung einer Institution ein Kooperationsproblem dar.

[28] Dies mag die Schwierigkeiten beleuchten, vor denen eine egoistische *Begründung* der Moralphilosophie steht, denn eine solche müßte notwendigerweise die partikularistische Perspektive einnehmen und insofern einen „Akt-Egoismus" begründen, den ich als durchaus irrational bezeichnen würde. Der Version eines Regel-Egoismus kommt wahrscheinlich Gauthiers kontraktualistische Moralphilosophie am nächsten, doch ist die egoistische Tendenz der Gerechtigkeitskonzeption Gauthiers eher Konsequenz als Programm seines moralphilosophischen Begründungsansatzes.

[29] Bereits Hobbes antwortet dem „Narren", der die erste Option vertritt, daß der Weise sein Glück nicht dem Zufall anvertraut; vgl. *Thomas Hobbes*, Leviathan, hrsg. v. Crawford B. MacPherson, Harmondsworth 1987, 204.

[30] Vgl. *David Gauthier*, Reason to Be Moral?, in: Synthese 72, 1987, 5-27, 19f. Gauthier vertritt in diesem Sinne einen normativen Internalismus, da er die Motivation zu moralischem Handeln unabhängig vom Bestehen externer Sanktionsmechanismen macht; doch ist dieser normative Internalismus gegenüber dem humeanischen Internalismus dadurch ausgezeichnet, daß er eine dezidiert anti-instrumentalistische Rationalitätskonzeption vertritt.

mit der explanatorischen Handlungstheorie konfligieren muß und damit das Motivationsproblem entschärft, vor dem rationalistische Moralphilosophien im Falle des Auseinanderfallens von rational gerechtfertigter Handlungsanweisung und rationaler personaler Vorteilsmaximierung stehen.

In der Tat sind sich die zeitgenössischen rationalistischen Moralphilosophen hinsichtlich des Regelcharakters der Moral weitgehend einig, doch ist mit dieser Klärung noch nicht viel gewonnen. Sehr viel schwieriger und wichtiger ist die Frage, welche Handlungsbereiche man rationalerweise institutionell koordinieren sollte und in welcher Form. Insbesondere stellt sich die Frage, ob Institutionen a) nur private Handlungen koordinieren sollen oder b) *auch* soziale Zustände, die sich aus individuellen Handlungen ergeben.[31] *Prima facie* scheint diese Differenzierung die geläufige Unterscheidung zwischen deontologischer versus konsequentialistischer Moralphilosophie nur zu wiederholen; auf den zweiten Blick wird jedoch deutlich, daß sich hier nicht die – im Rahmen eines institutionalistischen Ansatzes ohnehin zu vernachlässigende – Frage nach dem Kriterium des Moralischen stellt, sondern die Frage, welche „Weltausschnitte" als moralphilosophisch relevant zu betrachten sind. Welche Position eingenommen wird, hängt m. E. einerseits von bestimmten ontologischen oder explanatorischen *commitments* hinsichtlich der Interpretation komplexer sozialer Phänomene ab und präjudiziert andererseits die jeweilige Interpretation der Unparteilichkeitsnorm, worauf hier nur verwiesen werden kann.

Eine ausschließlich relativistische Interpretation subjektiver Werte *muß*, wie im Falle Gauthiers, dem wahrscheinlich konsequentesten Vertreter einer ökonomistischen Begründungstheorie, zu einer absolut minimalistischen akteur-orientierten Moral tendieren, da nur strukturelle Aspekte der Interaktionssituation für die Institutionalisierung von Handlungs- oder Rationalitätsbeschränkungen relevant sein können. Die Radikalität, mit der diese Interpretation das Paradigma des methodologischen Individualismus fortführt, ist zwar intellektuell beeindruckend, aber m.E. ist der resultierende subjektivitätstheoretische Atomismus wenig plausibel. Da eine inter-personelle oder inter-subjektive Verständigung und Begründung hinsichtlich der Bewertungen einzelner Güter oder sozialer Zustände im Rahmen einer relativistischen Wertetheorie theoretisch gar nicht möglich ist[32], ist es nur konsequent, wenn Gauthier alle nicht-PD-Interaktionssituationen unter das Modell eines den Gesetzen der *invisible hand* gehorchenden Marktes subsumiert und dieses Modell unter ein parametrisches (entscheidungs-theoretisches), nicht strategisches (spieltheoretisches) Rationalitätskonzept stellt.[33] Die Interaktionspartner werden von

[31] Die gleiche Differenzierung bildet einen Parameter der Klassifizierung rational choice-orientierter Theorien der Gerechtigkeit in *Johannes Schmidt*, Rational Choice Fundierungen von Gerechtigkeitsprinzipien, in: Analyse und Kritik 17, 1995, 167-182.

[32] Der Relativist ist hinsichtlich der Verwendung normativer Ausdrücke Vertreter einer Privatsprachentheorie; man könnte diese Verwendung normativer Ausdrücke auch emotivistisch interpretieren, doch schließen Gauthiers Anmerkungen hinsichtlich der Wohlüberlegtheit von Präferenzen diese Interpretation m. E. aus; vgl. *David Gauthier*, Agreement..., a.a.O., Abschnitt 2.2.

[33] Zur Unterscheidung des entscheidungstheoretischen Maximierungs- und spieltheoretischen Gleichgewichtskriteriums vgl. *Wolfgang Spohn*, How to Make Sense of Game Theory?, in:

Gauthier daher außerhalb der PD-typischen Entscheidungssituationen als Teil der physischen Welt behandelt, während die Anerkennung des Interaktionspartners als eines intentionalen, selbst Ziele und Werte verfolgenden Subjekts, auf den Bereich beschränkt wird, in dem die maximierende Rationalitätskonzeption scheitert. Diese Auffassung hat ganz entscheidende Konsequenzen für Gauthiers Interpretation der Gerechtigkeit als der internen Rationalitätsbedingung der Kooperation, da Gauthier die Rationalität *zur* Kooperation davon abhängig macht, daß die Verteilung des kooperativen *surplus* den individuellen relativen Kooperationsvorteil unter der Maßgabe maximiert, daß die unilateralen Ansprüche nicht die Kooperationsbereitschaft der Interaktionspartner untergraben. Relativ heißt hier: relativ zur Ausgangsposition des jeweiligen Akteurs in der Verhandlungssituation, und diese wird durch die Auszahlungen bestimmt, die er aufgrund eigener Anstrengungen – d. h. „auf dem Markt" – erzielen könnte, was wiederum abhängig ist von seiner individuellen „Faktor-Ausstattung", d. h. seinen natürlichen Fähigkeiten, Talenten und individuellen Ambitionen. Die rationale Unparteilichkeitsprämisse entdeckt sich daher als das Zugeständnis, den *Preis* zu respektieren, den das jeweilige Subjekt auf dem freien Markt erzielen könnte. Aber angesichts der Reduzierung der Interaktionspartner in nicht-PD-Situationen auf einen Bestandteil der natürlichen Welt ist es nicht erstaunlich, daß diese in Kooperationsinteraktionen ebenfalls nicht in anderer Form auftauchen als als Kosten.[34] Selbst als Kritik des wohlfahrtsstaatlich-orientierten Liberalismus scheint diese Fundierung des libertären Liberalismus sich in zweifacher Hinsicht ihres eigenen Fundaments zu berauben: Die Ökonomisierung des Liberalismus und die Vermarktwirtschaftlichung der gesamten sozialen Beziehungen unterminiert die normative Basis des Liberalismus selbst. In einer Welt atomisierter Individuen und rein privater interpersonaler Beziehungen sind weder politische noch ethisch-moralische Ansprüche relevant. In diesem Sinne gelingt Gauthiers Begründung der Moralität durch die Rationalität nur auf Kosten der Moral. Darüber hinaus stellt sich die Frage, wie ein Akteur in Gauthiers Konzeption sich in normativer, nicht in ontologischer Hinsicht überhaupt noch als Individuum verstehen und sein *Eigen*interesse verfolgen kann. Auch eine Verteidigung der Position des *non-Tuismus* muß dem Faktum gerecht werden, daß sich Präferenzen, Evaluierungsdispositionen und bestimmte Züge des eigenen Selbst-Verständnisses nicht atomistisch oder reduktionistisch erklären lassen.

Wenngleich eine rein relativistische Position wenig plausibel erscheint, verweist sie doch darauf, daß im Rahmen einer liberalen Theorie auch eine subjektivistische Interpretation von Werten, die diesen Werten intersubjektive Geltung zuspricht, dem Faktum und der Norm des Pluralismus subjektiver Werturteile gerecht werden muß. Insofern muß eine auf dem Eigeninteresse aufbauende oder das Eigeninteresse der Personen berücksichtigende Theorie eine Wahl treffen und materiale Aussagen

Fortsetzung Fußnote letzte Seite

Wolfgang Stegmüller/Wolfgang Balzer/Wolfgang Spohn (Hrsg.), Philosophy of Economics, Proceedings, Munich, July 1981, Berlin 1982.

[34] Diese radikale Interpretation scheint von Gauthier durchaus intendiert zu sein; vgl. *David Gauthier*, Agreement..., a.a.O., 18, Kap. 3 passim.

machen, welche Güter und/oder sozialen Strukturen im Eigeninteresse rationaler Personen liegen. Hinter dieser Überlegung steht die Idee, daß eine Theorie praktischer Rationalität nicht rein formal konzipierbar ist, sondern als Theorie rationalen Handelns die Bedingungen und Voraussetzungen menschlichen Handelns selbst thematisieren muß.[35] So verstanden kann die Interpretation, welche Güter ein rationales Eigeninteresse umfaßt, durchaus eine Liste privater und sozialer Güter festlegen, deren Sicherung rationale Akteure so große Priorität einräumen, daß sie diese nicht kontingenten Einflüssen überlassen, sondern institutionell absichern würden. Da die Menschen sich empirisch unterscheiden und nicht zu erwarten steht, daß ihre konkreten Ziele übereinstimmen, ist es sinnvoll, primär Güter zu betrachten, die die *Möglichkeit* eröffnen[36], eigene Interessen zu verfolgen, wie Rawls dies mit seiner Liste der sozialen Gründgüter getan hat[37], die einerseits Rechte und Freiheiten, andererseits materiale und soziale Güter umfassen. Die einzelnen Elemente dieser Liste haben eine langanhaltende Debatte ausgelöst, deren Kulminationspunkt den Stellenwert und die Reichweite personaler Rechte betrifft.

Robert Nozick[38] hat Rawls' Integration sozialer und vor allem wirtschaftlicher Rechte in den Regelungsbereich politischer Institutionen mit dem Einwand kritisiert, daß dies eine Verletzung der individuellen Freiheit der Personen darstelle, bzw. ihres Rechts auf autonome Selbstbestimmung. Ohne hier den normativen Status der natürlichen Rechte Nozicks debattieren zu müssen[39], baut seine Argumentation für den libertären Minimalstaat entscheidend auf der Kontrastierung einer Berechtigungstheorie (*entitlement theory*) vs. einer strukturellen Theorie (*patterned theory*) der Gerechtigkeit auf.[40] Die von Nozick vorausgesetzten Rechte beziehen sich ausschließlich auf den Bereich individueller Handlungen und umfassen, sofern personale Rechte in dieser Konzeption vor-gesellschaftlich verstanden werden, ausschließlich private Güter. Da Nozick darauf besteht[41], nur solche sozialen Zustände

[35] Vgl. dazu auch *Bernard Gert*, Rationality, Human Nature and Lists, Ethics 100, 1990, 279-300.

[36] Zu diesem Zweck ist es m. E. sinnvoll, nicht von Grenzsituationen auszugehen (der klassischen „Naturzustands"-Argumentation), sondern von den „Normalbedingungen" gesellschaftlicher Interaktion. Die Grenzzustandsargumentation hat den Vorteil, das Problem der interpersonellen Vergleichbarkeit subjektiver evaluativer Bewertungen zu umgehen. Sie hat den Nachteil, durch eine künstliche Beschränkung der Alternativen eine Hierarchisierungsmöglichkeit von Gütern zu suggerieren, die, wenn überhaupt, nur bedingt in Normalzustandsbedingungen transformierbar ist. Sofern man die in Betracht zu ziehenden Güter jedoch auf fundamentale Güter beschränkt – in der Literatur wird z. T. von „transzendentalen" Gütern gesprochen – scheint eine lexikographische Ordnung der Güter jedoch durchaus plausibel, und das Problem der interpersonellen Vergleichbarkeit daher vernachlässigungswürdig.

[37] *John Rawls*, Eine Theorie der Gerechtigkeit, Frankfurt a. M. 1975, Abschnitt 11.

[38] *Robert Nozick*, Anarchy, State, and Utopia, New York 1974.

[39] Nozicks Einführung der individuellen Rechte auf Selbsterhaltung, Eigentum und Rechtsdurchsetzung scheint ihnen einen objektiven Status zuzuschreiben, der allerdings schwer mit der *rational choice*-Argumentation im zweiten Teil seiner Theorie zu vereinbaren ist; daher würde ich dafür plädieren, sie als subjektivistisch, generell inter-subjektiv zu interpretieren. Die Frage der Plausibilität dieser normativen Prämissen bleibt davon in jedem Falle unberührt.

[40] Vgl. *Robert Nozick*, Anarchy..., a.a.O., Kap.7.

[41] Nozicks Argumentation gegen eine strukturelle Moraltheorie und die moralphilosophische Relevanz der Evaluation sozialer Zustände gewinnt einen Großteil ihrer Plausibilität aus der Unter-

als gerecht anzuerkennen, die aufgrund gerechter (inter-)individueller Handlungen entstanden sind, fallen Evaluierungen sozialer Zustände als moralphilosohisch irrelevant aus der Begründungstheorie heraus. Für Subjekte, die ihr Eigeninteresse gar nicht anders als in Form sozialer Interaktion und als Mitglieder einer Gesellschaft verfolgen können, scheint mir dieser Ausschluß problematisch: Unsere Stellung in der sozialen Umwelt beeinflußt unsere Handlungschancen und -optionen nur unwesentlich weniger als unsere natürliche Umwelt. Der völlige Ausschluß sozialer Zustände aus der Liste moralphilosophisch relevanter Güter scheint daher nur unter der Voraussetzung plausibel, daß die Subjekte soziale Zustände als weder willentlich gestaltbar noch willentlich beeinflußbar verstehen, was zwar im Bereich der Möglichkeiten individueller, nicht aber kollektiver Handlungen nachvollziehbar ist. In gewissem Sinne müßten diese Subjekte weite Bereiche des politischen Handelns und der interpersonellen Gerechtigkeit eher als „Passion" denn als „Praxis" begreifen.

Ihren auffälligsten Ausdruck findet diese Einstellung in der Bewertung der natürlichen Ausstattung der Akteure, die in den libertären Konzeptionen von Nozick wie von Gauthier den „sakrosankten" Status einer natürlichen personalen Rechtsquelle zugesprochen bekommt. Auch wenn man Rawls' Theorie der Sozialverpflichtung natürlicher Talente kritisch gegenübersteht, scheint er den richtigen Punkt zu treffen, wenn er die Gerechtigkeit als Gegenspieler der Lotterie der Natur konzipiert: Personale Rechte, insbesondere Eigentumsrechte, sind ebenso wie andere Gerechtigkeitsinstitutionen eine soziale Institution, deren normativer Stellenwert zwar von subjektiven Wertzuschreibungen abhängig ist, die aber gerade deshalb schwer naturalistisch konzipierbar sind. Gegen diese Auffassung erheben Nozick und auch Gauthier den Einwand, daß die natürliche Ausstattung der Personen aufgrund ihrer Unbeeinflußbarkeit durch (inter)individuelle Handlungen als gerechtigkeitstheoretisch irrelevant betrachtet werden muß, als zwar kontingent, jedoch nicht moralisch willkürlich.[42] Dies mag zwar für einige Aspekte oder Dimensionen der natürlichen Ausstattung zutreffen, doch weder für individuelle Vorteile aufgrund dieser natürlichen Ausstattung, die nur im Rahmen sozialer Kooperation erzielt werden können – z. B. Einkommen[43] –, noch auf Fähigkeiten, deren Ausbildung stark von sozialen Chancen und der sozialen Umwelt abhängt, z. B. Bildung. Vor diesem Hintergrund scheint die libertäre Konzeption dem inter-individuellen Dissens in der Bewertung sozialer Zustände übermächtigen Stellenwert beizumessen. Sofern die Naturalisierung der sozialen Umwelt und des Personenbegriffs die intersubjektive Geltung fun-

Fortsetzung Fußnote letzte Seite
stellung, daß nur eine prozedurale Theorie der Dynamik sozialer Produktions- und Allokationsprozesse gerecht wird. Doch dürfte deutlich sein, daß Institutionen der distributiven Gerechtigkeit nicht zu einer kontinuierlichen Umverteilung sozialer und materieller Güter führen müssen, sondern sich auf die Schaffung der Voraussetzungen zur und bestimmter Beschränkungen der individuellen Verfolgung solcher Güter beziehen können. – Im übrigen bewertet das hinter dem anti-konstruktivistischen *invisible-hand*-Modell stehende Kriterium der Effizienz ebenfalls soziale Gesamtzustände.

42 Vgl. *David Gauthier*, Agreement..., a.a.O., 86.

43 Vgl. *G. A. Cohen/Robert Nozick/Wilt Chamberlain*, How Patterns Preserve Liberty, in: John Arthur/William H. Shaw (Hrsg.), Justice and Economic Distribution, Englewood Cliffs 1978.

damentaler Güter und die Möglichkeit zu konstruktiver Interaktion aus dem Blick zu verlieren droht, restringiert sie den rationaler Gestaltbarkeit zugänglichen Bereich individueller und kollektiver Situationen und beschränkt damit m. E. den Bezugsbereich des Eigen*interesses* zu stark. Die Alternative kann freilich nicht darin bestehen, eine universelle oder kulturspezifische subjektivitätstheoretische Konzeption der „menschlichen Natur" zu entwickeln, die im Gegenzug eine objektivistische Wertetheorie zugrundelegt und die Orientierung am Kollektivwohl in den Vordergrund rückt. Doch sollte eine das Eigeninteresse der Subjekte berücksichtigende Begründungstheorie zumindest ihr Problemverständnis nicht vorschnell durch eine relativistische Zuspitzung der subjektivistischen Wertetheorie und ein monadisches Subjektivitätsverständnis verkürzen. In einer moralisch unvollkommenen Welt steckt das Eigeninteresse eine notwendige Bastion der Selbstverteidigung und Selbstbehauptung ab[44], aber ein rein auto-zentrisch interpretierter Begriff des Eigeninteresses sicherlich nicht das gesamte Feld der Gerechtigkeit.

4. Abschließende Bemerkungen

In Abschnitt 2 und 3 wurde der Versuch unternommen, auf einige Implikationen und *commitments* hinzuweisen, die m. E. in Argumentationen, die dem Eigeninteresse hohen Stellenwert zuweisen, berücksichtigt werden sollten. Dabei ging es mir hauptsächlich darum, auf zwei reduktionistische Tendenzen hinsichtlich der Interpretation des Begriffs aufmerksam zu machen: die Reduzierung des „Interesses" auf ein rein instrumentelles Verständnis der Rationalität und die Reduktion des Begriffsbestandteils „Eigen" auf ein Possessivpronomen. Die zweite Reduktion verkennt m. E. die subjektivitätstheoretische Dimension, die der Distinktion zwischen dem Selbst und den Anderen zugrundeliegt. Die Anerkennung des Eigeninteresses ist sicherlich Ausdruck für unsere (normative) Interpretation des Begriffs der Person und den Wert, den wir der Individualität zuschreiben. Darüber hinaus scheint das Eigeninteresse jedoch auch konstitutiv für unser *Selbst*verständnis als Person zu sein: Eine Person, die gar kein(e) Eigeninteresse(n) hat, hätte zu sich selbst ein rein instrumentelles Verhältnis, und es ist fraglich, inwieweit man unter diesen Bedingungen überhaupt von einem Selbst sprechen könnte. Gleichwohl gilt sicherlich, daß eine adäquate Theorie der Subjektivität sich nicht im Verweis auf die Aspekte der Individualität und Identität erschöpfen kann, sondern auch die sozialen Konstituenten des Selbst integrieren muß.[45]

Die erste Reduktion dagegen verkennt m. E., daß die Selbst-Situierung in unterschiedlichen Handlungs- oder Praxis-Kontexten, worunter auch Institutionen zu rechnen sind, (konstitutive) Bedeutung für unser Verständnis der Rationalität

[44] Diese Anregung verdanke ich Wolfgang Kersting.
[45] Vgl. z. B. *Susan Hurley*, Natural Reasons. Personality and Polity, Oxford 1989.

(*reasonableness*) von Handlungen hat. In primär am *rational choice*-Paradigma orientierten Theorien werden Institutionen entweder als externe *constraints* individueller Interessen- bzw. Nutzenverfolgung oder die Orientierung des Akteurs an institutionellen Vorgaben schlicht als Eigentümlichkeit seiner Präferenzen interpretiert. Während im ersten Fall philosophisch interessante Fragen ausgespart bleiben, was im Einzelfall durchaus berechtigt sein kann, degradiert der zweite Fall m. E. das handelnde Subjekt zu einem Pool letztlich willkürlich zusammenhängender Präferenzen und/oder Meta-Präferenzen, die unserem Selbstverständnis als uns zumindest zu Teilen in rationaler Weise selbst-organisierender „Wesen" wenig entspricht.[46] Partiell entsteht der Eindruck, daß um der Eleganz der Annahme eines uniquen Rationalitätskriteriums der Maximierung oder des *satisficing* willen unser Personalitätsverständnis ebenso verkürzt wie unser Rationalitätsverständnis beschränkt wird. Daher bestünde mein Gegenvorschlag darin zu untersuchen, inwiefern unsere Interpretation von und Selbst-Situierung in unterschiedlichen Handlungskontexten eine Differenzierung bereichsspezifischer Rationalitätskriterien im Rahmen einer Theorie praktischer Vernunft erlaubt.[47] Eine kohärenztheoretische Rekonstruktion unseres Verständnisses von Eigeninteresse, die den Begriff nicht vorschnell reduziert, sondern auch auf seine Voraussetzungen und Implikationen hin untersucht, könnte hierfür einen fruchtbaren Ausgangspunkt bieten. Denn wie Susan Hurley zutreffend bemerkt: „Theories" – und wie man ergänzen möchte: theoretical concepts – „are responsible to us, not we to them."[48]

[46] Wären wir dies nicht, wären z. B. weder Akrasia noch Selbst-Täuschung ein Problem für uns; vgl. *Amelie Oksenberg-Rorty*, Self-deception, Akrasia and Irrationality, in: Jon Elster (Hrsg.), The Multiple Self, Cambridge 1985, hier: 131.

[47] Genau dies scheint mir das Programm Kurt Baiers zu sein.

[48] *Susan Hurley*, Natural Reasons…, a.a.O., 383.

Julian Nida-Rümelin

Ökonomische Optimierung in den Grenzen struktureller Rationalität

Vielleicht weckt der Titel Erwartungen, die dieser Beitrag nicht erfüllen kann. Die notorisch unklare Konzeption *ökonomischer Optimierung* wird unklar bleiben, und der Terminus *Strukturelle Rationalität* wird nicht definiert. Das Ziel ist bescheidener. Auf einem schwierigen Terrain sollen Markierungen gesetzt werden, die die Rolle ökonomischer Optimierung im Rahmen einer umfassenderen Konzeption praktischer Rationalität abstecken. Diese umfassendere Konzeption – die Theorie struktureller Rationalität – beansprucht ganz unbescheiden, eine Antwort auf einige wohlbekannte Aporien des *homo oeconomicus* zu geben, ohne in einen aprioristischen Universalismus abzugleiten. Da diese Unbescheidenheit bei aufmerksamer Lektüre ohnehin nicht verborgen bleiben wird, ist es am besten, sich gleich von vornherein zu ihr zu bekennen. Es versteht sich jedoch von selbst, daß nicht beabsichtigt ist, diesen Anspruch auf den folgenden wenigen Seiten einzulösen.

Eine zweite *clausula salvatoria* ist angebracht. Die theoretische Ökonomie ist heute eine weitgehend mathematisierte Wissenschaft, die in dieser Hinsicht wohl nur von der theoretischen Physik übertroffen wird. Wenn der resultierende mathematische Barock auch hypertrophe Blüten treibt, muß sich die Theorie praktischer Rationalität gelegentlich dieser Mittel bedienen, um hinreichende Präzision und Klarheit zu erreichen. Im Mittelpunkt dieses Beitrags stehen jedoch philosophische Aspekte, die auch ohne formale Mittel diskutiert werden können.

Wir stellen uns die Frage, welche Rolle Regeln für Interaktionen spielen (Abschnitt 1) und welche Regeltypen zu unterscheiden sind (Abschnitt 2). Auf dieser Grundlage deutet sich an, daß eine angemessene Theorie praktischer Rationalität jenseits von *homo oeconomicus* und *homo sociologicus* angesiedelt ist (Abschnitt 3). Erst dies erlaubt es, Handlungsgründe adäquat zu rekonstruieren (Abschnitt 4). Damit ist der Rahmen abgesteckt, um das Verhältnis von ökonomischer Optimierung (Abschnitt 5) und struktureller Rationalität (Abschnitt 6) zu bestimmen.

1. Interaktionen

Wenn Menschen miteinander *interagieren*, beruht dies im allgemeinen auf einem geteilten Komplex von Regeln, zu denen Verhaltenskonformitäten, Erwartungen, Sprachäußerungen, Mimik und Gestik gehören. Die Möglichkeit, eine andere Person aufzufordern zu schweigen, indem man seinen Zeigefinger in einer bestimmten Weise zu den Lippen führt, besteht aufgrund einer Konvention, die der auffordernden Person ebenso bekannt sein muß wie dem Adressaten. Diese Konvention äußert sich nicht nur darin, daß unter Normalbedingungen der Adressat entsprechend reagiert, sondern ist auch von wechselseitigen Annahmen über Intentionen und Wissenszustände begleitet. Eine sorgfältige Interpretation dieses schlichten Beispiels einer Interaktion wirft eine Reihe tiefgehender philosophischer Fragen auf. Eine dieser Fragen ist, ob der Adressat schon allein mit der Kenntnis dieser Aufforderung einen guten Grund hat, dieser Aufforderung zu folgen, oder ob er darüber hinaus ein Motiv benötigt, das erst diesen guten Grund konstituiert. Eine spezielle Variante der zweiten Auffassung besagt, daß eine Person nur dann einen guten Grund hat, etwas zu tun, wenn sie im Augenblick der Handlung einen Wunsch hat, von dem sie glaubt, daß er durch diese Handlung (besser als durch jede andere Handlung) erfüllt werde. Wenn wir diese spezielle Variante der zweiten Auffassung als humesche Theorie praktischer Rationalität bezeichnen, dann wäre die Standardfassung ökonomischer Optimierung eine ihrer Spezialisierungen. Ich halte die erstgenannte Auffassung mit einigen Qualifikationen für die richtige. Eine Aufforderung konstituiert demnach unter Normalbedingungen einen guten Grund, ihr zu folgen. Ein naheliegender Einwand gegen diese Auffassung ist, daß man damit einer unabsehbaren Vielfalt guter Handlungsgründe Raum geben würde. Tatsächlich müßte man diesen Einwand ernstnehmen, wenn diese guten Handlungsgründe unvermittelt nebeneinander stünden und zwischen ihnen keine Abwägungen und Strukturierungen mehr möglich wären. Die Konzeption struktureller Rationalität ist eine Antwort auf diesen Einwand.

Interaktionen beruhen im Normalfall auf einer zumindest impliziten Verständigung auf bestimmte gute Handlungsgründe. Eine gelungene Interaktion findet statt, wenn – um zunächst beim Zwei-Personen-Fall zu bleiben – beide Interaktionsbeteiligten jeweils wechselseitig die gleichen Handlungsgründe anerkennen. Die Person, die ihren Zeigefinger zum Munde führt, meint, daß sie das Recht habe, die andere Person zum Schweigen aufzufordern, und daß die andere Person einen guten Grund habe, dieser Aufforderung zu folgen. Der Adressat ist (idealiter) der gleichen Überzeugung: Er meint, daß diese Person das Recht habe, ihn zum Schweigen aufzufordern, und daß er einen guten Grund habe, dieser Aufforderung zu folgen. Dritte Personen, die dieser Interaktion beiwohnen, werden (idealiter) ebenfalls zur gleichen (normativen) Auffassung gelangen: Sie werden davon überzeugt sein, daß die auffordernde Person dazu ein Recht hat und daß die aufgeforderte Person einen guten Grund hat, dieser Aufforderung zu folgen bzw. daß sie dieser Aufforderung folgen *sollte*. Wenn sich die Gemeinsamkeit auf die auffordernde Person und dritte Personen beschränkt, mag es sein, daß der Aufgeforderte der Aufforderung nicht nachkommt. Möglicherweise muß er daraufhin mit Sanktionen rechnen. Diese können sich im Bereich vermuteter Einstellungen bewegen, etwa der, daß er nun von den anderen für einen Rüpel gehalten werde, oder sich handgreiflicher – etwa in einer Eskalation von Pressionen – äußern. Es ist jedoch keineswegs selbstverständlich, daß der *gute Grund*, einer Aufforderung zu folgen, in der Furcht vor Sanktionen dieser Art besteht. Daß dies nicht selbstverständlich ist, ersieht man in zweierlei Hinsicht. Zum einen mag eine Person auch dann einer Aufforderung folgen bzw. – vollständiger beschrieben – der Auffassung sein, daß sie dieser Aufforderung folgen sollte *und* dieser Aufforderung folgen, wenn sie im Falle der Nichtbefolgung keinerlei Sanktionen befürchten muß. Zum zweiten ist die Motivbildung offensichtlich in vielen Fällen unabhängig von Sanktionserwartungen. Sanktionserwartungen spielen keine dominierende Rolle für die Ausprägung eines Handlungsmotivs, der entsprechenden Aufforderung zu folgen. Es ist die Aufforderung selbst, die motiviert.

Wenn wir nun versuchen würden, die jeweils konstitutiven Regeln, denen unterschiedliche Typen von Interaktionen folgen, zu analysieren, so würde sich ein immens komplexes System aufbauen, das den handelnden Personen jeweils nur zu einem winzigen Bruchteil bewußt ist und das bisher nur zu einem sehr geringen Ausmaß Gegenstand wissenschaftlicher Analyse geworden ist. Die für unsere Zwecke hilfreichste Form der Analyse interaktionskonstitutiver Regeln hat ihren Ursprung in der *Ordinary Language Philosophy* und insbesondere in der von John L. Austin begründeten Sprechakttheorie. Die dort initiierten und später in Einzelwissenschaften wie der Linguistik und der Sozialpsychologie fortgesetzten Untersuchungen haben die Vernetzung äußerer Verhaltensregularitäten mit wechselseitigen Erwartungen und Intentionszuschreibungen, aber auch die hohe irreduzible Komplexität unterschiedlicher Sprachhandlungstypen deutlich gemacht.

Ohne daß wir hier in eine kritische Würdigung der Einzelergebnisse dieser sprachphilosophischen und linguistischen Analysen gehen können, genügt zunächst die allgemeine Feststellung, daß (erfolgreiche) Interaktion auf Konformität mit bestimmten – oft komplexen und nur zum Teil analysierten – Regelsystemen beruht. Ein hohes Maß an Konformität mit diesen Regelsystemen ist Voraussetzung für das Funktionieren des gesellschaftlichen Interaktionsgefüges. Wir wären nicht in der Lage, mit anderen zu kommunizieren, unsere Handlungen aufeinander abzustimmen, auf Wünsche und Erwartungen zu reagieren, Handlungen anderer herbeizuführen, zu kooperieren und zu konkurrieren, wenn es nicht einen geteilten Bestand an Regelstrukturen gäbe, denen gegenüber wir uns (fast) alle in hohem Maße (d. h. in (fast) allen Fällen) konform verhalten. Wenn wir zusätzlich annehmen, daß irgendein stabiles Interaktionssystem für alle besser ist als kein Interaktionssystem, gibt es ein allgemeines Interesse an der Aufrechterhaltung dieser Regelkonformität. Selbstverständlich ist damit nicht ausgeschlossen, daß die gezielte Verletzung einzelner Regeln – Enttäuschung von Erwartungen, Provokation – im Einzelfall im eigenen und im allgemeinen Interesse sinnvoll sein kann, insbesondere dort, wo etablierte Regelsysteme mit Diskriminierung, Chauvinismus, illegitimen Machtstrukturen etc., d. h. mit Ungerechtigkeit verbunden sind. Jedoch setzen auch solche gezielten Regelverletzungen ein hohes Maß an Regelkonformität voraus, wenn diese Regelverletzungen in ihren Intentionen verstanden werden sollen und die jeweiligen Personen weiterhin als Interaktionspartner ernstgenommen werden möchten.

Das allgemeine Interesse an allgemeiner Konformität mit einem interaktionskonstitutiven System normativer Regeln bedingt natürlich kein je individuelles Interesse, sich selbst in allen Fällen konform zu verhalten. Dies hat folgende, auf den ersten Blick vielleicht paradox erscheinende Konsequenz: Individuelle Optimierung – hier zunächst im Sinne der Optimierung der jeweils eigenen Intereressen verstanden – senkt das Ausmaß an konformem Verhalten. Es kann hier offenbleiben, ob die hobbesianische These zutreffend ist, daß die allgemeine Absenkung der Konformität in einem anarchischen Gleichgewichtszustand endet. Es sei nur darauf hingewiesen, daß die hier üblicherweise vorgebrachten Gegenargumente sich auf spezifische Handlungsbedingungen beziehen, von denen erst noch festzustellen ist, ob sie tatsächlich angenommen werden können. Die Entstehung spontaner Ordnung aufgrund je individueller Optimierung ist ohne die Annahme zusätzlicher Determinanten wie Gruppen- oder Kulturselektion, Weitergabe von Verhaltensstrukturen über die Generationen hinweg, Transparenz der Interaktionspartner, hohe Stabilität der Interaktionsbeziehungen etc. nicht zu erwarten. Die Übertragung soziobiologischer Modelle auf die kulturell-normative Evolution mag durchaus sinnvoll sein, es ist jedoch zu beachten, daß damit Parameter in die Analyse eingehen, die nicht auf individuelle ökonomische Optimierung reduzierbar sind. Die Rekonstruktion bezieht sich dann auf konkurrierende Verhaltensdispositionen und normative Strukturen insgesamt oder gar auf Ausstattungen mit spezifischen Tugenden oder (genereller) Emotionen.[1] Ohne die Annahme solcher zusätzlichen Parameter spricht vieles für die Richtigkeit der hobbesianischen These: Individuelle Optimierung hat einen stabilen Gleichgewichtspunkt in Anarchie.[2] Wenn es zutreffend ist, daß je individuelle Optimierung einen Gleichgewichtspunkt in Anarchie hat, dann gilt *a fortiori*, daß je individuelle ökonomische Optimierung, also Optimierung im Hinblick auf bestimmte Güter, das Maß an interaktionskonstitutiver Regelkonformität suboptimal absinken läßt, wenn diese Regeln selbst nicht anderweitig gestützt sind. Eine dieser Stützungen ist die der externen Sanktionierung. Eine andere mag die des schlechten Gewissens sein (interne Sanktionierung). In modernen Industriegesellschaften ist die juridische Sanktionierung von besonderer Bedeutung – allerdings beschränkt sich diese auf die Stützung nur eines Teils der interaktionskonstitutiven Regelsysteme.

1 *Robert Frank*, Passions within Reason. The Strategic Role of the Emotions, New York/London 1988; dt. Übersetzung u. d. T. Die Strategie der Emotionen, München 1992.

2 Dies jedenfalls entspricht der kanonischen Analyse, vgl. *David Gauthier*, The Logic of Leviathan, Oxford 1969; dagegen *Jean Hampton*, Hobbes and the Social Contract Tradition, Cambridge, Mass. 1986, und *Gregory Kavka*, Hobbesian Moral and Political Theory, Princeton, N.J. 1986, sowie *Julian Nida-Rümelin*, Bellum omnium contra omnes – Eine Analyse des Hobbesschen Naturzustandskonzeptes, in: Wolfgang Kersting (Hrsg.), Leviathan lesen, Berlin i. E.

2. Regeln

Es ist sinnvoll, unterschiedliche Typen von interaktionskonstitutiven Regeln zu unterscheiden:

(1) Interaktion stützt sich auf und ist abhängig von Kommunikation. Auch wenn man Kommunikation selbst wiederum als eine spezifische Form des Handelns verstehen kann, so macht es doch wenig Sinn, jede Art von Handlung als eine Form der Kommunikation zu interpretieren. In der Sprachphilosophie werden *kommunikationskonstitutive* Regeln zu einem überwiegenden Teil unter dem Aspekt der Bedeutung sprachlicher Äußerungen diskutiert. Der Ansatz der sogenannten intentionalistischen Semantik verkoppelt dabei eine Minimaltheorie praktischer Rationalität insofern mit der Theorie der Bedeutung, als die Bedeutung sprachlicher Äußerungen im Kontext intentionalen Verhaltens analysiert wird, wobei die sprachliche Äußerung als Mittel des Sprechers interpretiert wird, beim Adressaten eine bestimmte Wirkung zu erreichen.[3] Regeln wie die der Wahrhaftigkeit und des Vertrauens gewinnen in dieser Analyse einen fundamentalen Status.[4] Während die intentionalistische Semantik versucht, den Begriff der (kommunikativen) Bedeutung selbst zu rekonstruieren, untersucht die Sprechakttheorie einzelne Sprachhandlungen im Hinblick auf die jeweils konstitutiven Regeln.[5] Ein Teil dieser Sprechakte spielt eine zentrale Rolle für moralisches Handeln. Der Sprechakt des Versprechens oder, etwas weiter, des Sichverpflichtens gegenüber anderen scheint in den meisten Kulturen eine wichtige Rolle zu spielen, und man kann den kontraktualistischen Ansatz der Ethik als einen Versuch verstehen, alle moralischen Verpflichtungen auf diesen Sprechakt zurückzuführen. Der Versuch John Searles, den naturalistischen Fehlschluß durch Ableitung von (moralischen) Verpflichtungen aus den normativen Konstitutiva von Sprechakten zu umgehen, zeigt, obwohl er letztlich nicht überzeugt, in wie hohem Maße unsere Interaktionen von den sprechaktkonstitutiven Regeln geleitet sind.[6] Wenn man diesem Reduktionsversuch nicht folgt, der letztlich in einer institutionistischen Ethik enden würde[7], wird man

[3] Dieser Ansatz wurde von Paul Grice initiiert, vgl. *Paul Grice*, Meaning, in: The Philosophical Review 66, 1957, 377-388, über zehn Jahre später fortgeführt in: *ders.*, Utterer's Meanings and Intentions, in: The Philosophical Review 78, 1969, 147-177. Eine umfassendere Darstellung bieten: *Jonathan Bennett*, Linguistic Behaviour, Cambridge 1976; *David Lewis*, Convention, Cambridge, Mass. 1969, und *Stephen Schiffer*, Meaning, Oxford 1972.

[4] Vgl. *David Lewis*, Languages and Language, in: Keith Gunderson (Hrsg.), Language, Mind, and Knowledge (Minnesota Studies in the Philosophy of Science, Bd. 7), Minneapolis 1975, 3-35.

[5] Grundlegend *John L. Austin*, How to do Things with Words, Cambridge, Mass. 1962 und *John R. Searle*, Speech Acts, London 1969; vgl. a. *Dieter Wunderlich*, Studien zur Sprechakttheorie, Frankfurt a. M. 1976.

[6] Vgl. *John Searle*, Speech Acts, a.a.O., Kap. 8.

[7] Vgl. *Rafael Ferber*, Das normative „ist" und das konstative „soll", in: Archiv für Rechts- und Sozialphilosophie 74, 1988, 185-199; *ders.*, Moralische Urteile als Beschreibungen institutioneller Tatsachen, in: Archiv für Rechts- und Sozialphilosophie 79, 1993.

sprechaktkonstitutive von moralkonstitutiven Regeln unterscheiden. Das diskursethische Projekt unterscheidet dabei zunächst zwischen Sittlichkeit und Moralität, um dann Moralität über Diskursnormen zu bestimmen. Auch wer die zentrale Rolle des Diskurses zur Begründung moralischer Normen anerkennt, muß nicht überzeugt sein, daß sich alle Aspekte der Moralität im Rahmen des diskursethischen Programmes angemessen rekonstruieren lassen.[8]

(2) Regeln spielen jedoch auch für die Konstitution der Person eine wesentliche Rolle. Wir verstehen das Verhalten einer Person nur, wenn dies Ausdruck bestimmter Einstellungen, zeitübergreifender Projekte und Bindungen ist. Wir schließen auf diese zugrundeliegenden Persönlichkeitsmerkmale jedoch aufgrund bestimmter Regelkonformitäten. Ohne solche Konformitäten würden wir einer Person multiple Persönlichkeitsmerkmale zuschreiben bzw. *a limine* ihre Person-Eigenschaft in Frage stellen.

(3) So, wie diese Regeln eine persönlichkeitskonstitutive Rolle spielen, so kann man von *gesellschaftskonstitutiven* Regeln sprechen, d. h. von Normen und Rollen, die sich in einer komplexen Struktur von Handlungsregeln äußern und die das gesellschaftliche Gefüge charakterisieren.

(4) Zuletzt sei der Typ der *juridischen* Regeln genannt, die vom Grundgesetz bis zur Vereinssatzung bestimmte Interaktionsstrukturen stabilisieren, sei es durch konventionelle Auswahl einer von zahlreichen denkbaren Kooperationslösungen oder durch externe Sanktionierung – meist in einer Kombination von beidem.

3. Jenseits von *homo sociologicus* und *homo oeconomicus*

Der *homo oeconomicus* achtet Regeln nicht um ihrer selbst willen; sofern er sich regelkonform verhält, ist dies Ausdruck optimierenden Verhaltens. Sofern Regeln – bzw. genauer allgemeine Regelkonformität – im Sinne des jeweiligen Optimierungsmaßes wünschenswert erscheinen, werden die einzelnen *homines oeconomici* Verfahren entwickeln, um solche Regeln zu etablieren und ihre Konformität durch Sanktionierung je individuell optimierend zu machen. Das Problem der Zerstörung von Ordnung durch allgemeines je individuell optimierendes Verhalten wird durch eine Veränderung der Auszahlungen bestimmter Handlungsstrategien angegangen. Es liegt auf der Hand, daß der *homo oeconomicus* nur hoffen kann, daß die Natur oder die Geschichte oder die Irrationalität seiner Mitmenschen dafür gesorgt hat, daß

[8] Vgl. *Jürgen Habermas*, Moralbewußtsein und kommunikatives Handeln, 3. Aufl., Frankfurt a. M., 1988; *ders.*, Erläuterungen zur Diskursethik, 2. Aufl., Frankfurt a. M. 1992; *Karl-Otto Apel*, Diskurs und Verantwortung, Frankfurt a. M. 1990; *Matthias Kettner*, Wie ist eine diskursethische Begründung von ökologischen Rechts- und Moralnormen möglich?, sowie *Konrad Ott* zum selben Thema, in: Julian Nida-Rümelin/Dietmar v. d. Pfordten (Hrsg.), Ökologische Ethik und Rechtstheorie, (Studien zur Rechtsphilosophie und Rechtstheorie, Bd. 10), Baden-Baden 1995.

der größte Teil des interaktions-, persönlichkeits- und gesellschaftskonstitutiven Regelsystems vorgegeben ist und nicht zum Gegenstand individueller Entscheidungen wird. Genetische Prädispositionen, Internalisierung moralischer Normen in der frühen Kindheit, gewohnheitsmäßige Verhaltensrepetition, mangelnde Aufmerksamkeit bezüglich der tatsächlich bestehenden Handlungsspielräume sind willkommene Kandidaten. Der *homo oeconomicus* kann nicht wünschen, daß Rationalisierung jede Ordnungsstruktur zerstört. Die Theorie praktischer Rationalität, die sich am Paradigma des *homo oeconomicus* orientiert, hat die irritierende Eigenschaft, daß nach den Standards dieser Theorie die allgemeine Befolgung ihres Rationalitätskriteriums nicht wünschenswert ist. Die Beschränkung von Rationalität ist (rational) geboten.

Der *homo sociologicus* dagegen ist das Produkt von Rollenmustern, Handlungsstrukturen und Regelkonformitäten. Rationalität gibt es für den *homo sociologicus* nur als Ausdruck von Verhaltenserwartungen, von Sanktionierung und Gratifikation. Rationalität ist demnach eingebettet in soziale Strukturen, und diese selbst können nicht zum Gegenstand der (rationalen) Beurteilung gemacht werden. Der *homo sociologicus* ist, so könnte man sagen, rationalitätsblind.

Der *homo oeconomicus* muß wünschen, daß er von *homines sociologici* umgeben ist. Je singulärer seine je individuelle Optimierung, desto kalkulierbarer das Verhalten der sozialen Umwelt und desto sicherer der Ertrag optimierenden Verhaltens. Die Ausbreitung des Typs *homo oeconomicus* auf Kosten des Typs *homo sociologicus* ist der Alptraum ökonomischer Analyse. Die Anzahl der spieltheoretischen Gleichgewichtspunkte im Hinblick auf das Kollektiv der *homines oeconomici* wächst mit ihrer Zahl, die Unterbestimmtheit von Kooperationslösungen nimmt zu, ja in einfachen Strategien – und nur dies steht normalen Akteuren unter normalen Umständen zur Verfügung – gibt es vielfach keine Gleichgewichtspunkte, so daß die wechselseitige Informiertheit über Handlungsziele zu unendlichen Regressen der wechselseitigen Erwartungen führen muß.

Homo sociologicus und *homo oeconomicus* haben einen komplementären Defekt: Für beide sind die strukturellen Charakteristika des Handelns nicht Gegenstand von Entscheidungen. Für den *homo sociologicus* sind die Rollenmuster und gesellschaftlichen Handlungsstrukturen äußerlich gegeben, sie bestimmen seine Person, die Bedeutung seiner Äußerungen, seine Interaktionen. Für den *homo oeconomicus* mag es in ungewöhnlichen Situationen die Möglichkeit geben, äußerliche Regeln zu setzen, etwa wenn Entscheidungen im Rahmen eines Gesetzgebungsverfahrens anstehen, ansonsten wird er in einer bestimmten Weise strukturell blind agieren. Er agiert selbstverständlich nicht strukturell blind im Hinblick darauf, daß er etablierte Regeln, d. h. die Rollenmuster und Handlungsstrukturen der *homines sociologici*, außer acht läßt, denn diese sind wesentliche Parameter für den Erfolg strategischen Handelns. Er ist auch nicht strukturell blind im Hinblick auf die Wünschbarkeit struktureller Bedingungen, und daher wird er – wenn ihm diese Optionen offenstehen – gelegentlich Akte der Selbstbindung unternehmen, d. h. Entscheidungen treffen, die seine Optimierungsspielräume beschränken und gerade daher optimierend sind.[9] Der *homo oeconomicus* ist jedoch insofern strukturell blind, als er eine Entscheidung niemals im Hinblick darauf trifft, daß diese Bestandteil einer wünschenswerten Struktur ist. Auch wenn das Bestehen einer Regel – d. h. ihre allgemeine Befolgung – im Interesse eines einzelnen *homo oeconomicus* ist, folgt daraus nicht, daß er sein Handeln an dieser Regel ausrichtet. Dies würde nur dann folgen, wenn die allgemeine Regelbefolgung von dieser individuellen kausal abhängig wäre. Der eigene Beitrag zum Maß der Konformität ist aber in den meisten Fällen zu gering, als daß er das individuelle Interesse, fallweise nicht konform zu handeln, überwiegen könnte.

4. Handlungsgründe

Es gibt eine Form der Rationalisierung des *homo sociologicus*, die Handlungsgründe als etwas gesellschaftlich Etabliertes versteht, die dem ethischen Raisonieren bestenfalls in dilemmatischen Situationen Spielraum gibt.[10] Zweifellos ist es zutreffend, daß die Abwägung guter Gründe nicht *ab ovo* neu konstruiert werden kann. Es gibt keine moralischen Vernunftprinzipien außerhalb des Systems normativer Überzeugungen und akzeptabel erscheinender guter Gründe. Aber diese sind nicht einfach gegeben, sondern geraten häufig genug miteinander in Konflikt, viele erscheinen zweifelhaft oder kontextabhängig, andere widersprechen fundamentaleren Normen etc., so daß allein der Zwang zu praktischer Kohärenz das ethische Raisonnement erzwingt. Dann aber führt die Abwägung guter *prima facie*-Gründe zur Wahl von Strukturen – Strukturen der eigenen Lebensführung und der Interaktion. Diese sind dann Ergebnis rationaler Abwägung und Entscheidung. Die Konformität der einzelnen Handlung mit diesen als Ausdruck akzeptierter guter Gründe interpretierbaren Strukturen wird zu einem konstitutiven Merkmal rationaler Entscheidung. Tatsächlich kann sich eine Person diesem Zwang der Einbettung ihrer Handlung in umfassendere Strukturen nicht widersetzen, ohne für ihre Mitwelt unverständlich zu werden.

Wer Gründe abwägt und nach Gründen handelt, bettet seine Handlungen *nolens volens* in Strukturen ein, denn ein guter Handlungsgrund muß sich auf bestimmte Charakteristika der jeweiligen Entscheidungssituation beziehen und für den Fall, daß diese erfüllt sind, bestimmte Handlungstypen als richtige auszeichnen. Sowohl die Charakterisierung dieser Situationen als auch die der angemessenen Handlungen muß sich auf Eigenschaften beziehen, die in allgemeinen Termini beschreibbar sind. Ein Teil guter Handlungsgründe wird durch einfache Regeln wiedergegeben, wie sie einfache konventionelle Moralauffassungen prägen (Sage die Wahrheit, Halte Deine

[9] Zahlreiche Beispiele dafür hat Jon Elster diskutiert in: *Jon Elster*, Ulysses and the Sirens. Cambridge, Mass. 1979; *ders.*, Sour Grapes, Cambridge, Mass. 1983, in Auszügen in deutscher Sprache übersetzt in: *ders.*, Subversion der Rationalität, Frankfurt a. M./New York 1987.

[10] Vgl. *Stephen Toulmin*, The Place of Reason in Ethics, London 1950.

Versprechen, etc.). Strukturen höherer Komplexität werden in der Sprache der Dispositionen, Einstellungen und Tugenden beschrieben. Abstraktere Handlungsregeln erfordern umfangreiches Faktenwissen, um die jeweils angemessene Handlung zu bestimmen (z. B. Verhalte Dich kooperativ). Hier ist jeweils erst zu klären, was kooperatives Verhalten ausmacht, und dazu ist es erforderlich, die ganze Vielfalt von Kooperationslösungen zu überblicken – in Abhängigkeit von den jeweiligen empirischen Rahmenbedingungen einschließlich der Handlungsfolgen bei bestehenden Erwartungen und etablierten Konventionen.

So wie rationale Überzeugungsbildung nur möglich ist, wenn der ganz überwiegende Teil unserer Überzeugungen nicht in Frage gestellt wird, so ist rationale Entscheidung für Handlungen im Hinblick auf ihre strukturelle Einbettbarkeit nur möglich, wenn der ganz überwiegende Teil der strukturellen Bedingungen unverändert bleibt. Auch wenn die das Kommunikationsverhalten leitenden Regeln im Hinblick auf eine bessere Verständigung modifiziert werden können, so ist es doch unmöglich, auch nur einen größeren Teil des Gesamtkomplexes kommunikationskonstitutiver Regeln zur Disposition zu stellen. Diesen Sachverhalt kann man sich ohne jede transzendentalistische Übertreibung dadurch klarmachen, daß jede wohlbegründete Modifikation ihre Fundierung in anderen, eben akzeptierten, Strukturen haben muß. Die rationale Person kann weder ihre Überzeugungen noch ihre Handlungen *ab ovo* neu begründen. Sie ist im System der Überzeugungs- und Handlungsgründe gefangen und kann dieses nur von innen heraus und *peu à peu* umbauen. Optimierung kann nicht von außen an dieses System herangetragen werden, sondern macht nur Sinn als Zusammenfassung der Abwägung von Gründen.[11] Auch das Streben nach bestimmten „ökonomischen" Gütern ist rational nur im Hinblick auf die Möglichkeiten, das eigene Leben und die Interaktionen mit anderen vernünftig zu gestalten.[12] Der Konflikt zwischen der konsequentialistischen Standardinterpretation des *homo oeconomicus* und der kohärentistischen Fassung moderner Nutzentheorie[13] hat einen tieferen Grund. Vernünftiges Handeln und Urteilen heißt Gründe gegeneinander abzuwägen, und das ist nicht dasselbe wie Güter gegeneinander abzuwägen. Die Kenntnis der Konsequenzen einer konkreten Handlung ist keine hinreichende Information, um zu bestimmen, ob gute Gründe für diese Handlung sprechen.[14]

[11] Den konsequentialistischen *Weighing Goods* stellt die Theorie der strukturellen Rationalität *Weighing Reasons* entgegen, vgl. *John Broome*, Weighing Goods, Oxford 1991.

[12] Vgl. dazu *John Rawls'* Theorie der Grundgüter, in: A Theory of Justice, Cambridge/Mass. 1971, dt.: Eine Theorie der Gerechtigkeit, Frankfurt a. M. 1975.

[13] Dieser Konflikt wird von mir genauer analysiert in: Economic Rationality and Practical Reason, Dordrecht i. E.

[14] Vgl. *Julian Nida-Rümelin*, Kritik des Konsequentialismus Konsequentialismus (auch konsequentialistisch), München 1993, Studienausgabe 1995.

5. Ökonomische Optimierung

Betrachten wir das paradigmatische Betätigungsfeld des *homo oeconomicus*. Vor unseren Augen agiert der kühle Geschäftsmann, der versucht, den Ertrag seines Unternehmens zu maximieren. Er beschäftigt eine Reihe von Mitarbeitern, die als *homines oeconomici* an der Maximierung ihres Einkommens und daher an raschem Fortkommen im Unternehmen interessiert sind. Das Unternehmen verkauft seine Produkte und tritt zu diesem Zweck in Kontakt mit Kunden, die an möglichst guten und preiswerten Produkten interessiert sind. Das Unternehmen benötigt zur Produktion bestimmte Güter, die von Zulieferern bereitgestellt werden. Nach kurzer Beobachtungszeit stellen wir schon eine große Vielfalt von Aktivitäten in unserem Aktionsfeld fest. In rascher Folge wird telefoniert, werden Vereinbarungen getroffen, Anweisungen gegeben, Berechnungen durchgeführt, Gegenstände überreicht, an Maschinen gearbeitet etc. Alle oben genannten Regeltypen spielen dabei eine Rolle: Die Regeln der Wahrhaftigkeit und des Vertrauens in den Kommunikationsprozessen; spezifischere Regeln, die bestimmte Sprechakte ermöglichen, wie die des Warnens, der Ankündigung usw.; Erwartungen, die den besonderen Merkmalen der jeweiligen Person gelten; Einhaltung von Rechtsnormen; Rücksichtnahme auf diejenigen, die gerade einen schlechten Tag haben, etc. Wenn wir das gesamte Geflecht von Regeln, die sich – wie wir oben gesehen haben – in unterschiedliche Konstitutionstypen aufteilen lassen, als Interaktionsstruktur zusammenfassen, dann steht außer Frage, daß das beobachtete Phänomen hoher Strukturkonformität eine unabdingbare Voraussetzung ökonomischer Optimierung darstellt. Wenn z. B. auch nur ein kleinerer Teil der Mitarbeiter dazu übergehen würde, jeweils nur das zu sagen, von dem sie glauben, daß es ihre eigene Situation optimiert, würde diese Interaktionsstruktur kollabieren, denn es ist nicht anzunehmen, daß in jedem einzelnen Fall, in dem eine Person das sagt, von dem sie überzeugt ist, daß es zutrifft (Regel der Wahrhaftigkeit), sie damit zugleich ihre ökonomischen Interessen optimiert. Es ist nicht plausibel anzunehmen, daß die Mitarbeiter dieses Unternehmens und der Geschäftsmann nicht anders können, als im Rahmen dieser Strukturen zu handeln. Die Verhaltensweisen sind viel zu variabel und zu komplex, als daß eine derart rigide Fixierung angenommen werden könnte. Da darüber hinaus die intentionale Steuerung des Verhaltens gerade in diesem – von Konkurrenz und Kooperation geprägten – Aktionsfeld eine wesentliche Rolle spielt, darf vermutet werden, daß die Personen in der Regel auch anders, und das heißt nicht konform, handeln könnten. Selbstverständlich gilt auch hier das oben Gesagte: Die Personen können nicht in umfassender Weise dysform handeln, da dies als Handlung nicht mehr verstanden würde. Idealisierend können wir dennoch annehmen, daß die Beteiligten in jedem Einzelfall dysform handeln könnten. Genaugenommen ist dies sogar Voraussetzung dafür, daß wir von einer intentionalen Steuerung sprechen können.

Wenn dieser Befund zutrifft, dann ist ökonomische Optimierung eine Funktion struktureller Rationalität und nur möglich im Rahmen von Strukturen, die selbst nicht als Ausdruck individueller ökonomischer Optimierung verstanden werden können.

6. Welche Grenzen?

Die bisherige Analyse hat sich der ethischen Stellungnahme weitgehend enthalten. Sie war im wesentlichen die Skizze einer handlungstheoretischen Rekonstruktion, die beansprucht, durch empirische Beobachtungen gestützt zu sein. Läßt sich darüber hinaus bestimmen, wo die Grenzen liegen, die diese Konzeption struktureller Rationalität für ökonomische Optimierung setzt? Die Antwort lautet: nicht konkret und im einzelnen, aber in Gestalt einer generellen Handlungsmaxime durchaus.

Die Grenzen ökonomischer Optimierung sind offensichtlich dort erreicht, wo sie Strukturen sprengt, die für erfolgreiche Kooperation unverzichtbar sind. Die ganze Batterie oben aufgeführter Typen von konstitutiven Regelsystemen spielt dabei eine jeweils im Einzelfall genauer zu bestimmende Rolle. In jüngster Zeit ist das Phänomen des wechselseitigen Vertrauens auch im Hinblick auf den ökonomischen Erfolg Gegenstand einer heftigen Diskussion geworden.[15] Da Kooperation nur möglich ist, wenn wechselseitig zutreffende Erwartungen bestehen und die Interaktionspartner einem gemeinsamen Hintergrundwissen und gemeinsam akzeptierten Regeln folgen, lassen sich die Grenzen struktureller Rationalität in der Regel nicht auf das Individuum bezogen bestimmen. Ein gemeinsames Hintergrundwissen und gemeinsame wechselseitige Erwartungen können durch spezifische kulturelle und gesellschaftliche Kontexte geprägt sein, sie können aber auch durch die konkrete Erfahrung der Kooperation zwischen Personen in kurzer Zeit entstehen. Diese jeweiligen Etablierungen erfahren daher eine normative Kraft, die die große Vielfalt unterschiedlicher Lösungen des gesellschaftlichen Kooperationsproblems verstehen läßt. Ökonomische Optimierung kann nicht nur kurzfristig aufgebaute interpersonale Vertrauensverhältnisse zerstören, sondern auch umfassende kulturell-gesellschaftlich etablierte Kooperationsstrukturen. Es gibt daher die ethisch begründete Pflicht, ökonomische Optimierung nicht über die Grenzen hinaus zu treiben, jenseits derer die Grundlagen zerstört werden, auf denen das gesellschaftliche Interaktionsgefüge insgesamt erst gedeihen kann. Es ist daher nicht zu fragen, ob die einzelne Handlung bestimmte kausale Folgen dieser Art nach sich zieht, sondern ob die einzelne Handlung sich strukturell angemessen einbetten läßt. Rationale Menschen wählen ihre Handlung im Hinblick auf Strukturen ihres Lebens und der Gesellschaft, der sie angehören; sie haben gelernt, punktuelle Optimierung auf ein strukturkonformes Maß zu begrenzen, und daher fällt es ihnen leicht, auch im besonderen Fall der ökonomischen Optimierung die Grenzen struktureller Rationalität zu wahren.

[15] Vgl. *Robert D. Putnam*, Making Democracy Work, Princeton, N. J. 1993. Eine sorgfältige Analyse bietet *James Coleman*, Foundations of Social Theory, Cambridge, Mass. 1990, vgl. besonders Bd. 1, § 5.

Karl Reinhard Lohmann

Moralische Überzeugung und wirtschaftliche Wahl

1. Einleitung

Man kann mit Niklas Luhmann der Meinung sein, daß Wirtschaftsethik zusammen mit der Staatsräson und der englischen Küche zu jener Sorte von Erscheinungen gehöre, die in der Form eines Geheimnisses auftreten, weil sie geheimhalten müssen, daß sie nicht existieren.[1] Während es beim Wirtschaften in dieser leider unvollkommenen Welt der knappen Ressourcen darum gehe, unter gegebenen Bedingungen das jeweils Beste aus einer Situation zu machen, so ungefähr Luhmanns These, würde sich normative Ethik mit idealen moralischen Regeln beschäftigen, aus denen keine zustimmungsfähigen Handlungsanweisungen abzuleiten seien. Moralische Entscheidung und rationale Wahl seien grundsätzlich unabhängig voneinander. Allerdings erfreut sich Wirtschaftsethik im Gegensatz zur englischen Küche einiger Nachfrage. Warum kann es für Ökonomen interessant sein, sich mit Ethik zu beschäftigen? Es gibt mindestens vier Gründe:[2] Erstens beeinflussen die moralischen Überzeugungen einer Person ihr Verhalten. Das gilt auch für Wirtschaftssubjekte. Wenn also Ökonomen Aussagen über Märkte machen wollen, müssen sie sich auch mit Moral beschäftigen. Zweitens werden in der Wohlfahrtsökonomik normative Annahmen über erwünschte Zustände eingeführt, die auch moralisch relevante Fragen betreffen. Es ist umstritten, welche Bedeutung Fragen der Güterverteilung bei der Bewertung einer Situation haben.[3] Drittens muß ökonomische Politikberatung mit solchen normativen Überzeugungen kompatibel sein, die auch in pluralistischen Gesellschaften Regeln des Zusammenlebens konstituieren, indem bestimmte Handlungen durch Gesetze sanktioniert werden.[4] Viertens schließlich sind positive und normative Ökonomik nicht eindeutig unterscheidbar, so daß auch für Arbeiten in der positiven

[1] *Niklas Luhmann*, Wirtschaftsethik – als Ethik?, in: Josef Wieland (Hrsg.), Wirtschaftsethik und Theorie der Gesellschaft, Frankfurt a. M. 1993, 134-147.

[2] *Daniel M. Hausman/Michael S. McPherson*, Taking Ethics Seriously: Economics and Contemporary Moral Philosophy, in: Journal of Economic Literature 32, 1993, 671-731, insbes. 673.

[3] *Ulrich Ebert*, Beiträge zur Wohlfahrtsökonomie – Effizienz und Verteilung, Berlin 1987.

[4] *Ingo Pies*, Normative Institutionenökonomik – Zur Problemstellung eines Forschungsprogramms demokratischer Politikberatung, in: Zeitschrift für Wirtschaftspolitik 44, 1995, 311-340.

Ökonomik Kenntnisse der Ethik hilfreich sein können. In diesem Beitrag diskutiere ich ein Problem, das im Zusammenhang mit dem ersten Punkt auftritt.

Im ökonomischen Standardmodell wird mit dem *homo oeconomicus* ein eigenartiger Homunkulus eingeführt. Das Wirtschaftssubjekt ist ein Nutzenmaximierer, der unter sich verändernden Umweltbedingungen aus einer Menge möglicher Handlungen jeweils die für sich beste Alternative wählt. Weder der strikte Subjektivismus noch die Kontextbezogenheit des formalen Modells scheinen *prima facie* mit moralischen Entscheidungen kompatibel – das gilt zumindest dann, wenn man sich nicht auf eine utilitaristische Position festlegen will. Es gibt allerdings Versuche, das formale bayessche Modell so zu erweitern, daß auch moralische Interpretationen möglich sind. In einem ersten Teil dieses Beitrages diskutiere ich einige Eigenschaften des Entscheidungskalküls, die man bei diesen Versuchen beachten muß. In einer zu weiten Interpretation wird das Modell gegen Einwände immunisiert. Anschließend stelle ich vier Modelle vor, die auf je unterschiedliche Weise moralische Überzeugungen berücksichtigen. Diese vier Versuche stützen sich auf die Ergebnisse einer empirischen Untersuchung über „Werte und Entscheidungen im Management“. In einem letzten Abschnitt werde ich versuchen, die Relevanz dieser Überlegungen für die angewandte Wirtschaftsethik aufzuzeigen. Bei meiner Diskussion unterscheide ich nicht streng zwischen einem deskriptiven oder explanatorischen und einem normativen Anspruch der entscheidungstheoretischen Modelle. Auf der einen Seite gilt es gerade zu prüfen, in welcher Weise das Standardmodell ökonomischer Entscheidungen normative Interpretationen zuläßt. Auf der anderen Seite haben auch normative Modelle in dem Sinn einen explanatorischen Anspruch, als behauptet wird, daß die moralisch ausgezeichneten Handlungen von rationalen Personen umgesetzt werden können.

2. Bayesscher Konsequentialismus in der Ökonomik

In dem neoklassischen Standardmodell der Ökonomik wird das *prima facie* plausible bayessche Modell rationaler Wahlhandlungen übernommen: Wirtschaftssubjekte verhalten sich so, als ob sie mit der Wahl ihren erwarteten Nutzen – den Nutzenerwartungswert ($E(u)$) – maximieren. Sie ordnen die Menge der Handlungsmöglichkeiten gemäß ihrer Präferenzen. Eine Nutzenfunktion ist eine numerische Repräsentation der Präferenzordnung, wobei in einer probabilistisch erweiterten Welt die Nutzenwerte der Konsequenz einer Handlung mit ihrer Eintrittswahrscheinlichkeit gewichtet werden. Diese Nutzenfunktion wird im Standardmodell unter zu spezifizierenden Nebenbedingungen oder Restriktionen maximiert.[5] In einer Welt knapper Ressourcen schränken die Budgetrestriktion und die

[5] Ich sehe hier von allen formalen Problemen dieses ökonomischen Modells ab. Insbesondere läßt sich zeigen, daß die ökonomische Standardinterpretation der Bayesschen Entscheidungsregel nicht mit der Theorie der Präferenzordnung logisch äquivalent ist, siehe dazu *Julian Nida-Rümelin*,

Preise der Güter die Wahlhandlungen der Wirtschaftssubjekte ein. Weil der Begriff des Nutzens nur formal über den Begriff der Präferenz definiert ist, sind mit dieser Annahme keine weitgehenden Folgerungen verbunden: Ob der Besitz von materiellen Gütern nützlicher ist als moralische Reputation bleibt unentschieden.[6] Diese Eigenschaft der bayesschen Entscheidungstheorie hat dazu geführt, daß das *homo-oeconomicus*-Modell auch über den engen Bereich wirtschaftlicher Transaktionen hinaus angewandt wird, um Wahlhandlungen von Personen zu beschreiben.[7] Dabei ist zu beachten, daß das Modell in einer weiten trivialen Interpretation gegen Einwände immunisiert wird: Es ist immer irgendwie zutreffend, daß Personen solche Handlungen wählen, die ihnen irgendwie nützen. In einer Vielzahl von Fällen sind Eigenschaften für die Wahl einer Handlung relevant, die nicht sinnvoll in das bayessche Kalkül integrierbar sind. Die Anwendung des einfachen bayesschen Modells zur adäquaten Beschreibung von Handlungen setzt mindestens folgende Eigenschaften der Wahlhandlung voraus: (1) Die Entscheidungsregel ist als Maximierungsregel rekonstruierbar. (2) Handlungen werden ausschließlich aufgrund ihrer Konsequenzen bewertet. (3) Es liegt eine subjektive Bewertung der Konsequenzen alternativer Handlungen vor.[8] (4) Das Modell bleibt auf eine strikt non-kognitivistische Interpretation von Präferenzen beschränkt. Ich werde diese Eigenschaften in den folgenden Absätzen diskutieren.

Die Nutzenfunktion ist eine numerische Repräsentation der Präferenzordnung. Jedes Individuum verhält sich so, als sei es in der Lage, für eine Alternativenmenge X eine Auswahlfunktion C so zu definieren, daß für jede Menge $S \subset X$ eine nicht leere Auswahlmenge $C(S)$ angegeben werden kann. Die Präferenzrelation zwischen Handlungsalternativen ist über C bestimmt. Interpretiert man $C(S)$ als (beste) Wahl einer Person, dann hat man diese Präferenzrelation auf das Entscheidungsverhalten einer Person zurückgeführt.[9] Für die Nutzenfunktion gilt eine einfache Entscheidungsregel: Personen maximieren ihren Nutzen. Man könnte der Meinung sein, daß die Nutzenmaximierungs-Regel im Vergleich mit alternativen Entscheidungsregeln unplausibel sei; alternative Entscheidungsregeln sind: (1) Die Maximin-Regel, nach der jene Handlung gewählt wird, die unter den schlechtesten zu erwartenden Umständen den höchsten Nutzenwert ausweist. (2) Die Maximax-Regel, derzufolge die Handlung zu wählen ist, die unter den besten zu erwartenden Umständen die besten Konsequenzen hat. (3) Die Regret-Regel, bei der jene Handlung bevorzugt

Fortsetzung Fußnote letzte Seite

Kritik des Konsequentialismus (i. F. KdK), München 1993, 36-45; *Karl Reinhard Lohmann*, Die Bedeutung von Institutionen – Modelltheoretische Überlegungen, in: Birger P. Priddat/Gerhard Wegner, Zwischen Evolution und Institution, Marburg 1996.

6 *Martin Hollis/Robert Sugden*, Rationality in Action, in: Mind 102, 1993, 1-35.

7 Vgl. *Gary S. Becker*, A Treatise on the Family, Cambridge 1981; *Fritz W. Scharpf/Martin Mohr*, Efficient Self-Coordination in Policy Networks – A Simulation Study, Max-Planck-Institut für Gesellschaftsforschung Discussion Paper 94.1, Köln 1994

8 Das gilt natürlich auch dann, wenn die subjektive Bewertung des Nutzens probabilistisch gewichtet wird und objektive Eintrittswahrscheinlichkeiten, z. B. auf der Grundlage langjähriger Wetterbeobachtungen, zugrundegelegt werden.

9 *Thomas Schmidt*, Rationale Entscheidungstheorie und reale Personen, Marburg 1995, 28-29.

wird, bei der das maximale Bedauern, das heißt die Differenz zur höchsten erreichbaren Auszahlung, minimiert wird.[10] (4) Eine *Satisfizing*-Regel, bei der das Individuum ein Anspruchsniveau festlegt, das mindestens überschritten werden muß. Zwischen den Alternativen, deren Nutzenerwartungswert höher oder gleich dem Anspruchsniveau ist, ist ein Satisfizierer indifferent.

Diese Entscheidungsregeln lassen sich auf zweierlei Weise interpretieren. Folgt man einer deskriptiven Interpretation, kann man sagen, daß es sich um Rekonstruktionen beobachtbarer Wahlhandlungen handelt. Man würde dann vielleicht sagen, daß die Regeln (1) und (2) das Verhalten einer Person gegenüber Risiken beschreibt; Individuen können risikoavers oder risikofreudig sein. Regel (3) läßt sich als eine Art Nachentscheidungs-Dissonanz verstehen; es scheint so, als ob sich die Person über relative Verluste besonders stark ärgern würde. Folgt man einer normativen Interpretation, muß man Begründungen angeben können, warum eine rationale Person einer der Regeln folgen sollte. Analog zu der deskriptiven Interpretation würde man Personen, die in besonderer Weise risikoavers oder -freudig sind, Regel (1) oder Regel (2) empfehlen und Personen mit Nachentscheidungs-Dissonanzen Regel (3) nahelegen. Wir sehen, daß die Regeln (1) – (3) spezifischer Informationen über die wählende Person bedürfen. Alle diese Informationen sind bereits in der Auswahlfunktion eines Individuums enthalten, so daß die Anwendung einer der Regeln diese Informationen über Risiko oder Nachentscheidungs-Dissonanzen doppelt gewichten würde. Es scheint, daß ausschließlich die Nutzenmaximierungs-Regel mit Rekurs auf die Kohärenzkriterien der Präferenz-Theorie begründet ist. Will man Regel (4) empfehlen, muß man begründen, warum Personen auf die Möglichkeit zusätzlicher Gewinne verzichten sollten.

Mit der Vorstellung, daß Präferenzordnungen adäquat in Nutzenfunktionen übersetzbar sind, hat man sich mit der ökonomischen Standardinterpretation auf eine konsequentialistische Interpretation der Theorie rationaler Entscheidung festgelegt.[11] Eine Theorie heißt konsequentialistisch, wenn sie genau ein Ordnungskriterium für alternative Weltzustände angibt: Es ist geboten, die Handlung auszuführen, die den besten erreichbaren Weltzustand zur Folge hat. Die Unterscheidung zwischen konsequentialistischen und nicht-konsequentialistischen Theorien ist also nicht äquivalent zu der Unterscheidung zwischen teleologischen und deontologischen Theorien. Während der Konsequentialismus auf dem bayesschen Rationalitätsmodell basiert und keine Aussage über die Beziehung zwischen dem Rechten und dem Guten präjudiziert, unterscheiden sich teleologische und deontologische Ethiken in bezug auf das Entscheidungskriterium zwischen alternativen Weltzuständen. Teleologische Theorien definieren das Rechte als Maximierung eines außermoralischen Guten. Um Handlungsalternativen in einer Nutzenfunktion intrapersonell vergleichen zu können, bedarf es eines (sic) gemeinsamen Vergleichsmaßstabes, eines *Numéraires*.

[10] Bei der Regret-Regel wird zunächst die Ausgangsmatrix in eine Regret-Matrix umgeformt, indem für jede Handlung und für jeden Zustand die Differenz zur besten erreichbaren Auszahlung berechnet wird. Auf die so modifizierte Matrix wird die Maxmin-Regel angewandt.

[11] Zur Kritik an dieser Vorstellung vgl. Anm. 5. Hier diskutiere ich nur die ökonomische Standardinterpretation.

Zwar können ganz unterschiedliche Eigenschaften der alternativen Handlungen berücksichtigt werden, aber alle Eigenschaften sind in einem Maßstab miteinander zu vergleichen. Betrachten wir z. B. die beiden Handlungen h_1 und h_2, deren Nutzenerwartungswerte identisch sind, $E(u_1)= E(u_2)$. h_1 sei mit einer starken Ungleichverteilung von Gütern zwischen den Mitgliedern einer Gesellschaft verbunden. Wenn die bewertende Person diese moralisch relevante Eigenschaft wichtig findet, weist sie ihr einen Nutzenwert zu, der mit allen anderen Eigenschaften der Handlungen verrechnet wird – Gerechtigkeit hat keinen anderen Status als z. B. Geschmack- oder Farbeigenschaften. In diesem Fall ist der Nutzenwert von „Gerechtigkeit" bereits in die Beurteilung der beiden Handlungen eingegangen. Werden Gerechtigkeitskriterien nicht in der Bewertung der Handlungsalternativen berücksichtigt, können sie auch bei der Wahl zwischen gleichgewichteten Handlungen keine Rolle spielen. Eine solche Modellierung erlaubt nicht, die Vorstellung unverletzlicher Persönlichkeitsrechte oder zu vermeidender Ungerechtigkeit darzustellen.

Man könnte dagegen einwenden, daß Rechte oder Gerechtigkeitsvorstellungen mit einem prohibitiv hohen Nutzenwert anzusetzen seien, so daß sie unabhängig von allen anderen Konsequenzen auf jeden Fall handlungsleitend wirkten. Eine solche moralische Interpretation des konsequentialistischen Nutzenkalküls ist formal möglich. Der Preis dieser weiten Interpretation ist eine Trivialisierung des Modells. Erstens lassen sich in der weiten Lesart alle möglichen Handlungen durch das Modell erklären; es ist also gegen Einwände immunisiert. Lassen wir eine prohibitiv hohe Bewertung einzelner Eigenschaften von Handlungen zu, sind beobachtete Handlungen nicht eindeutig einer Präferenzordnung der handelnden Person zuzuordnen. Es ist möglich, daß unter den gegebenen Eintrittswahrscheinlichkeiten eine Wahl der Person besonders vorteilhaft erscheint oder daß Ausschlußeigenschaften aufgrund des Prohibitivnutzenwertes für eine Wahl entscheidend sind. Die Pointe des bayesschen Kalküls und die Grundlage der Anwendung auf ökonomische Märkte liegt in dem kontext-sensitiven Design der Entscheidungsregel. Der *homo oeconomicus* sucht seinen Vorteil in Abhängigkeit von den je gegebenen Umständen einer Entscheidung. Zweitens verstößt eine solche Ausweitung des Modells gegen die internalistische Theorie der Motivation, die ihm zugrundeliegt. Rechte anderer Personen oder Gerechtigkeitserwägungen stellen einen anderen Typus von Handlungsgründen dar als subjektive Bedürfnisse der Person. Die Vorstellung, daß Präferenzen direkt handlungsleitend seien, legt Vertreter des bayesschen Entscheidungskalküls auf eine humesche Theorie der Motivation fest. Daraus folgt drittens eine strikt subjektivistische Interpretation der Auswahlfunktion. Personen entscheiden aufgrund ihrer – vielleicht wohlverstandenen – Eigeninteressen, welche Entscheidung sie unter den gegebenen Umständen fällen wollen. Rechte anderer Personen oder Gerechtigkeitserwägungen können nur im Rahmen dieser subjektivistischen Interpretation in das Entscheidungskalkül integriert werden.[12] Das entspricht aber

[12] Das unterscheidet die ökonomische Interpretation des bayesschen Kalküls von der utilitaristischen Variante, die mit der Fiktion des unparteiischen Beobachters einen objektiven Bewertungsmaßstab

gerade nicht der Weise, wie wir im allgemeinen von Rechten anderer Personen oder der Bedeutung von Gerechtigkeitserwägungen für Entscheidungen reden.

Wenn wir über moralisch relevante Eigenschaften von Handlungen sprechen, verbinden wir damit den Anspruch, bestimmte Verhaltensweisen in besonderer Weise auszuzeichnen. Verzichtet man auf die Vorstellung der Letztbegründbarkeit, kann man versuchen, eine Handlung mit Gründen vor alternativen Handlungen auszuweisen. Für diese Art der schwachen Begründungen in der Ethik rekurrieren wir auf eine Vielzahl guter Gründe, die diskutiert und bewertet werden müssen.[13] Diese Bewertung von Gründen unterscheidet sich von der Bewertung, die mit der Präferenzordnung vorgenommen wird. Der einheitliche subjektive *Numéraire* ist nicht begründungsfähig. Lassen wir dagegen eine Vielzahl von Gründen zu, ist die Auswahl begründungsbedürftig. Mit dem bayesschen Entscheidungskalkül legen wir uns auf eine non-kognitivistische Interpretation der Wahlhandlung fest.

Das *homo-oeconomicus*-Modell mag in einem engen Bereich von Wahlhandlungen adäquate Beschreibungen von Entscheidungen liefern. Personen, die sich zwischen dem Kauf von Margarine oder Butter entscheiden, verhalten sich so, als ob sie dem Bayesschen Kalkül folgten. Man kann versuchen, auch andere als solche Butter-Margarine Entscheidungen mit diesem Modell zu beschreiben. Man sollte dann im Rahmen der oben diskutierten Eigenschaften des Modells bleiben – sonst setzt man sich dem Vorwurf der Trivialisierung des Modells und einer fragwürdigen Immunisierungsstrategie aus.

3. Modifikationen der Entscheidungstheorie

In einer Studie zur Integration von Werten in Entscheidungen[14] wurde bei einer Befragung von Managern und Managerinnen festgestellt, daß auch für ökonomische Entscheidungen eine Vielzahl von Entscheidungskriterien angegeben werden. Die Frage nach für ihre Entscheidungen relevanten Werten beantworteten die Befragten sowohl mit dem Verweis auf explizit moralische Überzeugungen, z. B. Gerechtigkeit oder Ehrlichkeit, als auch mit Verweis auf individuelle Wertvorstellungen, z. B. die eigene Gesundheit. Es wurden ganz unterschiedliche Begriffe als Wert bezeichnet.[15]

Fortsetzung Fußnote letzte Seite

einführt, s. *Frank Hahn*, On some Difficulties of the utilitarian Economist, in: Amartya Sen/Bernard Williams (Hrsg.), Utilitarianism and beyond, Cambridge 1982, 187-198.

[13] Vgl. zu dem Programm schwacher Begründungen in der Ethik *Julian Nida-Rümelin*, Begründungen in der Ethik, in: Logos 1/3, 1994, 306-320, und *Ernst Tugendhat*, Zum Begriff und zur Begründung von Moral, in: Clemens Bellert/Ulrich Müller-Schöll, Mensch und Moderne, Würzburg 1989, 145-165. Zur Pluralität guter Gründe s. *Julian Nida-Rümelin*, Die Vielfalt guter Gründe und die Theorie praktischer Rationalität, in: ProtoSoziologie, 1994, 95-103.

[14] *Karl Reinhard Lohmann/Thomas Schmidt* (Hrsg.), Werte und Entscheidungen im Management, Marburg 1996.

[15] In der schriftlichen Befragung wurden 126 Begriffe genannt; dabei fanden sich so unterschiedliche wie Arbeitplatzsicherheit, Familiensinn, Schönheit und Zuverlässigkeit.

Gemeinsam ist all diesen Begriffen, daß sie für Einstellungen von Personen stehen und zur Erklärung von Wahlhandlungen angeführt werden können. Sie sind eine Art Interpretationskonstrukte, die der normativen Selbstbeschreibung, zur Erklärung von Wahlhandlungen und der Rechtfertigung dienen.[16] Diese Verwendungsweise von „Wert" ist schwächer als eine Verwendungsweise, in der Werte analog zu natürlichen Eigenschaften einer Person aufgefaßt werden. In dieser schwachen Verwendungsweise ist der Verweis auf Werte gegenüber anderen Personen begründungsbedürftig. Das gilt sowohl für moralische Werte einer Person als auch für individuelle oder persönliche Werte. Erstens gibt es Begriffe, die nicht als „Wert" verwendet werden können. Wir verstehen einfach nicht, wenn eine Person sagt, „Sonnenfinsternis" sei für sie ein Wert. Das mag zum einen kulturell bedingt sein, zum anderen ist „Sonnenfinsternis" nicht zur normativen Selbstbeschreibung geeignet. Zweitens fordert man eine für andere nachvollziehbare Beziehung zwischen der Handlung und dem Verweis auf einen bestimmten Wert.[17] Wenn eine Person sagt, „Familie" sei für sie wertvoll, und sie trennt sich von der Familie, um in einer anderen Stadt eine Stelle anzunehmen, dann ist dieses Verhalten *prima facie* unverständlich. Ebenso würden wir *prima facie* sagen, daß eine Person, die „Ehrlichkeit" als Wert bezeichnet und ihre Geschäftspartner oder Aktionäre verspätet oder gar nicht von absehbaren relevanten Geschäftsentwicklungen unterrichtet, gegen diesen Wert verstößt. Die Entscheidung, in eine andere Stadt zu ziehen, ist durch andere oder weitere Gründe bestimmt, z. B. mag die andere Stelle erheblich höher dotiert sein. Ein Geschäftsführer kann versuchen durch die verspätete oder verzerrte Veröffentlichung von Gewinneinbußen einen Konkurs des Unternehmens zu vermeiden.[18] Die Beziehung zwischen dem Verweis auf einen Wert und einer Handlung ist nicht eindeutig; andere Argumente können bei der Entscheidung für eine Handlung bestimmend sein. Diese Beziehung zwischen dem Verweis auf Werte und der

[16] *Hans Lenk*, Werte als Interpretationskonstrukte, in: ders., Zwischen Sozialpsychologie und Sozialphilosophie, Frankfurt a. M. 1987, 227-237.

[17] *Max Weber* hat das treffend die „Sinnadäquanz" genannt, s. Wirtschaft und Gesellschaft, Tübingen 1922, § 1, Abschnitt 6 und 7.

[18] Der Konflikt Arbeitsplatz/-zeit versus Familie wurde in der empirischen Untersuchung in mehreren Interviews von den Befragten erwähnt. Ehrlichkeit wurde in einigen Interviews als Wert angeführt. Dieser Begriff wurde von den Befragten im Zusammenhang mit dem Problem der Bestechung und der Frage einer offenen Informationspolitik genannt. In beiden Fällen sind unsere moralischen Intuitionen keineswegs eindeutig. Sollte eine Frau ihren Mann mit drei Kindern im Vorschulalter während der Woche alleine lassen, um in einer anderen Stadt einen höher dotierten Job anzunehmen? Ist es zulässig, Umsatzeinbußen eines Unternehmens vor Gläubigern zu verheimlichen, um eine weitere Streckung des Zahlungszieles zu erreichen und so einen möglichen Konkurs zu verhindern? Der Konkurs der Vulkanverbund AG, Bremen, ist ein schönes Beispiel. Es wird von einigen die Meinung vertreten, eine Konkurs hätte angesichts der guten Auftragslage vermieden werden können, wenn die Banken nicht durch ihre Informationspolitik die Zulieferer zu einer rigiden Forderung auf Sofortzahlung bewegt hätten. Hier wird offensichtlich Arbeitsplatzsicherheit höher bewertet als Ehrlichkeit. Fragen der Informationsoffenheit werden auch im Zusammmenhang mit der Klage gegen den Vorstand und Aufsichtsrat der Daimler Benz AG diskutiert, denen vorgeworfen wird, bei der Jahreshauptversammlung 1995 die Aktionäre falsch informiert zu haben. Das Aktienrecht schreibt in Deutschland vor, daß gewisse Informationen veröffentlichungspflichtig sind, um mögliche Insidergeschäfte zu unterbinden.

individuellen Entscheidung ist erklärungsbedürftig[19]: Wie lassen sich Werte sinnvoll in Entscheidungen integrieren? Ausgehend von dem bayesschen Standardmodell werden in diesem Abschnitt vier Versuche einer solchen Integration vorgestellt. Dabei beschränke ich mich hier auf jene Werte, die moralisch relevante Fragen betreffen.

Instrumentelle Moralisten

Auch das einfache *homo-oeconomicus*-Modell läßt sich auf eine Weise moralisch interpretieren, die nicht dem Immunisierungs-Vorwurf ausgesetzt ist. Es mag Personen geben[20], die alle Aspekte oder Eigenschaften alternativer Handlungen in einem Maß miteinander verrechnen und dann die Handlung wählen, die (subjektiv) am besten ist. Eine solche Person nenne ich aus Gründen, die im folgenden noch deutlich werden, einen instrumentellen Moralisten. Wollte man reale Personen diesem Entscheidungstyp zuordnen, bietet sich ein einfaches Prüfkriterium an: Instrumentelle Moralisten kennen keine Wertkonflikte. Zwar kann es sein, daß sie sich über die Bewertung von Handlungsalternativen nicht sicher sind. Haben sie sich aber einmal festgelegt und eine Präferenzordnung aufgestellt, wählen sie ohne Zaudern und Zweifel die am höchsten bewertete Handlungsalternative. Eine Unterscheidung zwischen verschiedenen Kategorien von Werten, z. B. beruflichen und privaten, die für die Bewertung alternativer Handlungen relevant sein können, ist nicht sinnvoll möglich – alle Eigenschaften von Handlungen werden in einem Maßstab verglichen.

Dieser Maßstab übernimmt in dem einfachen Entscheidungsmodell eine eigentümliche Begründungsfunktion. Indem eine Person Aspekte einer Handlung miteinander vergleicht, bewertet sie diese instrumentell mit Bezug auf den *Numéraire*. Der formal harmlose einheitliche Vergleichsmaßstab legt das Modell auf ein instrumentelles Verständnis von Moral fest. In ökonomischen Entscheidungen wird im allgemeinen Geld als ein solcher Vergleichsmaßstab eingeführt. Geld dient als kardinales Maß der Bewertung, als Vergleichsmaßstab und hat darüber hinaus die Eigenschaft, auch in anonymen Gruppen, die ansonsten keine normativen Vorstellungen teilen, als Zahlungsmittel anerkannt zu sein. Für die einzelne Person ist mit Geldbesitz eine Ausweitung ihrer Handlungsmöglichkeiten verbunden – etwas emphatischer können wir von Freiheit sprechen.[21] Der Verweis auf den monetären Nutzen einer Handlung ist verständlich. Die Frage, warum eine Person reich sein wolle, ist in unseren Gesellschaften mit dem Verweis auf die entstehenden Handlungsmöglichkeiten hin-

[19] Vgl. dazu *Wilhelm Vossenkuhl*, Vernünftige Wahl, rationale Dilemmas und moralische Konflikte, in: Martin Hollis/Wilhelm Vossenkuhl (Hrsg.), Moralische Entscheidung und rationale Wahl, München 1992, 153-173.

[20] Für diesen und alle weiteren Entscheidungstypen ließen sich in der empirischen Untersuchung Beispiele finden.

[21] Zur Funktion des Geldes klassisch *Georg Simmel*, Das Geld in der modernen Kultur, in: Zeitschrift des Oberschlesischen Berg- und Hüttenmännischen Vereins 35, 1896, 319-324, wiederabgedruckt in: Georg Simmel, Schriften zur Soziologie, hrsg. v. Heinz-Jürgen Dahme/ Otthein Rammstedt, Frankfurt a. M. 1986, 78-94.

reichend beantwortet. Diese Antwort zieht allerdings eine weitere Frage nach sich. Ist die Rede von moralischen Werten, die in der eigenen Entscheidung relevant seien, mit dem Verweis auf den ausschließlich eigenen Vorteil hinreichend begründet?

Auf der einen Seite könnte man der Meinung sein, daß die monetäre Bewertung moralischer Überzeugungen die Interessen anderer Personen schon einschließt. Wenn eine Person Gerechtigkeitsfragen in die Beurteilung alternativer Handlungen aufnimmt, dann scheint sie sich damit explizit auf andere Personen zu beziehen. Diese Auffassung sprengt den engen Rahmen einer sinnvollen (subjektivistischen) Interpretation des Modells. Andere Personen sind nur insofern wichtig, als sie zur Maximierung des eigenen (monetär bewerteten) Nutzens beitragen. Dem widerspricht nicht, daß auch instrumentelle Moralisten Nahbereichsbeziehungen einen ausgezeichneten Stellenwert einräumen. Die Beziehung zur Partnerin oder zum Partner scheint besonders oft „gut" zu gelingen und so zur eigenen Nutzenmaximierung beizutragen. In einem Konfliktfall, wie dem zwischen der Einkommenmaximierenden Wahl des Arbeitsortes und der Nähe zur Familie, muß der instrumentelle Moralist eine monetäre Bewertung des Familienglücks vornehmen und diese mit einen möglichen Einkommenszuwachs verrechnen.

Auf der anderen Seite kann man versuchen, die Position des instrumentellen Moralisten in Analogie zu klassischen normativen Auszeichnungen des Marktes auch moralisch zu rechtfertigen. Der *locus classicus* dieser Begründung ist das Bäcker-Schlachter-Argument von Adam Smith[22], das sich wie folgt zusammenfassen läßt: Personen haben unterschiedliche Interessen. In einer arbeitsteiligen Gesellschaft ist effiziente Koordination möglich, wenn sich jeder einzelne einzig an seinem persönlichen Vorteil orientiert. Am Markt bildet sich ein stabiles, Pareto-optimales Koordinationsgleichgewicht[23] heraus. Marktpreise, die die Knappheit von Ressourcen widerspiegeln, regeln wie eine unsichtbare Hand Konkurrenzbeziehungen. Instrumentelle Moralisten vertreten eine ökonomische Begründung moralischer Werte. Mit der Durchsetzung moralischer Überzeugungen sind Kosten verbunden. Eine Person, die in Verhandlungen mit ihrer Versicherung alle Risiken offen benennt, nimmt ungünstigere Konditionen in Kauf. Ehrlichkeit ist mit den Opportunitätskosten bewertbar. Verzichteten alle Personen darauf, vorhandene Informationsasymmetrien auszunutzen, d.h. auf *moral hazard*, sinken tendenziell die Opportunitätskosten. Die moralischen Überzeugungen von Personen werden auf einem moralischen Markt gehandelt, auf dem sich Knappheitspreise herausbilden. In dem Gleichgewichtspunkt sind die Bedürfnisse und moralischen Überzeugungen aller Marktteilnehmer optimal koordiniert. Gegensätzliche Wertvorstellungen oder normative Geltungsansprüche finden ihre Grenzen in den Wertvorstellungen anderer

[22] *Adam Smith*, An Inquiry into the Nature and the Causes of the Wealth of Nations, London 1776, dt.: Der Wohlstand der Nationen, übersetzt von Horst C. Recktenwald, München 1978, 17.

[23] Die Gleichgewichts-Argumentation findet sich erst in der neoklassischen Ökonomik. Smiths Argument dagegen steht in der Tradition der angelsächsischen politischen Philosophie, die sich die Frage stellte, wie überhaupt die Koordination von Menschen mit konträren Interessen sichergestellt werden könne.

Personen. Diese Koordination zwischen Menschen ist nicht Ergebnis einer Auseinandersetzung zwischen den Personen über die intersubjektiv besten moralischen Werte, sondern nicht-intendierte Folge der individuell moralischen und rationalen Wahl.

Gegen diese Vorstellung eines Marktes für Moral lassen sich zwei Einwände formulieren. Erstens zeigt das bekannte Gefangenendilemma (oder *Prisoners' Dilemma*, i. F. PD)[24], daß individuell rationale Entscheidungen in Koordinationsspielen für jeden Beteiligten ineffizient sein können. Der instrumentelle Moralist, der die effiziente Koordination als Begründung für eine strikt subjektivistische Interpretation von Werten anführt, begeht den PD-Fehler.[25] Läßt sich aber kein Pareto-inklusives moralisches Marktergebnis etablieren, kann die individuell nutzenmaximierende Entscheidung nicht mit Verweis auf die kollektive Effizienz gerechtfertigt werden. Zweitens kann man bestreiten, daß das Pareto-Kriterium zur Beurteilung von Ergebnissen an einem moralischen Markt hinreicht. Man könnte sagen, daß die Abhängigkeit der Wahl von den am Markt ermittelten Knappheitspreisen unserer Verwendungsweise von „Wert" oder „wertvoll" widerspricht. Wenn wir sagen „P bezeichnet ‚Familie' als wertvoll für sich", dann wollen wir zumindest auch solche Fälle zulassen, in denen P unabhängig von den Überzeugungen aller anderen Personen das Leben mit ihrer Familie wertvoll findet – und sich deshalb z. B. gegen ein hoch dotiertes Arbeitsangebot entscheidet.[26] Das Modell des instrumentellen Moralisten schließt solche Fälle aus. Die individuellen Überzeugungen sind am Markt nicht ausreichend bestimmbar.

Weil die Marktpreise in die Bewertung von Handlungsalternativen eingehen, sind Märkte weder geeignet, intersubjektive moralische Geltungsansprüche abzugleichen noch um eine konsistente Individualmoral zu verwirklichen.

Verzichtmoralisten

Der Versuch einer moralischen Interpretation des einfachen bayesschen Entscheidungsmodells scheitert. Zwar ist die Intuition plausibel, daß in arbeitsteiligen anonymen Gesellschaften Pareto-Optimalität notwendig eine Eigenschaft zustimmungsfähiger Koordinationsergebnisse ist.[27] Aber erstens zeigt das PD, daß die

[24] Zum PD siehe z. B. *Lucian Kern/Julian Nida-Rümelin*, Logik kollektiver Entscheidungen, München 1994, 201f.

[25] Vgl. *Amartya Sen*, Rational Fools: A Critique of the Behavioural Foundations of Economic Theory, in: Philosophy and Public Affairs 6, 1977, 317-344.

[26] Das Argument läuft analog zu dem von Sen eingeführten Liberalen Prinzip, s. *Amartya Sen*, Rationality and Social Choice, in: The American Economic Review 85, 1995, 1-24, vgl. *Wulf Gärtner*, Einige Überlegungen zu A. Sens Formulierung individueller Rechte, in: Martin Hollis/Wilhelm Vossenkuhl (Hrsg.), Moralische Entscheidung..., München 1992, 63-73, und *Wulf Gärtner/Lorenz Krüger*, How to reconcile Individual Rights with Collective Action, in: Wolfgang Stegmüller u. a. (Hrsg.), Philosophy of Economics, Berlin 1982, 280-304.

[27] Auch das Rawlssche Differenzprinzip ist Pareto-inklusiv, da es sich auf die Verteilung der *Gewinne* bezieht.

Struktur der Interaktion von Personen so beschaffen sein kann, daß im nicht-kooperativen Spiel keine Pareto-optimale Lösung erreicht wird. Zweitens haben wir gesagt, daß das Pareto-Kriterium zwar notwendig, aber nicht hinreichend für die Beurteilung von Moral ist. Die individuellen Überzeugungen einer Person sind am Markt unterbestimmt. Wir müssen also das Modell anreichern: Zum einen ist die Interaktionsstruktur von Personen bisher zu einfach modelliert, zum anderen fängt der instrumentelle Moralist einige unserer Intuitionen darüber, was es heißt, einen Wert oder eine moralische Überzeugung zu besitzen, nicht auf.

Die beiden Punkte lassen sich verbinden. Rationale Personen, so die Intuition, der ich im weiteren folge, können die Beschränkungen des Marktes durchschauen. Sie sind dann in der Lage, ihr Handeln so mit dem Handeln anderer Personen zu koordinieren, daß ein gewünschtes Ergebnis herauskommt. Folgt man dieser Intuition, muß man die Vorstellung aufgeben, daß Märkte in anonymen Gesellschaften unabhängig von der sozialen Beziehung der Beteiligten sein könnten. Sen hat mit dem Modell der Metapräferenzen einen Vorschlag gemacht, diese Intuition zu modellieren.[28] Metapräferenzen dienen, so wie sie bei Sen eingeführt werden, der Auswahl aus der Menge logisch möglicher Präferenzordnungen. Für das PD zeigt Sen, daß Individuen mit der Wahl einer Präferenzordnung die dilemmatische Struktur der Interaktionssituation vermeiden können. Sie verzichten – deshalb Verzichtmoralisten – auf die Wahl der dominanten Strategie, weil sie wissen, daß die Wahl dieser Handlung unter den gegebenen Bedingungen der Interaktion zu einem Pareto-inferioren Ergebnis führt. Die Auswahlregel der Metapräferenz ist von der individuell rationalen Dominanzregel zu unterscheiden. Im PD ist es individuell rational, die dominante Strategie zu wählen – auch wenn das Ergebnis Pareto-inferior ist. Sen argumentiert, daß die Metapräferenz normativ als Wahl einer altruistischen Präferenzordnung zu interpretieren sei. Die PD-Situation wird durch diese Präferenzordnung derart verändert, daß die dilemmatische Struktur vermieden wird – eine Lösung des PD wird nicht vorgelegt. Metapräferenzen einer Person sind unabhängig von den Entscheidungen anderer Spieler. Für nur zwei Handlungsalternativen ist so eine sinnvolle Metapräferenz angegeben: Altruismus wird höher bewertet als Eigennutz; Altruismus führt in Koordinationsspielen zu Pareto-optimalen Ergebnissen. Damit erfüllen Metapräferenzen eine Eigenschaft, die ich oben für die Rede von Werten eingefordert hatte: Es gibt Werte, die unabhängig von der Marktsituation handlungsleitend sein können. Erweisen sie sich außerdem als besonders gut geeignet, effiziente Koordination unter Menschen zu sichern, ist es vielleicht besonders einfach, andere Menschen davon zu überzeugen, sie zu übernehmen.

Doch bereits für Alternativenmengen, die drei Elemente enthalten, sind $3!=6$ Präferenzordnungen möglich. Die Metapräferenz über solchen Alternativenmengen ist nicht mehr normalsprachlich interpretierbar. Wenn wir das Modell der Metapräferenzen sinnvoll auf die Integration von Werten in Entscheidungen anwenden wollen, müssen wir die Auswahl anders interpretieren.

[28] *Amartya Sen*, Choice, Orderings and Morality, in: Stefan Körner (Hrsg.), Practical Reason, Oxford 1974, 54-67, zur Kritik vgl. *Julian Nida-Rümelin*, Practical Reason or Metapreferences? An undogmatic Defense of Kantian Morality, in: Theory and Decision 30, 1991, 133-162.

Betrachten wir wieder das Beispiel des Konfliktes zwischen dem Wert „Familie" und der Einkommen-maximierenden Wahl eines Arbeitsplatzes. Eine Person sagt, daß sie die Handlung präferiert, die mit dem höchsten Einkommen verbunden ist. Nun wird ihr eine höher dotierte Stelle in einer anderen Stadt angeboten. Die Person entscheidet sich, auf die angebotene Stelle zugunsten der Tätigkeit am jetzigen Wohnort zu verzichten. Eine solche Entscheidung erscheint *prima facie* inkonsistent.[29] Befragt, wie diese Entscheidung mit ihrer geäußerten Präferenz vereinbar sei, könnte sie antworten, daß ihr Familienglück wichtiger sei als berufliches Fortkommen. Dieses Antwortschema kann durch Metapräferenzen modelliert werden. Metapräferenzen können über Eigenschaften von Handlungen definiert werden. Sie wirken sich nur dann auf die Wahlhandlung aus, wenn die Eigenschaften für die Beschreibung der zur Frage stehenden Handlungsalternativen relevant sind.[30] Immer wenn eine Eigenschaft *e* für die Beschreibung der Handlungsalternativen relevant ist, wird die Handlung gewählt, die unter der Beschreibung *e* nutzenmaximierend ist. Den logisch möglichen Präferenzordnungen entsprechen alternative Beschreibungen der Handlungen, wobei jeweils einige Eigenschaften der Handlungsalternativen besonders herausgestellt werden. Die Metapräferenz ist eine Art Selektionsregel zwischen alternativen Beschreibungsmodi.

Solche Metapräferenzen sind von Metapräferenzen, wie sie Sen eingeführt hat, zu unterscheiden. Metapräferenzen stehen unabhängig von dem Handlungskontext für die Überzeugungen einer Person, z. B. die Überzeugung, daß familiäre Bindungen wichtig sind.[31] Verzichtmoralisten schränken in moralisch relevanten Situationen ihren Handlungsmöglichkeitenraum ein, indem sie übergeordnete Entscheidungskriterien einführen. Diese vorgeordneten normativen Selektionskriterien sind in der Metapräferenz zueinander gewichtet, so daß in Konfliktfällen eine eindeutige Entscheidung möglich ist.

Das Modell der Verzichtmoralisten entspricht einer Reihe von Intuitionen, die wir über die Rede von Werten haben. Erstens läßt sich zwischen verschiedenen Werten unterscheiden. Wir müssen zwar verlangen, daß Werte geordnet werden können. Aber schon eine ordinale Ordnung ist für Metapräferenzen hinreichend. Zweitens entspricht die Unabhängigkeit von normativen Überzeugungen und Handlungskontext der Vorstellung, daß Werte in besonderer Weise zu einer Person gehören. Drittens können wir sinnvoll von Wertkonflikten einer Person reden. In einem Wertkonflikt sind mehrere Werte für die Beurteilung einer Handlung relevant. Ein besonders hoch gewichteter Wert gibt dabei den Ausschlag. Das entspricht der Rede von Sachzwängen: Ich würde ja gerne den Job in *x* annehmen, aber ich kann doch meine Familie in *z* nicht verlassen.

[29] Man könnte das Beispiel auch so mit drei Arbeitsstellen konstruieren, daß Intransitivität vorliegt.

[30] *Philip Pettit*, Decision Theory and Folk Psychology, in: Michael Bacharach/Susan Hurley (Hrsg.), Foundation of Decision Theory, Oxford 1991, 147-175.

[31] Die folgende Interpretation orientiert sich an *Charles Taylor*, Was ist menschliches Handeln?, in: ders., Negative Freiheit?, Frankfurt a. M. 1992, 9-51, und *Harry G. Frankfurt*, Freedom of the Will and the Concept of a Person, in: Journal of Philosophy 68/1, 1971, 5-20. Die von beiden Autoren eingeführten Wünsche zweiter Ordnung sind über attributive Beschreibungen der eigenen Person definiert.

Das Modell ist mindestens zwei Einwänden ausgesetzt. Erstens ist der Stellenwert anderer Personen für Wert-geleitete Entscheidungen unklar. Das Modell der Metapräferenzen, wie es Sen einführt, soll dazu beitragen, PD-Situationen zu vermeiden. Im Modell des Verzichtmoralisten dagegen wird der Interaktionsstruktur keine Bedeutung beigemessen. Wir verlangen nur, daß der Verzichtmoralist ein kompetenter Sprecher der Sprache ist und nur solche Eigenschaften von Handlungen in der Metapräferenz ordnet, die zur Selbstbeschreibung geeignet sind. Die Rolle der Sprachgemeinschaft ist erklärungsbedürftig. Zweitens ist die Auswahlregel, so wie sie eingeführt wurde, nicht überzeugend. Selbst wenn man der Meinung ist, daß Werte in besonderer Weise vorgeordnet sind und Handlungen leiten (sollten), so wird im Modell ein moralischer Rigorismus entwickelt, der sehr streng erscheint. Selbst wenn man die Familie besonders hoch schätzt, kann es doch Situationen geben, in denen man einen besonders attraktiven Job annehmen möchte. Ein Geschäftsführer, der alle Informationen über die Ertragslage seines Unternehmens zugänglich macht, gefährdet damit unter ungünstigen Umständen den Bestand des Unternehmens und die damit verbundenen Arbeitsplätze.

Moralische Regelfolger

In dem Modell des Verzichtmoralisten hat die Metapräferenz die Funktion einer Regel: Immer wenn Eigenschaft *e* für die Beschreibung einer Situation relevant ist, wähle die Handlung, die unter der Beschreibung *e* nutzenmaximierend ist. Der Charakter einer Regel entspricht unseren vortheoretischen Intuitionen über die Bedeutung von Werten. Moralische Regeln lassen sich als individuelle Selbstbindung beschreiben – dies entspricht einer internalistischen Interpretation des Präferenzmodells. Eine solche Interpretation liegt nahe, weil die diskutierte Auswahlregel nicht sanktioniert wird – nicht sanktionierte Regeln entsprechen informellen Institutionen.

Es gibt eine Art des Regelfolgens, bei dem Regeln auch nicht sanktioniert werden, das aber externalistisch zu interpretieren ist. Auf solche Institutionen verweisen wir mit Sätzen wie: „Ein guter Christenmensch geht sonntags zur Kirche." Der Status dieses Satzes ist nicht eindeutig. Auf der einen Seite kann man den Satz deskriptiv auffassen, wobei dann „gut" das Subjekt näher bestimmt, und die Wahrheitsbedingungen des Satzes präzisiert. Es sind nur solche Christenmenschen gemeint, die die Regeln ihrer Religion einhalten. Die christliche Religion ist hinsichtlich dieser Regel jedoch nicht eindeutig.[32] Anders als bei einem „guten Autofahrer", der keine roten Ampeln überfährt, sind Sätze über „gute Christenmenschen" mit dem Verweis auf Regeln nicht vollständig übersetzt. Man muß den Satz auf der anderen Seite auch in seiner normativen Bedeutung verstehen: Für gläubige Christen gilt, daß sie – wenn immer es anderen Christenpflichten nicht entgegensteht – sonntags in die Kirche

[32] Diese humanistische Interpretation von Regeln ist eine Pointe des Christentums, vgl. dazu die Heilung am Sabbat in Markus 3, 1-6.

gehen. Der Glaube bindet Personen in einer Weise, die sich von der Selbstbindung unserer Verzichtmoralisten unterscheidet. In beiden Fällen handelt es sich um eine Menge moralischer Überzeugungen oder Werte. Erstens gilt für die Überzeugungen eines Gläubigen nicht nur, daß sie sich nicht widersprechen dürfen und für Konfliktfälle eine Selektions- oder Vorrangregel notwendig ist, wie wir sie mit der Metapräferenz eingeführt haben. Die Menge von Glaubenssätzen muß *kohärent* sein. Seine moralischen Überzeugungen wirken für den Gläubigen Handlungs-konstituierend, nicht wie im Fall der Verzichtmoralisten selektiv. Zweitens bindet sich der Gläubige an die Gemeinde Gleichgläubiger. Diese Bindung an eine Gruppe ist nicht kontingent. Es ist nicht so, daß zufällig eine Reihe von Menschen ähnliche oder identische Überzeugungen haben. Die Bedeutung der religiösen Sprache wird durch ihre Verwendung in der Gemeinde gegeben.[33] Die Kohärenz der Lebensführung mißt sich an der Interpretation durch eine Gruppe.

Läßt sich diese Vorstellung einer Handlungen konstituierenden Regel säkularisieren? Man kann sich in Analogie zu der christlichen Gemeinde Gruppen vorstellen, die ihre Mitglieder auf bestimmte Handlungsweisen verpflichten. Man denke z. B. an elitäre Clubs oder Jugendcliquen, in denen feste Kleidungs- und Verhaltensnormen gelten. Moralische Regelfolger zeigen ein stabiles Verhalten, das sich an solchen festen Kodizes orientiert. Diese Regeln gelten unbedingt und sind also gegen kognitivistische Anfechtungen gefeit. Das widerspricht einer funktionalistischen Interpretation des moralischen Regelfolgens.[34]

Für das moralische Regelfolgen in bezug auf „Ehrlichkeit“ und „Familie“ habe ich nur zwei historische Beispiele gefunden, von denen eines wieder den Fall einer religiösen Gemeinde beinhaltet. Handwerkszünfte verpflichteten ihre Mitglieder im Mittelalter nicht nur auf eine Reihe von Ausbildungsregeln, die geeignet waren, die Gruppe gegenüber anderen abzuschließen, sondern zum Teil auch auf Produktionsquoten. Die Einhaltung solcher Quoten wurde mit einem Bleisiegel gesichert, das erlaubte, Produkte den einzelnen Handwerkern zuzuordnen. Solche Absprachen, heute würden wir von Kartellen sprechen, sind nicht dauerhaft sanktionierbar. „Ehrlichkeit“ gegenüber den anderen Zunftbrüdern ist notwendig Teil des Handwerkslebens. Heute würden wir despektierlich von dem Clubgutcharakter der Ehrlichkeit sprechen. In abgeschlossenen pietistischen Brüderschaften oder Quäker-Gemeinden in den USA bindet sich eine Person absolut an ihre Familie, mit der sie Teil der religiösen Gemeinde ist.

In einer solchen Vorstellung unbedingt geltender Regeln werden die Konsequenzen des Handelns nicht berücksichtigt. Der im Regelfolgen zum Ausdruck kommende moralische Rigorismus ist schwer verständlich. Zum einen scheint striktes

[33] *Janet M. Soskice*, Theological Realism, in: William J. Abraham (Hrsg.), The Rationality of Religious Belief, Oxford 1987, 105-119.

[34] Ein funktionalistisches Verständnis von Regeln findet sich bei Vertretern des Regelutilitarismus, in der Ökonomik z. B. bei *Nicholas Rowe*, Rules and Institutions, London/New York 1989, 5. Natürlich lassen sich eine Reihe solcher Regeln auch funktionalistisch deuten. Religion mag auch in dem Sinne nützlich (gewesen) sein, daß die Gemeinde Sicherungsfunktionen übernommen hat. Hier geht es um die Persistenz der Regeln auch unter sich verändernden Rahmenbedingungen.

Regelfolgen einen Anspruch auf Letztbegründbarkeit zu implizieren, wie er in der theologischen Ethik vertreten wird. Zum anderen kann man von einer moralischen Überforderung[35] der Person sprechen, die mit dem strikten Regelfolgen verbunden ist.

Moralische und ökonomische Satisfizierer

Ausgangspunkt war die Frage, wie Werte in Entscheidungen zu integrieren sind. Dabei hatte ich einen schwachen Begriff von „Wert" eingeführt, unter den eine Vielzahl von Überzeugungen oder Einstellungen subsumierbar sind. Es hat sich gezeigt, daß genauer erklärt werden muß, welche Beziehung besteht zwischen der einzelnen Person, die sagt, daß für sie *x* ein Wert ist, und der Gruppe, vor der eine Handlung mit Bezug auf *x* gerechtfertigt wird. Um Werte in individuelle Entscheidungen integrieren zu können, müssen wir verstehen, welche Art von Handlungsgründen „Werte" darstellen.[36] In den beiden letzten Abschnitten habe ich Werte in Analogie zu Regeln diskutiert. Solche Regeln können internalistisch als Selbstbindung oder wie im Fall der religiösen Gemeinde externalistisch interpretiert werden. In beiden Fällen dienen die Regeln der Durchsetzung von Werten. In dem Fall der Verzichtmoralisten wird ein Selektionskriterium definiert, das bestimmte Handlungen positiv auswählt. Im Fall der moralischen Regelfolger wird eine Konstitutionsregel angegeben, an der sich alle Handlungen ausrichten. Drittens können Regeln der Vereinfachung dienen.

In der Ökonomik werden solche Vereinfachungsregeln diskutiert, um das Modell des idealtypischen Entscheiders, der über alle Informationen verfügt und alle Handlungsalternativen vergleichen kann, an reale Entscheidungen anzunähern.[37] Es sei, so die These, aus epistemischen Gründen notwendig, solche Regeln einzuführen. Die vorgeschlagene Vereinfachungsregel legt ein bestimmtes Anspruchsniveau fest, das mindestens befriedigt werden muß. Deshalb spricht man auch von *Satisfizing* oder einem Satisfaktions-Niveau. Spricht man bei der Auswahl zwischen normativ indifferenten alternativen Investitionsmöglichkeiten von der epistemischen Überforderung einer Person, so kann man in moralisch relevanten Fällen die normative Überforderung betonen. Personen können nicht nur durch einen moralischen Rigorismus, der keine Möglichkeit zuläßt, die in einer spezifischen Situation relevanten moralischen Umstände zu bewerten und demgemäß zu entscheiden, überfor-

[35] Darauf weist *Wilhelm Vossenkuhl*, Vernünftige Wahl..., a.a.O., 164-165, hin. Vgl. die literarische Aufarbeitung des Widerstands gegen den russischen Zaren zwischen 1903 und 1908 in *Boris Savinkov*, Erinnerungen eines Terroristen, Nördlingen 1985, 116, der diskutiert, ob bei einem politischen Attentat das Leben der Familie des Opfers gefährdet werden darf.

[36] Martin Hollis zeigt, daß wir genauer verstehen müssen, welche Beziehung zwischen der einzelnen Person und ihrer sozialen Umwelt besteht, um Handlungen der Person adäquat beschreiben (verstehen) zu können, s. *Martin Hollis*, Rationalität und soziales Verstehen, Frankfurt a. M. 1991, bes. 73-85; ders, Philosophy of Social Science, Cambridge 1994, Kap. 4.

[37] *Herbert Simon*, Rationality in Psychology and Economics, in: Journal of Business 59, 1986, 209-224.

dert sein, sondern auch dann, wenn aufgrund der Vielzahl moralisch relevanter Ansprüche keine Entscheidung möglich scheint. Wenn wir auf die Vorstellung eines einheitlichen *Numéraires*, in dem alle Werte bewertet und verglichen werden können, und auf übergeordnete letztbegründete Überzeugungen verzichten, müssen wir eine Lösung für Wertkonflikte angeben können.

Mit dem Modell des Satisfizierers[38] nehmen wir zwei *prima facie* gegensätzliche Intuitionen auf. Zum einen kann man sagen, daß in arbeitsteiligen Gesellschaften minimale moralische Regeln die Bedingung der Möglichkeit jeder materiellen Bedürfnisbefriedigung sind. Diese Intuition setzt folgende Überzeugung voraus. In Gemeinschaften ist die Güterproduktion interdependent. Dabei sind die Einzelleistungen an der Produktion nicht eindeutig einer einzelnen Person zuzuordnen. Man spricht auch von den externen Effekten, die Handlungen auf andere haben. Sind diese externen Effekte nicht eindeutig zu identifizieren, können sie nicht im Rahmen einer Marktkoordination gehandelt werden, so daß für alle verbindliche (minimale) moralische Regeln zur Koordination zwischen den Menschen notwendig sind. Weitergehende moralische Geltungsansprüche oder supererogatorische Leistungen sind auf Nahbereichsbeziehungen beschränkt. Zum anderen scheint es so, daß ein minimales ökonomisches Anspruchsniveau die Bedingung der Möglichkeit von Wertorientiertem Handeln ist. Diese beiden Intuitionen müssen verbunden werden.

Wenn es richtig ist, daß minimale moralische Regeln für die Koordination von Menschen notwendig sind, dann gilt dies für alle Menschen und für jede Art der Koordination, so daß ein universeller Geltungsanspruch erhoben wird. Ausnahmen sind für keinen Menschen zulässig – wenn er mit anderen durch eine Form der Zusammenarbeit verbunden ist.[39] Die individuellen Leistungen sind nicht direkt zuzuordnen. Die Verteilung des Produktes dieser Zusammenarbeit ist davon abhängig, sich an die Regeln der Koordinationsgemeinschaft zu halten. Der universelle Geltungsanspruch der moralischen Regeln wird auf das materielle Anspruchsniveau übertragen. Zwar werden verschiedenartige Leistungen unterschiedlich entlohnt, aber die Entlohnungskriterien sind sozial ausgehandelt. Genau hier setzt die Intuition begründeter materieller Ansprüche an. Der individuelle Beitrag zum Produkt der Zusammenarbeit ist abhängig von den je eigenen Lebensplänen der Menschen, die unterschiedliche Interessen haben. Unabhängig von den konkreten Interessen oder Wünschen erfordert jeder mögliche Lebensplan einen ökonomischen Mindeststan-

[38] Das Satisfaktions-Modell ist von solchen Modellen zu unterscheiden, die über alle Handlungen eine Art moralischer Bilanz erstellen, die immer ausgeglichen sein muß. In der moralischen Bilanz sind, um in der Metapher zu bleiben, hohe Verluste möglich, wenn sie nur wieder ausgeglichen werden können. Das Satisfaktionsniveau schließt moralische Verluste für jede Einzelhandlung aus. Vgl. *Mordecai Nisan*, Die moralische Bilanz. Ein Modell moralischen Entscheidens, in: Wolfgang Edelstein/Gertrud Nunner-Winkler (Hrsg.), Zur Bestimmung der Moral, Frankfurt a. M. 1986, 347-376.

[39] Dies schränkt den Geltungsbereich solcher kontraktualistischer Überlegungen auf mögliche Kooperationspartner ein. Es bleibt unklar, wie moralische Geltungsansprüche auf andere Menschen, z. B. auf behinderte Menschen, oder Tiere übertragen werden können. Zur Kritik des Kontraktualismus s. *Ernst Tugendhat*, Vorlesungen über Ethik, Frankfurt a. M. 1993, Kap. V; *Werner F. Haug*, Universal Declaration of Global Ethics – Anmerkungen zum Entwurf der Ethik-Kommission der UNESCO, in: Argumente 206, 1994, 751-757.

dard, der als Satisfaktionsniveau formuliert werden kann. Personen haben in arbeitsteiligen Gesellschaften ein Recht auf eine Leistungs-unabhängige materielle Versorgung.

Ein Anspruchsniveau in diesem Sinne läßt sich nicht absolut bestimmen. Es ist Gegenstand von Verhandlungen zwischen den beteiligten Personen. Wenn eine Person sagt, daß die Bindung in der Familie für sie wertvoll sei, dann muß sie gemeinsam mit ihrem Partner oder ihrer Partnerin feststellen, welche gemeinsamen Tätigkeiten beiden unverzichtbar erscheinen, um eine Beziehung aufrechterhalten zu können. Eine alternative Beschäftigungsmöglichkeit kommt nur dann in Betracht, wenn sie beiden erlaubt, dieses Mindestmaß an Gemeinsamkeit, das Familie konstituiert, zu leben. Ein interessanter Fall ist „Ehrlichkeit". Anders als für „Familie" kann man für „Ehrlichkeit" nicht ein Kontinuum von Zuständen konstruieren, die mehr oder minder ehrlich sind. Wenn ich bei einem Gebrauchtwagenhändler ein Fahrzeug mit einem Tachostand von 30.000 km kaufe, gilt jede Manipulation des Tachostandes als Betrug – unabhängig davon, ob es sich um 500 km oder 20.000 km handelt. Wenn ich nicht sicher sein kann, ob die andere Person bei einer wirtschaftlichen Transaktion ehrlich ist, schränkt das die Möglichkeit von Handel ein. Angenommen ich sei bereit, für einen Wagen mit 30.000 gefahrenen Kilometern 10.000 DM zu zahlen, im anderen Fall jedoch nur 5.000 DM. Wenn ich davon ausgehen muß, daß der fragliche Gebrauchtwagen mit einer Wahrscheinlichkeit p mehr als die angezeigten 30.000 km gefahren wurde, dann sinkt meine Zahlungsbereitschaft z auf $z = (1-p)\cdot 10000 - p\cdot 5000$. Liegt z über dem Mindestpreis, den ein (ehrlicher) Händler für ein nicht manipuliertes Fahrzeug verlangt, werden auf diesem Markt nurmehr manipulierte Fahrzeuge gehandelt.[40] Zusammenarbeit erfordert aber nicht in allen Bereichen diese strikte Form von Auskunftspflicht. In vielen Bereichen behindert eine starre Vertragsformulierung die Möglichkeit von Zusammenarbeit. Aktienmärkte oder Terminmärkte funktionieren, weil nicht alle Information *ex ante* bekannt sind. Die Praxis von veröffentlichungspflichtigen Unternehmen, Informationen z. B. über ihre Aufwendungen für Forschung in der Bilanz zu verstecken, stellt eine geduldete und für das Funktionieren von Konkurrenzmärkten notwendige Verhaltensweise dar. Dagegen ist es für Aktiengesellschaften nicht zulässig, bestimmte für die Kapitaleigner oder mögliche Anleger relevante Informationen z. B. über Gewinneinbußen zurückzuhalten. Ehrlichkeit im Geschäftsleben ist die Bedingung der Möglichkeit von arbeitsteiligen Wirtschaftsformen; das Anspruchsniveau ist abhängig von der Art der Transaktionen und Gegenstand von Verhandlungen zwischen den beteiligten Personen.

Wir hatten gesehen, daß das ökonomische Satisfaktionsniveau zunächst nur individuell bestimmbar ist. Weil individuelle Ansprüche die Verteilungsmenge einschränken, folgt aus der Übertragung des Universalisierungsgrundsatzes auch die materielle Selbstbeschränkung. Weil ökonomische Leistungen aus der Zusammenarbeit mit anderen stammen, beschränkt der moralische Universalismus das öko-

[40] Vgl. *George A. Akerlof*, The Market for Lemons: Qualitative Uncertainty and the Market Mechanism, in: Quarterly Journal of Economics 84, 1970, 488-500.

nomische Anspruchsniveau auf eine Höhe, die auch anderen die Verwirklichung ihrer Lebenspläne gestattet. Die Höhe des ökonomischen Anspruchsniveaus bleibt individuell, aber bezogen auf das Recht anderer Menschen, auch für sich ein Anspruchsniveau zu formulieren.[41] Moralische Regeln, die das Zusammenleben koordinieren, und minimale materielle Ansprüche gehören zusammen. Rechte beim Wirtschaften oder, mit anderen Worten, ökonomische Rechte beinhalten für alle identische moralische Regeln und minimale, aber nicht notwendig identische ökonomische Ansprüche für alle.[42]

Haben wir bisher so von Werten geredet, als ob einzelne Personen eine feste Menge von Werten hätten, die sie irgendwie in ihr individuelles Entscheidungskalkül zu integrieren suchten, werden Werte im Satisfaktionsmodell als Ansprüche aufgefaßt, die in einer Gruppe von Personen erhoben werden. Weil Menschen in arbeitsteiligen Gesellschaften voneinander abhängig sind, können sie wechselseitig Ansprüche erheben.[43] Diese Ansprüche werden in einem Satisfaktionsniveau formuliert. Damit Koordination gelingen kann, müssen die Anspruchsniveaus miteinander verträglich sein.[44] Koordination setzt ausgehandelte Rechte der beteiligten Personen voraus.

4. Folgerungen für die Wirtschaftsethik

Ein erster Einwand gegen das Modell des Satisfaktionsniveaus ist, daß es als eine normative Theorie zu schwach sei. Es würde nicht mehr geleistet, als die ohnehin geltenden Werte des *guten Kaufmanns* mit der Theorie individueller Entscheidungen zu verbinden. Diese moralischen Werte werden offensichtlich in unserer Gesellschaft verletzt. Das Modell zeigt, daß die systematische Integration von Werten in das individuelle Entscheidungskalkül eine andere Verwendungsweise des Begriffs „Wert" beinhaltet. Werte werden als Ansprüche formuliert, denen Leistungs-unabhängige Rechte auf eine materielle Versorgung und auf die Einhaltung moralischer Regeln entsprechen. Werte können nur handlungsleitend sein, wenn man angeben kann, wie sie in individuelle Entscheidungen von Personen eingehen.

[41] Die Begründung ökologischen Verhalten mit Rekurs auf die Chancen anderer Menschen, Ressourcen zu nutzen, entspricht dieser Argumentation. Ein solches Argument für die Einschränkung der individuellen Aneignung von Besitz findet sich bei *John Locke*, The Second Treatise of Government, London 1689, Kap. V.

[42] Ernst Tugendhat weist daraufhin, daß Eigentumsrechte im Sinne des BGB nicht zu den in diesem Sinne begründeten ökonomischen Rechten zählen, s. *Ernst Tugendhat*, Liberalism, Liberty and the Issue of Economic Rights, in: ders., Philosophische Aufsätze, Frankfurt a. M. 1992, 352-370.

[43] *James Buchanan*, The Economics and the Ethics of Constitutional Order, Ann Arbor 1991, 161-178.

[44] Die Frage, wie Personen ihre Ansprüche abgleichen können, ist Gegenstand der Verhandlungstheorie, s. *Karl Reinhard Lohmann*, Über die Begründung von Rechten in Verhandlungen, in: Wirtschaft und Ethik 7, 1996, 6-8.

Man könnte nun zweitens einwenden, daß das Modell überbestimmt sei. Es ist kein dem Bayesschen Standardmodell analoges Kalkül individueller rationaler und moralischer Wahl angebbar. Dieser Einwand trifft in dem Sinne zu, daß keine Funktion angebbar ist, die einer gegebenen Menge moralischer Überzeugungen oder Werte und bekannten Umweltzuständen eine eineindeutige Wahl zuordnet. Wenn man das Bayessche Standardmodell um Informationen über die Akteure und die Struktur ihrer Interaktion anreichert, dann geschieht das um den Preis der formalen Exaktheit und ästhetischen Eleganz. Der Einwand ist falsch, wenn damit gemeint ist, das Modell hätte keinerlei Relevanz für die Beschreibung und Vorhersage realer Entscheidungen. Es wird wie auch für den *homo oeconomicus* nicht der Anspruch erhoben, das Modell bilde das Entscheidungsverhalten realer Personen ab. Das Modell hat aber den Status eines Rationalitätstest.[45] Es wird gezeigt, welche Überlegungen anzustellen sind, damit man von einer individuellen moralischen und rationalen Entscheidung sprechen kann. Wir konnten verschiedene Begründungsstrategien für Werte identifizieren, die sich hinsichtlich ihrer internen Konsistenz überprüfen und vergleichen lassen. Von den diskutierten Entscheidungstypen ist das Modell des moralischen und ökonomischen Satisfizieres besonders gut geeignet, unsere Intuitionen über die Bedeutung von Werten aufzufangen. Auf der einen Seite sind zulässige Begründungen hinlänglich verallgemeinerbar, so daß sie auf eine Vielzahl von Situationen übertragbar sind. Auf der anderen Seite entsprechen sie Rechtfertigungen, wie wir sie in realen Entscheidungen finden. Die diskutierten Modelle wurden als rationale Rekonstruktionen der in der Untersuchung „Werte und Entscheidungen im Management" erhobenen Daten entwickelt. Begründungen sind für reale Entscheidungen im Management bedeutend.[46] Den Begründungsstrategien kommt derselbe Status wie den plausiblen Reaktionsfunktionen im ökonomischen Modell zu.

Ethik sei, so die Ausgangsthese, für Ökonomen von Bedeutung, weil *de facto* moralische Überlegungen bei ökonomischen Entscheidungen eine Rolle spielen. Ich werde zum Abschluß diskutieren, in welcher Weise sich das Modell auf Fragen der Wirtschaftsethik anwenden läßt.

In den USA regelt ein Zusatz zum Haftungsrecht, daß unter bestimmten Bedingungen die Haftungsverpflichtung eines Unternehmens gemindert oder ausgesetzt werden können. Die in den *Federal Sentencing Guidelines* spezifizierten Bedingungen betreffen unter anderem die Definition von Qualitätskriterien, die Zuweisung von Verantwortung und die Etablierung von Ethikprogrammen. Dieser gesetzliche Rahmen hat dazu geführt, daß eine Vielzahl von Unternehmen sogenannte *Ethics-Officers* beschäftigt. Sie erarbeiten Werte-Kataloge, die für alle Mitarbeiter verbindlich sein sollen, und stehen mit einer telephonischen Hot-line für Nachfragen in

[45] Die Unterscheidung von Kalkül und Rationalitätstest findet sich bei *Philip Pettit*, Decision Theory..., a.a.O., 167.

[46] Auch kohärentistische Theorien rationalen Entscheidens erheben einen explanatorischen Anspruch, vgl. *Julian Nida-Rümelin*, KdK, 80. In der Untersuchung „Werte und Entscheidung im Management", a.a.O., haben wir unsere theoretischen Modelle mit Alltagstheorien von Personen verglichen.

Zweifelsfällen oder für anonyme Anzeigen von Wertverstössen zur Verfügung. Auch in der Bundesrepublik wird im Zusammenhang mit Unfällen in der Chemieindustrie eine Verschärfung des Haftungsrechtes diskutiert. Unter den gegebenen rechtlichen Rahmenbedingungen gibt es aber keinen externen Zwang für Unternehmen, besondere Ethikprogramme einzuführen. Trotzdem findet sich auch in der Bundesrepublik eine Diskussion über die Einführung von verbindlichen Verhaltenskodizes, sog. *Codes of Conduct.*[47] In Analogie zu unserer Vorstellung von natürlichen Personen, gehen die Vertreter von solchen Auflistungen der Werte eines Unternehmens davon aus, daß Werte geeignet sind, handlungsleitend zu wirken, und daß Werte gegenüber der Öffentlichkeit als Rechtfertigungsgrund angeführt werden (können). In internen Schulungen wird den Mitarbeitern die Bedeutung der Werte vermittelt oder Mitarbeiter werden in externen Seminaren für die Bedeutung von Werten sensibilisiert. Man ist offensichtlich der Meinung, daß die Übernahme von Werten erlernbar sei. Man kann dies als einen Wert-orientierten Ansatz in der Wirtschaftsethik bezeichnen.[48] Die Diskussion der Integration von Werten in Entscheidungen zeigt, daß ein solcher Ansatz im besten Fall unverständlich, im schlechteren Fall gefährlich und aliberal ist. Werte müssen begründet werden. Damit Koordination zwischen Personen mit unterschiedlichen und gegensätzlichen moralischen Überzeugungen möglich ist, müssen die Werte anderer als gerechtfertigte Ansprüche in der individuellen Entscheidung berücksichtigt werden.[49] Man kann auch von einem Entscheidungs-orientierten Ansatz sprechen.

Unternehmen und Verbraucher handeln an Märkten. In dem neoklassischen Marktmodell wird die Auffassung vertreten, daß Koordination nur gelingen könne, wenn die Wirtschaftssubjekte je unabhängig voneinander ihren Nutzen maximierten. Diese konsequentialistische Vorstellung der Marktinteraktion schließt moralische Geltungsansprüche an Märkten aus. Eine solche Auffassung ist unrealistisch. Man kann im Rahmen eines Entscheidungs-orientierten Ansatzes versuchen, moralische Überzeugungen der handelnden Person in das individuelle Entscheidungskalkül zu integrieren. Es zeigt sich, daß die rationale Entscheidung eines Individuums nicht unabhängig von der Struktur der Interaktion ist. Andere Personen werden nur genau dann einen Beitrag an arbeitsteilig organisierten Märkten leisten, wenn ihnen mate-

[47] Zu einigen Beispielen für *Codes of Conduct* in Unternehmen siehe *Hans Lenk/Matthias Maring* (Hrsg.), Wirtschaft und Ethik, Stuttgart 1992, 353ff., vgl. auch *Norman E. Bowie*, Unternehmensethikkodizes: können sie eine Lösung sein?, in: Hans Lenk/Matthias Maring (Hrsg.), a.a.O., 337-349, und *Abraham J. Briloff*, Codes of Conduct: Their Sound and their Fury, in: Richard T. de George/Joseph Pichler (Hrsg.), Ethics, Free Enterprise and Public Policy, New York 1978, 264-287.

[48] Ich verwende Wirtschaftsethikin einem weiten Sinn, der solche Fragen einschließt, die i. a. der Unternehmensethik zugeordnet werden, s. *Karl Homann/Franz Blome-Drees*, Wirtschafts- und Unternehmensethik, Göttingen 1992. Die verbreitete terminologische Unterscheidung zwischen Wirtschafts- und Unternehmensethik bleibt mir unverständlich.

[49] In der Ökonomik werden Fragen der Partizipation anderer als *Stakeholder-Modelle* diskutiert. Die Stakeholder eines Unternehmens können neben den direkt durch externe Effekte betroffenen Menschen auch juristische Personen, wie Umweltschutzverbände, sein, die stellvertretend Ansprüche an ein Unternehmen formulieren. Die Diskussion um die Versenkung der Ölförderinsel „Brent Spar" 1995 zeigt die Stärke von solchen Stakeholdern.

rielle Ansprüche und Rechte zugestanden werden. Zwar können moralische Ansprüche Gegenstand von Verhandlungen sein, dabei darf aber ein bestimmtes Anspruchs- oder Satisfaktionsniveau nicht unterschritten werden. Alle Personen haben ökonomische Grundrechte, die erst die Koordination ermöglichen. Die Höhe des materiellen Satisfaktionsniveaus ist individuell verschieden. Bei der Festlegung des Satisfaktionsniveaus müssen die Ansprüche anderer berücksichtigt werden.

Es läßt sich beobachten, daß einige Menschen auch an Märkten moralisch handeln. Durch die Überlegungen zur Integration von Werten in das individuelle Entscheidungskalkül wurde gezeigt, daß die moralische Entscheidung an Märkten auch Rationalitätskriterien genügt.

Iris Bohnet und Bruno S. Frey

Moral oder Eigennutz? Eine experimentelle Analyse*

1. Moral als Ergebnis einer Nutzen-Kosten Abwägung

Moralisches Verhalten hängt von Nutzen und Kosten ab – eine, zumal für Ökonomen und Ökonominnen, triviale Feststellung. Was aber sind Nutzen und Kosten im Zusammenhang mit Moral? Das Ziel dieses Aufsatzes ist es, die beiden Konzepte mit Inhalten aufzufüllen.

Der ökonomischen Theorie entsprechend nehmen wir an, daß die Zahlungsbereitschaft für Moral einer sinkenden Nachfragekurve entspricht. Individuen verhalten sich um so moralischer, je weniger dies kostet. Wird Wohltätigkeit etwa als Akt der Moral betrachtet, vermuten wir, daß Menschen um so mehr spenden, je eher sich dies in der Steuererklärung auszahlt. Empirische Untersuchungen über den Zusammenhang der steuerlichen Abzugsfähigkeit karitativer Gaben und dem Spendenaufkommen bestätigen diese These. Der marginale Preis des Spendens entspricht eins minus der marginalen Steuerrate. Je höher die Steuerrate ist, desto billiger wird es zu spenden, d.h. desto größer ist das Spendenaufkommen. Die meisten Studien zum Thema finden für Quer- und für Längsschnitte Preiselastizitäten des Spendens zwischen -0.9 und -1.4; neuere Untersuchungen ergeben unterschiedliche Evidenz und weisen darauf hin, daß die Nachfrage nach Spenden nicht gar so preiselastisch sein dürfte wie zunächst angenommen.[1]

Selbst wenn die Größenordnung der Reaktion variiert, scheinen Menschen auch in „moralischen Fragen" relative Preise in ihr Entscheidungskalkül einfließen zu lassen. Je größer die Wahrscheinlichkeit ist, daß Individuen die Kosten ihrer Entscheidungen nicht selbst zu tragen haben, desto billiger wird moralisches Handeln.[2] Im Extrem verlieren relative Preise ihre Bedeutung, da sie zu kleine Verhaltensanreize bieten. Abstimmungsentscheidungen neigen diesem Extrem zu, da Bürgerinnen und Bürger die Kosten nur sehr indirekt über die Steuerbelastung zu spüren bekommen.[3]

* Für hilfreiche Anmerkungen danken wir Felix Oberholzer-Gee. Der Stiftung für wissenschaftliche Forschung an der Universität Zürich und COST A7 sind wir für die finanzielle Unterstützung dankbar.

1 Für eine Übersicht, vgl. *Khanna Jyoti/John Posnett/Todd Sandler*, Charity donations in the UK: New evidence based on panel data, in: Journal of Public Economics 56, 1995, 257-272.

2 Zum ersten Mal betont wurden Situationen „kleiner Kosten" von *Gordon Tullock*, The Charity of the Uncharitable, in: Western Economic Journal 9, 1971, 379-392.

3 Vgl. zur *Low cost theory Geoffrey Brennan/James M. Buchanan*, Voter Choice, in: American Behavioural Scientist 28, 1984, 185-201. *Hartmut Kliemt*, The Veil of Insignificance, in:

Die experimentelle Untersuchung von Reiner Eichenberger und Felix Oberholzer-Gee[4] deutet darauf hin, daß sich Individuen bei Abstimmungen tatsächlich moralischer verhalten als bei privaten Entscheidungen. Selbst die experimentellen, eher kleinen monetären Kosten (ca. 8,– DM) der Moral werden unterschiedlich bewertet, je nachdem, welches Entscheidungsgewicht eine Stimme hat.

Dies widerspricht der häufig an Experimenten geübten Kritik, daß die geringen Anreize keine für die ökonomische Theorie relevanten Verhaltensänderungen zuließen. Vielmehr fällt bei experimentellen Untersuchungen auf, daß sich Versuchspersonen auch bei vergleichsweise geringen monetären Anreizen rational verhalten.[5] Eine fallende Nachfragefunktion nach Moral läßt sich daher experimentell auch nachvollziehen, indem die Höhe der monetären Kosten variiert wird. Offensichtlich erscheint, daß der Preis für Moral höher ist, wenn sich die Versuchspersonen nicht nur in einer hypothetischen Situation befinden, sondern die Gewinne tatsächlich ausbezahlt bekommen. In einem Diktator-Spiel um reale 5,– $ gaben nur 22 Prozent der Individuen mindestens die Hälfte an ihre Empfänger weiter, während in der hypothetischen Situation 50 Prozent 2,50 $ oder mehr abgaben.[6]

Um die Bedeutung monetärer Anreize zu untersuchen, variierten Güth und Tietz in einem Ultimatum-Spiel[7] die zur Aufteilung zur Verfügung stehenden Beträge von

Fortsetzung Fußnote letzte Seite

Europäische Zeitschrift für Politische Ökonomie 2/3, 1986, 333-352. *Gebhard Kirchgässner*, Towards a theory of low-cost decisions, in: European Journal of Political Economy 8, 1992, 305-320. Daß Abstimmungsverhalten infolge schwächerer monetärer Anreize willkürlich würde, kann daraus nicht geschlossen werden. Neuere empirische Untersuchungen zeigen, daß Bürgerinnen und Bürger auch bei komplexen Vorlagen und geringem Informationsstand sehr wohl in der Lage sind, an der Urne rational zu entscheiden. Siehe *Arthur Lupia*, Shortcuts Versus Encyclopedias: Information and Voting Behavior in California Insurance Reform Elections, in: American Political Science Review 88, 1994, 63-76. Für eine theoretische Begründung siehe *Reiner Eichenberger/Angel Serna*, Random errors, dirty information, and politics, in: Public Choice 86, 1996, 137-156.

4 *Reiner Eichenberger/Felix Oberholzer-Gee*, Rational Moralists. The Role of Fairness in Democratic Economic Politics, Mimeo, Universität Zürich, 1996.

5 Belege finden sich in den verschiedensten experimentellen Studien. Für eine Übersicht, siehe *Glenn W. Harrison*, Theory and Misbehavior of First-Price Auctions: Reply, in: American Economic Review 82, 1992, 1426-1443. Der Autor betont, daß experimentelle Studien nicht so sehr an absolut kleinen Beträgen kranken, sondern daß vielmehr die relativen Unterschiede zwischen den entscheidungsrelevanten Alternativen in vielen Fällen zu gering sind und so das zentrale Kriterium der *Pay-Off* Dominanz verletzen. Die zur Auswahl stehenden Optionen unterscheiden sich etwa in einer Untersuchung von Tversky und Kahneman nur minimal: Der *Pay-Off* der dominierten Strategie – multipliziert mit der Auszahlungswahrscheinlichkeit – weicht nur gerade um 0,02 $ von der dominierenden Option ab. Siehe *Amos Tversky/Daniel Kahneman*, Rational Choice and the Framing of Decisions, in: R. M. Hogarth/M. W. Reder (Hrsg.), Rational Choice, Chicago 1986, 67-94.

6 Diktator-Spiele untersuchen, wieviel Individuen freiwillig von ihrem Einkommen, hier 5,– $, an eine andere, schlechter gestellte Person abgeben. Siehe *Robert Forsythe/Joel L. Horowitz/N. E. Savin/Martin Sefton*, Fairness in Simple Bargaining Experiments, in: Games and Economic Behavior 6, 1994, 347-369.

7 In Ultimatum-Spielen wird im Vergleich zu Diktator-Spielen die Aufteilungsfreiheit der Geldbesitzer durch die Möglichkeit des Empfängers eingeschränkt, die Aufteilung abzulehnen, wenn sie ihm nicht angemessen erscheint. Die „Bestrafung" des Aufteilers hat zur Folge, daß beide Teilnehmer leer ausgehen. Siehe *Werner Güth/Reinhard Tietz*, Auctioning ultimatum bargaining

15,– DM bis 100,– DM bei einer klaren Zuteilung der Eigentumsrechte. Wenn die Position des Aufteilers in einer Auktion (*second highest price procedure*) ersteigert wurde, in der der Höchstbietende die Position des Aufteilers zum Preis des Interessenten mit dem zweithöchsten Gebot erhält, sollten die Käufer ihre wahre Zahlungsbereitschaft offenbaren. Während im Diktator-Spiel eine Erhöhung des Preises der Moral zu einer Verringerung der geäußerten Moral führt, spielt die Höhe der Beträge im Ultimatum-Spiel kaum eine Rolle. Nicht moralisch zu handeln, würde die Ablehnungswahrscheinlichkeit erhöhen und so auch das eigene an Wert gewonnene Stück des Kuchens aufs Spiel zu setzen. Ähnlich wie in den Ultimatum-Spielen mit kleinen Beträgen behielten die Aufteiler daher 64 Prozent für sich.

Die Ergebnisse scheinen damit nur in wenigen Fällen zusammenzubrechen, wenn *Pay-Offs* merklich erhöht werden. Ein Vergleich von 31 Studien läßt Vernon Smith und James Walker[8] folgern, daß Individuen auf höhere monetäre *Pay-Offs* – wie von der ökonomischen Theorie erwartet – durch eine Reduktion moralischen Handelns reagieren. Unklar bleibt jedoch, wie groß monetäre Anreize sein müssen, um Moral vollkommen zu verdrängen, und in welcher Beziehung finanzielle Restriktionen zu nicht-monetären Determinanten individuellen Handelns stehen. In vielen Fällen stehen die Kosten aus entgangenem Einkommen Nutzen gegenüber, die aus moralischem Handeln resultieren.

Genauso wie sich eine fallende Nachfragefunktion nach Moral empirisch nachvollziehen läßt, gibt es auch für eine steigende Angebotsfunktion empirische Anhaltspunkte. Moral wird kaum für „Kleinstnachfrager" angeboten, hingegen erhält moralische Anerkennung, wer beträchtliche Summen für gute Zwecke spendet. „Nur Summen über X DM werden schriftlich verdankt" ist da etwa auf Einzahlungsscheinen zu lesen. Auch die Presse, Radio und Fernsehen bieten ihre Dienste für das Angebot an Moral an, indem sie die Namen großer Spender veröffentlichen. Auch wenn wir die Zeiten des Ablaßhandels hinter uns gelassen haben, wird von der Gesellschaft erst belohnt, wer große Gefahren oder Kosten auf sich genommen hat. Orden, Verdienstkreuze und Heiligsprechungen dienen diesem Zweck.

Sich nicht moralisch zu verhalten und das eigene Einkommen zu maximieren, ist somit mit Opportunitätskosten behaftet. Der Nutzen aus zusätzlichem Einkommen muß gegen die Kosten aus zusätzlicher Moralverletzung abgewogen werden. Diese zweite Kostenkategorie wird relevant, wenn sich individuelles Handeln nicht in Anonymität vollzieht. Soziale Anerkennung kann umso eher erfolgen, je besser individuelles Handeln gesellschaftlich beurteilbar und damit sozialer Kontrolle zugänglich ist. So konnte in einer empirischen Untersuchung zum Spendenverhalten gezeigt werden, daß Spendenanfragen eher positiv beantwortet und das Ausmaß an Wohltätigkeit größer ist, wenn entweder eine persönliche Beziehung zwischen

Fortsetzung Fußnote letzte Seite

decisions. How to decide if rational decisions are unacceptable?, in: R. W. Scholz (Hrsg.), Current Issues in West German Decision Research, Frankfurt a. M. 1986, 173-185.

[8] *Vernon L. Smith/James M. Walker*, Monetary Rewards and Decision Cost in Experimental Economics, in: Economic Inquiry 31, 1993, 245-261.

Sammler und Spender besteht oder sich die beiden zumindest in einer physischen Begegnung gegenüberstehen. Insbesondere Freunde, aber auch Nachbarn, Arbeitskollegen und Kunden sind erfolgreiche Spendensammler.[9]

Dieser Dimension wurde jedoch bis jetzt weder in der ökonomischen Theorie noch in der experimentellen Forschung Beachtung geschenkt. Vielmehr baut die ökonomische Theorie darauf, daß Marktteilnehmer ihre Entscheidungen isoliert und nur aufgrund von Preissignalen treffen: „[...] social atomization is prerequisite to perfect competition."[10] Auch die experimentelle Ökonomie konzentriert sich darauf, Identifikation auszuschließen, indem sie neben Preissignalen nur den anonymen Austausch von Mitteilungen über Computer, *computer-transmitted experimenter-censored text*, zuläßt.[11] In unserer Untersuchung bedeutet Identifikation, daß sich die Versuchspersonen von Angesicht zu Angesicht gegenüberstehen, bevor sie die eigentliche Entscheidung dann wieder getrennt voneinander treffen. Gespräche sind bei dieser Interaktion ausgeschlossen.

Das hier im Zentrum stehende Experiment bildet moralisches Handeln in einer ganz einfachen Form ab: Moralisch sein, heißt, nicht das eigene Einkommen zu maximieren, sondern einer anderen Person etwas vom Einkommen abzugeben. Im Diktator-Spiel gewinnt eine Versuchsperson („Geldbesitzer" oder „Diktator") durch ein Zufallsverfahren einen bestimmten Betrag, den sie für sich behalten oder aber nach ihrem Belieben mit einer anderen Person („Empfänger"), die nichts erhalten hat, teilen kann. Solange das Experiment anonym durchgeführt wird, besitzt der Empfänger keine Sanktionierungsmöglichkeit. Das Ausmaß an Moral wird allein durch die Preiselastizität der Nachfrage bestimmt. Kann der Empfänger den Diktator identifizieren, muß der Diktator mögliche Kosten aus unmoralischem Handeln in sein Entscheidungskalkül miteinbeziehen. Diese „Geldbesitzer-Identifikation" wird in Abschnitt II einer zweiten Art von Identifikation gegenübergestellt: Wenn nur der Diktator den Empfänger identifizieren kann, sollten angebotsseitige Faktoren keine Rolle spielen, da der potentielle Moralanbieter ja keine Handlungsmöglichkeiten hat. Dennoch, das hypothetische Gegenüber des Diktators ist zum spezifischen Individuum geworden. Unmoralisch zu handeln, würde bedeuten, einen bekannten Menschen zu schädigen. In Abschnitt III überprüfen wir, ob eine Personifizierung des „anderen" genügt, die Kosten nicht-moralischen Handelns zu erhöhen. Wir stellen die Ergebnisse unserer im Wintersemester 1995/96 an der Universität Zürich durchgeführten Experimente vor. Die Arbeit endet mit abschließenden Bemerkungen in Abschnitt IV.

[9] Siehe *Stephen H. Long*, Social Pressure and Contributions to Health Charities, in: Public Choice 28, 1976, 55-66.

[10] *Adam Smith*, The Wealth of Nations, hrsg. v. Andrew Skinner, Baltimore 1979, 232-233.

[11] Für eine Darstellung der experimentell-ökonomischen Methode, siehe *John Hey*, Experiments in Economics, Oxford 1991, im speziellen 176.

2. Zwei Arten von Identifikation

Können sich Individuen gegenseitig identifizieren, müssen die Akteure damit rechnen, daß die von einer Verletzung der Moral betroffenen Personen mit sozialen Sanktionen reagieren. Wenn mindestens die Geldbesitzer identifiziert werden können, nennen wir die Interaktion „Geldbesitzer-Identifikation" (1). Können die Geldbesitzer nicht identifiziert werden, können keine extrinsischen moralischen Sanktionen erfolgen. Moralisches Verhalten kann nur durch intrinsische Belohnungen erklärt werden. Eine Identifikation nur der Empfänger heißt entsprechend „Empfänger-Identifikation" (2).

(1) *Identifikation des Geldbesitzers*: Werden Individuen mit ihren Handlungen identifiziert, müssen sie sich nicht mehr nur vor sich selbst rechtfertigen, sondern ihre Entscheidungen potentiell auch gegenüber anderen „Beobachtern" begründen. Wenn Individuen sich identifizieren, nicht aber miteinander sprechen, können Informationen über individuelle Möglichkeiten und Grenzen nicht ausgetauscht werden.[12] Individuen rekurrieren zur Lösung von Problemen auf einfache, offensichtliche Entscheidungskriterien: „The outcome is strongly influenced by what the bargainers expect it to be *a priori* but these expectations do not normally involve the claimants' utility functions for the simple reason that people typically do not know others' utility functions. Instead, expectations are shaped by the visible qualifications that the claimants bring with them, and the distributive norms that apply to the situation at hand."[13] In Anlehnung an Schelling[14] werden diese für alle einsichtigen Entscheidungsheuristiken „Schellingnormen" genannt.

Soziale Sanktionen als selektive Anreize für die Normbefolgung werden vor allem im Zusammenhang mit Organisationsproblemen bei kollektivem Handeln diskutiert. Der individuelle Möglichkeitsraum wird dabei umso mehr eingeschränkt, je stärker ein Individuum in einer Gemeinschaft verankert ist. Die Soziologie hat dafür den Begriff der „Referenzgruppe" geprägt. Individuen werden sich vor allem dann an Normen halten, wenn ihr Verhalten durch ihnen nahestehende Personen wie Familie, Freunde oder Arbeitskollegen bewertet wird. Die Bedeutung dieser *weak ties* oder der *social embeddedness*[15] ist offensichtlich: Je wichtiger die direkte Interaktion der Individuen im Vergleich zu anderen Interaktionsmöglichkeiten (etwa über Preissignale), je höher die Eintritts- und Austrittsschranken (z. B. bei Sekten) und je häufiger die Interaktionen sind, desto stärker wirkt Identifikation als Normaktivierung.

[12] Zu einem Vergleich von Identifikation und Kommunikation, vgl. *Iris Bohnet/Bruno S. Frey*, Ist Reden Silber und Schweigen Gold? Eine ökonomische Analyse, in: Zeitschrift für Wirtschafts- und Sozialwissenschaften 115, 1995, 169-209.

[13] *H. Peyton Young*, Equity – in Theory and Practice. Princeton 1994, 127.

[14] Vgl. *Thomas C. Schelling*, The Strategy of Conflict, Cambridge, Mass. 1960.

[15] *Mark Granovetter*, Economic Action and Social Structure: The Problem of Embeddedness, in: American Journal of Sociology 91, 1985, 481-510.

Der Zusammenhang zwischen der gemeinschaftlichen Einbettung und der Normaktivierung wird auch vom Kommunitarismus betont, wobei dieser Theoriestrang von einer sehr ausgeprägten Identifikation der Individuen mit der Gemeinschaft, ja von der „Konstituierung des Selbst durch die Gemeinschaft" ausgeht.[16] Der Unterschied zum hier gewählten Ansatz besteht im Ausmaß der Verhaltensdetermination. Während im Kommunitarismus Menschen durch gemeinschaftliche Normen und Werte in ihrem Verhalten geradezu programmierbar werden bzw. die Identität des Einzelnen mit der des Kollektivs untrennbar verbunden ist, wägen hier die Individuen die zur Verfügung stehenden Alternativen gemäß ihren Nutzen und Kosten hinsichtlich der Normbefolgung und bezüglich der Einkommenserzielung ab.

Durch die enge Verbindung von Interessen der Einzelnen und denjenigen des Kollektivs löst der Kommunitarismus das Problem, daß soziale Sanktionen selbst ein öffentliches Gut sind. Andere betonen die Präferenz für Fairneß, durch die jedes abweichende Verhalten zu privaten, moralischen Kosten für den Fairen führt und so gar kein Trittbrettfahrerproblem entstehen läßt.[17] Das Konzept von Robert Axelrod besagt, daß jede Norm typischerweise durch eine Meta-Norm gestützt wird, die bestimmt, daß Normabweichung sanktioniert werden muß.[18] Amartya Sen[19] betont, daß sich Individuen nicht nur aufgrund der potentiellen Sanktionierbarkeit an Normen halten, sondern auch, um die eigene Nachfrage nach Identifikation mit einem „Kollektiv" (z. B. Ethnien, Religionsgemeinschaften, politische Parteien oder Nationen) befriedigen zu können. Durch *commitment* schränken Menschen ihren Möglichkeitsraum daher selbst ein. Spieltheoretisch wird dieses *second order public good*-Problem in *nested games* untersucht, wobei keine eindeutigen Voraussagen gemacht werden können, da sich mehrere Gleichgewichte als stabil erweisen.[20]

Die Relevanz des nachgelagerten Trittbrettfahrerproblems ist umstritten. Je tiefer die Überwachungskosten sind, desto weniger attraktiv ist Trittbrettfahren vor allem im Vergleich zu den bereits in Kauf genommenen Kosten der Kooperation im Dilemma erster Ordnung. Die Höhe der Überwachungskosten wird ebenfalls durch die Intensität und Häufigkeit der Interaktion zwischen den beteiligten Individuen bestimmt.[21] Befinden sich dieselben Personen gemeinsam in mehreren Dilemma-

[16] Für eine Verbindung von experimenteller Ökonomie und Kommunitarismus, siehe *Iris Bohnet/ Bruno S. Frey*, Kooperation, Kommunikation und Kommunitarismus, in: Kölner Zeitschrift für Soziologie und Sozialpsychologie 46, 1994, 453-463.

[17] *Russell Hardin*, Collective Action, Baltimore 1982, 172.

[18] *Robert Axelrod*, An Evolutionary Approach to Norms, in: American Political Science Review 80, 1986, 1095-1111.

[19] *Amartya K. Sen*, Rational Fools: A Critique of the Behavioural Foundations of Economic Theory, in: Frank Hahn und Martin Hollis (Hrsg.). Philosophy and Economic Theory. Oxford 1979, 87-109.

[20] *Douglas D. Heckathorn*, Collective Action and the Second-Order Free-Rider Problem, in: Rationality and Society 1, 1989, 78-100.

[21] Besonders deutlich wird dies bei der Teilnahmeentscheidung an Protesten. Empirische Untersuchungen ergeben, daß durch informelle Netzwerke verbundene Individuen (Freunde) eher an Protesten teilnehmen. „This is in part due to the rewards for participating which are concentrated in those networks." Siehe *Karl-Dieter Opp*, Repression and Revolutionary Action: East Germany in 1989, in: Rationality and Society 6, 1994, 101-138.

situationen, so spielen die Beteiligten zwar nicht immer dasselbe Spiel, jedoch hängt der individuelle Möglichkeitsraum jedes Einzelnen immer von denselben Menschen ab. Wiederholte Interaktionen entsprechen zwar nicht genau dem spieltheoretischen Wiederholungseffekt, jedoch können sich aus der *closure of interaction* ähnliche Effekte ableiten lassen. Dies gilt z. B. für den Arbeitsplatz, wenn mehrere Personen am gleichen Projekt arbeiten, die individuelle Leistung jedoch kaum zurechenbar ist. Trittbrettfahren wird infolge tiefer Überwachungskosten durch hohe Sanktionen bestraft.

Gemäß Axelrod tritt ein Wiederholungseffekt selbst dann ein, wenn keine eigentliche Wiederholung stattfindet, sondern wenn die Anonymität der Interagierenden aufgehoben wird. „The basic idea is that an individual must not be able to get away with defecting without the other individuals being able to retaliate effectively. The response requires that the defecting individual not be lost in a sea of anonymous others."[22] Auch wenn die Individuen nur einmal interagieren, führt Identifikation zu einer potentiellen Wiederholbarkeit und erhöht damit die Bedeutung sozialer Anerkennung bzw. sozialer Sanktionen.

(2) *Identifikation des Empfängers*: Moralisches Verhalten kann nicht nur extrinsisch durch soziale Anerkennung, sondern auch intrinsisch belohnt werden. Individuen sanktionieren die eigene Moralverletzung durch interne Reaktionen wie Scham- oder Schuldgefühle, Verminderung des Selbstwertgefühls oder Angst.[23] Robert Trivers[24] sieht in der Internalisierung von Normen eine endogene Reaktion auf mögliche soziale Sanktionen bei Normabweichung. Moralisches Handeln fällt einfacher, wenn Normen ein Teil des Gewissens sind. Auch die interne Befriedigung aus moralischem Handeln wird den monetären Kosten der Moral gegenübergestellt. Informationen über die potentiellen Nutznießer der eigenen Moral beeinflussen dieses Entscheidungskalkül, indem sie die soziale Distanz zwischen Gebern und Empfängern abbauen und so Gefühle wie Sympathie oder Empathie überhaupt erst ermöglichen. Karitative Organisationen haben die Bedeutung, welche die Identifikation der „Opfer" für die Spendenfreudigkeit der Menschen hat, früh erkannt. Die Möglichkeit, die Patenschaft für ein spezifisches Kind zu übernehmen, dient diesem Zweck.

In England machte im Frühling 1995 der Fall um das „Child B" Furore. Der *National Health Service* hatte entschieden, daß Gerechtigkeitsüberlegungen es nicht zuließen, ein schwer krankes Kind, dessen Überlebenschancen als minimal eingestuft wurden, weiterhin mit teuersten medizinischen Mitteln zu behandeln. Die Presse griff den Fall auf und identifizierte das Kind mit dem Buchstaben „B", was genügte, anonyme Spender dazu zu veranlassen, die nötigen Mittel (75.000,– £) bereitzustellen. Die tragische Geschichte impliziert, daß häufig ein geringes Maß an

[22] *Robert Axelrod*, The Evolution of Cooperation, New York 1984, 100.
[23] *James S. Coleman*, Foundations of Social Theory, Cambridge, Mass. 1990.
[24] *Robert Trivers*, The Evolution of Reciprocal Altruism, in: Quarterly Journal of Biology 46, 1971, 32-57.

Information ausreicht, die Anonymität aufzuheben und ein Individuum zu einem spezifischen Menschen werden zu lassen.

Zu untersuchen, inwieweit die Identifikation des potentiellen Empfängers die Bereitschaft, moralisch zu handeln, beeinflußt, erscheint vor allem attraktiv, da Empfänger-Identifikation keine öffentlichen Guts-Probleme nach sich zieht. Je teurer soziale Kontrolle ist, desto weniger kann Moral von der Identifikation des Gebers abhängen. In großen Gruppen und mobilen Gesellschaften, in denen Interaktionspartner häufig wechseln, ist Reziprozität keine Verhaltensdeterminante mehr.

3. Experimentelle Ergebnisse

Die Experimente wurden im Wintersemester 1995/96 mit 220 Ökonomie-Studentinnen und -Studenten des ersten Semesters an der Universität Zürich durchgeführt. Die Studierenden nahmen jeweils nur an einer der hier diskutierten experimentellen Variation teil. Den Versuchspersonen wurde zu Beginn mitgeteilt, daß sie an einem Experiment teilnehmen und maximal 13,– sFr. gewinnen könnten. Der zur Aufteilung zur Verfügung stehende Betrag von 13,– sFr. wurde den mittels eines Zufallsverfahrens ausgewählten Geldbesitzern 1:1 ausbezahlt, so daß sie zum Entscheidungszeitpunkt das Geld tatsächlich in ihren Händen hielten. Mögliche Abgaben an die Empfänger konnten in einen Umschlag gepackt und in eine Schachtel gelegt werden. Ohne vorherige Identifikation war es den Empfängern nicht möglich zu erkennen, wer ihr Geldbesitzer war.

Das Diktator-Spiel wurde je ein Mal in vier verschiedenen Varianten gespielt: in Anonymität, mit Geldbesitzer-Identifikation, mit Empfänger-Identifikation und mit einer mit Information verbundenen Empfänger-Identifikation. Bei Anonymität wußten die Versuchspersonen nicht, mit wem sie im konkreten Fall konfrontiert waren. Bei Geldbesitzer-Identifikation wurde den Studierenden mitgeteilt, welche Person gemeinsam mit ihnen in der zufällig bestimmten Entscheidungsgruppe war. Die Gruppenmitglieder, d. h. je ein Geldbesitzer und ein Empfänger, konnten Blickkontakt miteinander aufnehmen. Bei Empfänger-Identifikation wurde nur dem Geldbesitzer mitgeteilt, wer der ihm entsprechende Empfänger ist. Die Geldbesitzer konnten ihre Empfänger anhand von Nummern identifizieren.

Bei der zweiten Art von Empfänger-Identifikation gaben sich die Empfänger nicht nur durch ihre Nummern zu erkennen, sondern waren zudem aufgefordert, einige Informationen über ihre Person bekannt zu geben. Sie nannten ihren Namen, ihren Wohnort, was sie im Hauptfach zu studieren gedenken (VWL, BWL, Informatik oder bei Nebenfachökonomen und -ökonominnen ein beliebiges anderes Hauptfach) und ihr wichtigstes Hobby (Anhang 1). Die eigentliche Entscheidung wurde erst nach Abschluß der Identifikation isoliert und anonym getroffen (die Unterlagen wurden erst dann verteilt). Nach der Auszahlung der Empfänger war das Experiment abgeschlossen, und es wurde ein Fragebogen verteilt, in dem wir die Geldbesitzer fragten, welche Rolle sie selbst der Identifikation zuschrieben. Die Fragen wurden sinngemäß an die jeweiligen Rahmenbedingungen angepaßt. In Anhang 2 wird der umfassendste Fragebogen für die Identifikation des Empfängers mit Information wiedergegeben.

Das Diktator-Spiel wurde ausgewählt, da es Uneigennützigkeit in einer reinen Form widerspiegelt. Es erinnert stark an Wohltätigkeit, da die Geldbesitzer freiwillig Geld an die Geldlosen weitergeben können. Im Unterschied zu realen Spenden haben die Geldbesitzer jedoch das Recht auf das Geld nicht durch eigene Arbeit verdient, sondern sind durch Zufall in den Besitz eines ganz bestimmten Betrages gelangt. Dieser Geschenkcharakter des Geldes führt von Spenden weg zur Aufteilung eines fixen Kuchens, bei dem die Größe der Stücke nicht schon durch Vorleistungen definiert ist. Es ist zu erwarten, daß Moral in Spendensituationen das Einhalten anderer Normen gebietet als bei Aufteilungen von Geschenken.[25] Identifikation sollte dennoch in beiden Fällen dazu führen, daß die jeweilige moralische Norm stärker berücksichtigt wird.

Die Rolle der Identifikation wurde experimentell noch kaum untersucht. In der neuesten, umfassenden Übersicht über Diktator- und Ultimatum-Spiele wird das Fehlen von Identifikation als wichtiges Verbindungsstück zwischen anonymen, kommunikationslosen Experimenten und *Face-to-face*-Interaktionen betont.[26] Die meisten Untersuchungen variieren beide Dimensionen simultan und gehen gleichzeitig von Schweigen zu Sprechen und von Anonymität zu Identifikation über. Iris

[25] Verschiedene Experimente, in denen die Position des Geldbesitzers bzw. Aufteilers nicht durch Zufall ermittelt wurde, zeigen, daß das Aufteilungsverhalten entscheidend dadurch beeinflusst wird, wie eine Person das Recht am Aufteilungsentscheid erhalten hat. Je mehr ein Individuum investiert hat, um Aufteiler zu werden, desto weniger gibt er oder sie an die andere Person weiter. Wird die Position des Aufteilers in einem Ultimatum-Spiel durch eine Auktion ermittelt, geben diejenigen Aufteiler am wenigsten weiter, die sich die Position am relativ teuersten ersteigern mußten. Im Durchschnitt wird ein Drittel des Betrags an den Empfänger überwiesen, hälftige Teilungen finden keine statt (siehe *Werner Güth*, On ultimatum bargaining experiments – A personal review, in: Journal of Economic Behavior and Organization 27, 1995, 329-344). Der weitergegebene Betrag ist ebenfalls kleiner als bei einem Zufallsverfahren, wenn die Individuen das Recht verdient haben, die Position des Aufteilers einzunehmen. Elisabeth Hoffman u. a. unterscheiden vier Fälle: (i) Die Position des Aufteilers wird durch Münzwurf zugeteilt; den Gewinnern wird gesagt, daß sie dadurch als Aufteiler *bestimmt* seien. (ii) Die Position des Aufteilers wird durch Münzwurf zugeteilt; den Gewinnern wird gesagt, daß sie dadurch das Recht *verdient* hätten, Aufteiler zu sein. (iii) Die Position des Aufteilers wird durch ein einfaches Spiel ermittelt; den Gewinnern wird gesagt, daß sie dadurch als Aufteiler *bestimmt* seien. (iv) Die Position des Aufteilers wird durch ein einfaches Spiel ermittelt; den Gewinnern wird gesagt, daß sie dadurch das Recht *verdient* hätten, Aufteiler zu sein. Das Verhalten der Aufteiler wurde nicht dadurch beeinflußt, daß in einem Fall reines Glück entschied (Münzwurf) und im anderen Fall eine einfache Leistung ausschlaggebend war (Spiel). Hingegen gaben Aufteiler, denen gesagt wurde, sie hätten ihre Position *verdient*, signifikant weniger an die Empfänger weiter als Aufteiler, denen ihre Position einfach zugewiesen worden war (vgl. *Elisabeth Hoffman/Kevin McCabe/Keith Shachat/Vernon Smith*, Preferences, Property Rights and Anonymity in Bargaining Games, in: Games and Economic Behaviour 7, 1994, 346-380).

[26] *Alvin E. Roth*, Bargaining Experiments, in: John Kagel und Alvin E. Roth (Hrsg.), Handbook of Experimental Economics. Princeton 1995, 253-348.

Bohnet[27] zeigt für Gefangenendilemmasituationen, Ultimatum- und Diktator-Spiele, welche unterschiedlichen Einflüße die einzelnen Komponenten auf die Bereitschaft, uneigennützig zu handeln, haben.

Mit einer anderen Zielrichtung wird die Identifizierbarkeit des Aufteilers in Diktator-Spielen in der experimentellen Studie von Elisabeth Hoffman u. a.[28] problematisiert. Die Autoren versuchen, Anonymität zu maximieren, indem sie den Experimentteilnehmern und -teilnehmerinnen garantieren, daß ihre Anonymität nicht nur den anderen Versuchspersonen gegenüber gewahrt wird, sondern auch gegenüber den Experimentleitern und -leiterinnen. Die getroffenen Entscheidungen können weder während noch nach dem Experiment einer bestimmten Person zugeordnet werden. Die *double-blind*-Experimente wurden entworfen, um zu untersuchen, inwieweit die Versuchspersonen die (wie auch immer perzipierten) Erwartungen der Experimentleitung in ihr Entscheidungskalkül einfließen lassen. Die Ergebnisse bestätigen die Vermutung: Während bei einfacher Anonymität zwischen den Versuchspersonen 20 Prozent der Diktatoren die spieltheoretische Erwartung erfüllten und nichts an die Empfänger abgaben, behielten bei doppelter Anonymität 67 Prozent der Diktatoren alles für sich. Entsprechend argumentieren die Autoren, daß Geben im Diktator-Spiel resultiere aus „a social concern for what others may think, and for being held in high regard by others."[29] Auch Werner Güth schließt aus verschiedensten experimentellen Untersuchungen, daß moralisches oder faires Verhalten in Verhandlungssituationen nicht auf intrinsische Motivation zurückgeführt werden kann, sondern daß „fairness is a social norm which yields reliable expectations only when its compliance can be monitored"[30].

Zur Bedeutung der Identifikation des Empfängers in Diktator- oder Ultimatum-Spielen existieren unseres Wissens noch keine Untersuchungen. Philip Grossman und Catherine Eckel[31] sind die einzigen, die betonen, daß Empfängercharakteristika das Aufteilungsverhalten in Diktator-Spielen beeinflussen. Sie vergleichen die Spendenbereitschaft von Individuen in *double-blind*-Diktator-Spielen mit einer Situation, in der das abgegebene Geld nicht an eine andere Person, sondern an eine karitative Organisation (Rotes Kreuz) gegeben wird. Während Individuen im ersten Fall durchschnittlich 10,6 Prozent von 10,– $ abgeben, spenden sie im zweiten Fall 31,0 Prozent. Im traditionellen Diktator-Spiel behielten 30 der 48 Versuchspersonen alles für sich, während im Fall „Rotes Kreuz" nur 13 der 48 Diktatoren die ganzen 10,– $ für sich beanspruchten.

[27] *Iris Bohnet*, Kooperation und Kommunikation. Eine ökonomische Analyse individueller Entscheidungen, Tübingen i. E.

[28] *Elisabeth Hoffman u. a.*, Preferences…, a.a.O.

[29] *Susan K. Laury/James M. Walker/Arlington W. Williams*, Anonymity and the voluntary provision of public goods, in: Journal of Economic Behavior and Organization 27, 1995, 365-380 (hier 366). Die Bedeutung der *double-blind*-Prozedur konnte für Probleme öffentlicher Güter nicht repliziert werden. Die Anonymität gegenüber der Versuchsleitung veranlaßt Individuen nicht, stärker in ihrem eigenen Interesse zu entscheiden.

[30] *Werner Güth*, On ultimatum bargaining experiments…, a.a.O., 334.

[31] *Philip Grossman/Catherine C. Eckel*, Anonymity and Altruism in Dictator Games, Aufsatz für die American Economic Association Konferenz, Boston 1993.

In unseren Experimenten interessiert, inwieweit die angebotsseitig motivierte Identifikation des Geldbesitzers durch mögliche soziale Sanktionen das Ausmaß an Moral beeinflußt und inwieweit die nachfrageseitig motivierte Identifikation des Empfängers durch eine Spezifizierung des „Opfers“ das Aufteilungsverhalten bestimmt. Tabelle 1 gibt die Ergebnisse des Basis-Experiments wieder, in dem sich die Geldbesitzer in Anonymität entschieden haben.

Rahmenbedingung	Anteil weitergegeben	Anzahl Gruppen
Anonymität	26 %	39

Tabelle 1: Moral im Diktator-Spiel bei Anonymität

Die durchschnittliche Höhe des weitergegebenen Betrags, 3,38 sFr. von 3,– sFr., erstaunt und entspricht nicht einer einkommensmaximierenden Strategie. Inwieweit dieses Ausmaß an Moral durch den vergleichsweise tiefen Preis der Moral bedingt ist, müßte durch ein Variieren der Größe des aufzuteilenden Betrags gezeigt werden. Andere experimentelle Untersuchungen weisen darauf hin, daß sich Versuchspersonen, die einer einheitlichen Grundgesamtheit entnommen sind – hier aus der Gemeinschaft der Ökonomiestudierenden im ersten Semester –, weniger eigennützig verhalten als zufällig zusammengesetzte Stichproben. Da wir sowohl die Stichprobenauswahl als auch die monetären Opportunitätskosten der Moral konstant lassen, können wir den unter anonymen Bedingungen weitergegebenen Betrag als Referenzgröße verwenden. Er liegt leicht höher als die Ergebnisse anderer experimenteller Untersuchungen zum Diktator-Spiel.[32]

Nur ein Viertel der Geldbesitzer wählt genau die hälftige Aufteilung 6,50 sFr. zu 6,50 (Standardabweichung 2,75). Abb. 1 zeigt, daß sich eine Mehrheit der Geldbesitzer dafür entschieden hat, zwischen 0 sFr. und 0,99 sFr. an die Empfänger abzugeben.

[32] Siehe *Robert Forsythe/Joel L. Horowitz/N.E. Savin/Martin Sefton*, Fairness in Simple Bargaining Experiments, in: Games and Economic Behavior 6, 1994, 347-369; *Gary E. Bolton/Elena Katok/Rami Zwick*, Dictator Game Giving: Rules of Fairness versus Acts of Kindness, International Journal of Game Theory, i. E.

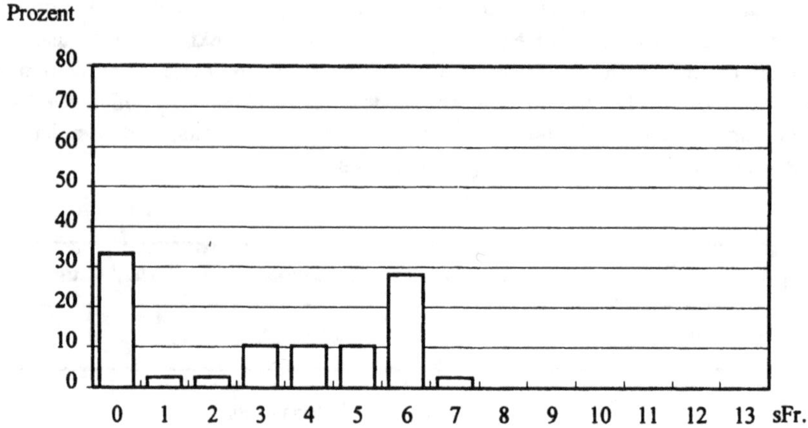

Abbildung 1: Entscheidungen im anonymen Diktator-Spiel (N=39)

Im Vergleich zum anonymen Diktator-Spiel erhöht die Identifikation des Geldbesitzers den weitergegebenen Betrag von 26 Prozent auf 50 Prozent ($T=4.990$, $p<0.001$). Tabelle 2 gibt die Ergebnisse wieder:

Rahmenbedingung	Anteil weitergegeben	Anzahl Gruppen
Geldbesitzer-Identifikation	50 %	28

Tabelle 2: Moral im Diktator-Spiel bei Identifikation des Geldbesitzers (gegenseitige Identifikation)

Die große Mehrheit der Geldbesitzer, 71 Prozent, entscheidet sich für eine Aufteilung zu gleichen Hälften (Standardabweichung 2,43). Wenn unmoralisches Verhalten sozial sanktioniert werden kann, orientieren sich Individuen an einer Aufteilungsnorm, der hälftigen Teilung, die ähnlich wie ein Schellingpunkt durch ihre Einfachheit und Offensichtlichkeit besticht. Wieviel die Geldbesitzer weitergegeben haben, ist in Abb. 2 zu finden.

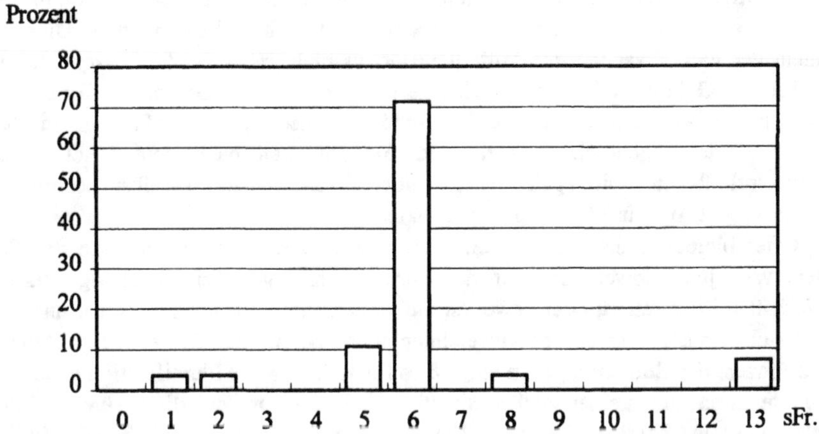

Abbildung 2: Entscheidungen im Diktator-Spiel mit Geldbesitzer-Identifikation (N=28)

Der Fragebogen zeigt, daß es die Versuchspersonen am wichtigsten finden, „kein Egoist" zu sein. 57 Prozent der Aufteiler kreuzen diese Frage mit „Ja" an. Dies entspricht den Ergebnissen aus früheren Experimenten von Iris Bohnet und Bruno S. Frey[33], in denen sich zeigt, daß selbstbezogene Erklärungsmuster wichtiger für moralisches Verhalten sind als die Situation der anderen. Geldbesitzer geben bei gleichen Rahmenbedingungen einen konstanten Anteil des Kuchens weiter, auch wenn das weitergegebene Stück für mehr als eine Person bestimmt ist. Reinhard Selten und Axel Ockenfels[34] finden in einem dem Diktator-Spiel ähnlichen Solidaritätsexperiment mit drei Personen ein ähnliches Resultat. Eine Mehrheit der Geldbesitzer (36 Prozent) ist bereit, eine konstante positive Summe abzugeben, unabhängig davon, ob auf der anderen Seite ein oder zwei Empfänger stehen.

Daß Selbstbilder Entscheidungsverhalten beeinflussen, wurde auch von Werner Güth, Axel Ockenfels und Reinhard Tietz[35] gefunden. Individuen wählen in anonymen Ultimatum-Spielen auch dann nicht die eigennutzmaximierende Strategie, wenn Normen so weit als möglich ausgeschaltet werden. Die Experimentatoren versuchten, egoistisches Verhalten zu legitimieren, indem sie die Empfänger nach Abschluß des Experiments gleich gut stellten wie die Geldbesitzer. Empfänger erhielten nach dem Experiment und unabhängig vom experimentellen Ergebnis eine Transferzahlung von den Experimentatoren in der Höhe des aufzuteilenden Betrags. Eigentumsrechte an der Aufteilung wurden in einer Auktion verdient; zudem standen relativ große Beträge zur Aufteilung zur Verfügung (zwischen 18,– DM und

[33] *Iris Bohnet/Bruno S. Frey*, The Sound of Silence. An Experimental Approach, Mimeo, Universität Zürich 1996.

[34] *Reinhard Selten/Axel Ockenfels*, An Experimental Solidarity Game, Mimeo, Universitäten Magdeburg und Bonn 1996.

[35] *Werner Güth/Axel Ockenfels/Reinhard Tietz*, Distributive justice versus bargaining power: Some experimental results, Mimeo, Universität Frankfurt 1990.

54,– DM). Unter diesen Bedingungen sollte es auch für einen moralischen Geldbesitzer möglich sein, den ganzen Kuchen für sich zu beanspruchen. Dies war nicht der Fall. Zwar lag der Aufteilungsmodus nicht mehr bei 50 Prozent, jedoch gaben die Geldbesitzer immer noch signifikant mehr als 0 DM an die Empfänger weiter. Die Autoren schließen, daß Individuen zwischen beeinflußbaren Transfers während des eigentlichen Spiels und Auszahlungen nach dem Spiel gemäß unbeeinflußbaren Spielregeln unterscheiden. Was Menschen selbst beeinflußen können, gibt Auskunft über „ihren Charakter".

Offen bleibt bei unseren Experimenten, ab wann sich Menschen als Egoisten fühlen. Wird jede Abweichung von der Norm der hälftigen Teilung als egoistisches Verhalten interpretiert, oder bewerten Individuen auch Egoismus marginal und fühlen sich je nach Ausmaß der Abweichung als größeren oder kleineren Egoisten? Je 32 Prozent der Befragten geben an, daß es für sie durch die Identifikation deutlicher wurde, „was man in einer solchen Situation zu tun hat" und daß die zukünftige Interaktion mit den Studienkollegen die Entscheidung wesentlich beeinflußt habe. Individuen scheinen die Möglichkeit sozialer Sanktionen tatsächlich in ihr Entscheidungskalkül einzubeziehen und sich an Normen zu orientieren.

Wird nur der Empfänger identifiziert, wird eine soziale Sanktionierung ausgeschloßen. Tabelle 3 zeigt, daß sich die Geldbesitzer dennoch erstaunlich uneigennützig verhalten:

Rahmenbedingung	Anteil weitergegeben	Anzahl Gruppen
Empfänger-Identifikation	35 %	18

Tabelle 3: Moral im Diktator-Spiel bei Identifikation des Empfängers (ohne Information)

35 Prozent der 13,– sFr. werden weitergegeben, wobei dieser Betrag jedoch nicht signifikant unterschiedlich von den in Anonymität abgegebenen 26 Prozent ist (T=0.86, p=0.40). Entsprechend weniger Geldbesitzer wählen genau eine hälftige Teilung, nämlich 39 Prozent (Standardabweichung 2,233). Wie aus Abb. 3 ersichtlich wird, gibt jedoch auch hier eine Mehrheit der Geldbesitzer zwischen 6,– sFr. und 6,99 sFr. an die Empfänger weiter.

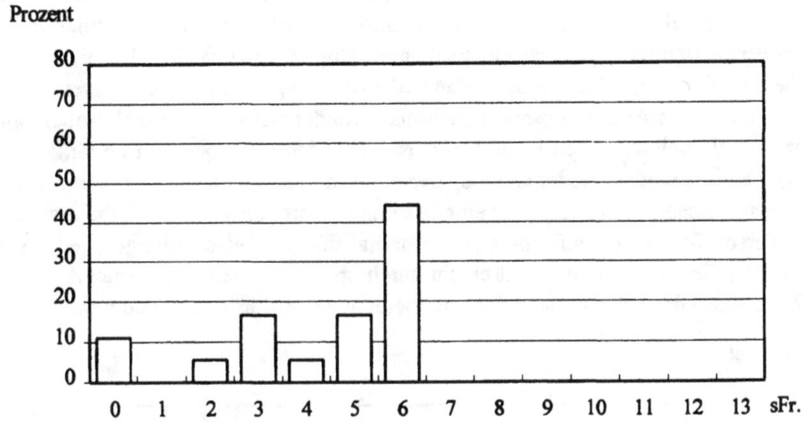

Abbildung 3: Entscheidungen im Diktator-Spiel mit Empfänger-Identifikation (N=18)

In diesem Experiment gibt die große Mehrheit der Geldbesitzer, nämlich 72 Prozent, im Fragebogen als Motiv für ihr Verhalten an, „kein Egoist" sein zu wollen. Vergleichsweise ist dieses Motiv hier noch ausgeprägter als bei gegenseitiger Identifikation, bei der zukünftige Reziprozität einen zusätzlichen Einfluß ausüben dürfte. Genau 50 Prozent der Versuchspersonen glaubt, daß Identifikation bei ihnen nichts bewirkt habe. Am dritthäufigsten genannt wird, von 18 Prozent der Befragten, das Herausfinden, „wie man sich in einer solchen Situation zu verhalten hat".

Die letzte Variation macht deutlich, daß das Einführen von zusätzlicher Information über den Empfänger durch Name, Herkunft, Studienfach und Hobby die Identifikation mit dem „Opfer" erleichtert (Tabelle 4):

Rahmenbedingung	Anteil weitergegeben	Anzahl Gruppen
Empfänger-Identifikation mit Information	52 %	25

Tabelle 4: Moral im Diktator-Spiel bei Identifikation des Empfängers (mit Information)

Wenn die Geldbesitzer ihr Gegenüber identifizieren können und zusätzlich erfahren, wer ihr Empfänger ist, geben sie signifikant mehr weiter als bei Anonymität, nämlich 52 Prozent im Vergleich zu 26 Prozent (T= 3.46, p=0.002). Die zusätzliche Information über den Empfänger führt ebenfalls zu einem signifikanten Unterschied zu reiner Empfänger-Identifikation. Im Vergleich zu 35 Prozent werden hier 52 Prozent weitergegeben (T= 2.89, p=0.010).

Interessanterweise wird hier die hälftige Teilung von viel weniger Geldbesitzern gewählt als bei der Geldbesitzer-Identifikation, obwohl die durchschnittlich weitergegebenen Beträge praktisch identisch sind. Nur 16 Prozent der Geldbesitzer entscheiden sich für diese Lösung (Standardabweichung 3.153). Die Konvergenz zur offensichtlichen Aufteilungsnorm „halb-halb" findet nur statt, wenn Normbefolgung sozial sanktioniert werden kann. Bei einseitiger Identifikation des Empfängers hingegen entscheidet sich jeder Geldbesitzer aufgrund der erhaltenen Informationen und der persönlichen Präferenzen für eine bestimmte Aufteilung der 13,– sFr. Zwar führt die Personifizierung des Empfängers zu moralischeren Entscheidungen, jedoch entsprechen diese nur durch Zufall einem durchschnittlich weitergegebenen Anteil von 52 Prozent. Die große Varianz der Entscheidungen wird in Abb. 4 deutlich.

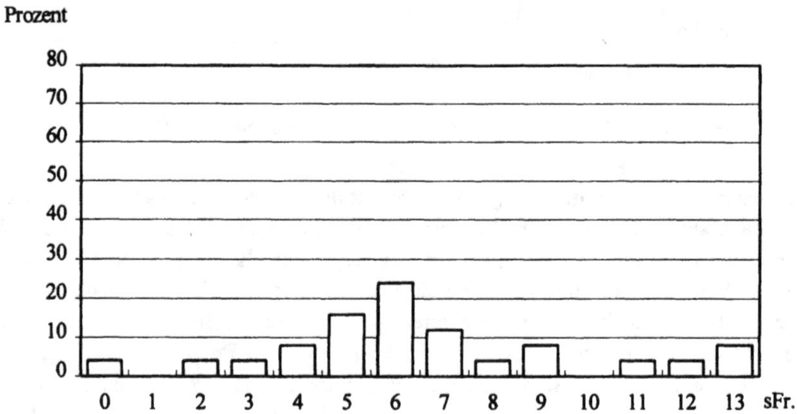

Abbildung 4: Entscheidungen im Diktator-Spiel mit Empfänger-Identifikation und Information (N=25)

Der Fragebogen ergibt folgendes Bild: Die meisten Nennungen erhält wieder „kein Egoist" (52 Prozent der Geldbesitzer). Überraschenderweise geben fast genauso viele Antwortende (48 Prozent) an, daß sie sich wohler fühlten, erst dann entscheiden zu müßen, nachdem sie die andere Person gesehen hatten. Inwieweit die Identifikation der anderen Person hier das Wohlbefinden erhöht oder aber Menschen es einfach schätzen, vor Entscheidungen Zeit zu gewinnen, muß offen bleiben. Im Vergleich zu den anderen Identifikationssituationen haben sich zwei Dimensionen verändert: Die Aufteiler haben sowohl mehr über ihren Empfänger erfahren als auch mehr Zeit für die Entscheidung zur Verfügung gehabt. Im allgemeinen tendieren Experimente dazu, den Zeitfaktor zu vernachlässigen, der jedoch für die reale Entscheidungsfindung von zentraler Bedeutung ist. Menschen versuchen typischerweise, Entscheidungen hinauszuzögern, zusätzliche Informationen einzuholen und mit anderen über die Problemlage zu sprechen.

Am dritthäufigsten als Verhaltensmotiv genannt wurde in 40 Prozent der Fälle die „Einstellung des anderen". Auch wenn nur wenige Informationen zur Verfügung standen, scheinen diese auszureichen, sich ein klareres Bild von seinem Gegenüber machen zu können. Immerhin 6 der 25 Befragten (24 Prozent) geben denn auch an, daß ihnen der andere Experimentteilnehmer „besonders sympathisch" war, während in den beiden vorherigen Identifikations-Experimenten nur je eine Person die Frage mit „ja" beantwortete. Sozialpsychologische Experimente haben gezeigt, daß Menschen umso mehr Empathie für andere Personen empfinden, je ähnlicher sich die Individuen sind.[36] Zusätzliche Information birgt ein Identifikationspotential in sich, das den „Möglichkeitsraum für Ähnlichkeiten" vergrößert. Auf der anderen Seite können die Informationen natürlich auch dazu führen, daß Menschen ihre Gegensätzlichkeiten herausfinden. Diese Verbreiterung des Spektrums drückt sich in unserer Untersuchung in der vergleichsweise größeren Varianz der Entscheidungen bei Empfänger-Identifikation mit Information aus.

4. Schlußfolgerung

Das Ausmaß an geäußerter Moral wird als das Ergebnis einer Nutzen-Kostenabwägung modelliert. Menschen fragen Moral umso mehr nach, je billiger diese ist. Wenig beachtet wurde bis jetzt, daß es auch ein Angebot an moralischer Anerkennung gibt. Moralisches Verhalten wird umso eher belohnt, wenn dies mit hohen Kosten einhergeht. Als Helden und Heldinnen gelten typischerweise diejenigen, die sich nicht nur dann uneigennützig verhalten, wenn dies billig möglich ist. Moralisches Verhalten kann jedoch erst dann positiv oder – im umgekehrten Fall – negativ sanktioniert werden, wenn Menschen mit ihren Handlungen identifiziert werden können. Bei anonymen Interaktionen ist daher zu erwarten, daß Entscheidungen nur durch die Preiselastizität der Nachfrage bestimmt sind. Angebotsseitige Faktoren werden relevant, sobald die Anonymität aufgehoben wird.

Wir unterscheiden zwei Arten von Identifikation: Die Identifikation des Geldbesitzers, der Moral nachfragt, und die Identifikation des Geldempfängers, der Moral anbietet. In Diktator-Spielen, die ausgewählt wurden, da sie uneigennütziges Verhalten in einer reinen, nicht-strategischen Form abbilden, zeigt sich, daß beide Identifikationsformen zu einer Erhöhung der geäußerten Moral führen. Werden Geldbesitzer identifiziert, halten sie sich an offensichtliche Normen, um sozialen Sanktionen zu entgehen. Im Diktator-Spiel bedeutet dies eine hälftige Teilung des zur Verfügung stehenden Betrags. Wenn hingegen nur die Empfänger identifiziert werden können, sind soziale Sanktionen ausgeschlossen. Hingegen identifizieren sich die Geldbesitzer umso eher mit dem Schicksal ihrer Empfänger, die bei der

[36] *Siehe Stephen G. Lea/Roger M. Tarpy/Paul Webley*, The Individual in the Economy, Cambridge 1987, 250.

Ausgangsausstattung durch Zufall leer ausgegangen sind, wenn sie mehr über ihr Gegenüber wissen. Empfänger, die kurz etwas zu ihrer Person sagen, erhalten im Durchschnitt ebenfalls die Hälfte des Kuchens, wobei die hälftige Teilung nur durch Zufall resultiert. Geldbesitzer orientieren sich hier viel weniger an einer Norm, sondern geben der spezifischen Interaktion mit ihrem Empfänger entsprechend einen bestimmten Betrag ab.

Die Identifikation des Empfängers ist von Bedeutung, da in großen und mobilen Gesellschaften nicht darauf vertraut werden kann, daß moralisches Handeln durch soziale Kontrolle erreicht werden kann. Gerade die nicht-strategische Wohltätigkeit hängt davon ab, inwieweit sich Menschen mit den „Opfern" identifizieren können. Die Institution „Patenschaft", welche die meisten karitativen Organisationen anbieten, greift darauf zurück, daß Menschen eher gewillt sind zu spenden, wenn ihre Spende einer spezifischen Person zugute kommt. Da die Ökonomie typischerweise anonyme Interaktionen unterstellt und so uneigennütziges Verhalten nicht erklären kann, ist dieser Sachverhalt auch theoretisch von Interesse.

Anhang

Anhang 1: Diktator-Spiel mit Identifikation des Empfängers und Information

Erklärung des Experiments (Geldbesitzer)

I. Worum geht es?

Bei diesem Experiment bilden Sie mit einer anderen Person eine Gruppe. Sie erhalten einen Betrag von 13,– sFr. Sie können diesen Betrag *nach ihrem Belieben* zwischen sich und der anderen Person aufteilen.

- Sie können den gesamten Betrag von 13,– sFr. für sich behalten.
- Sie können aber auch der anderen Person den gesamten Betrag von 13,– sFr. übergeben.
- Sie können schließlich auch den Betrag nach Ihrem Ermessen zwischen sich und der anderen Person aufteilen; z. B. für sich 2,– sFr. behalten und der anderen Person 11,– sFr. zuweisen.

Bevor Sie sich entscheiden, werden wir Ihnen zeigen, wer die andere Person ist. Sie werden einige persönliche Angaben von dieser Person erfahren. Diese Identifikation ist *einseitig*. Sie werden von der anderen Person nicht erkannt. Bitte *schweigen Sie* während des ganzen Experiments!

II. Ablauf des Experiments

Stufe 1: Sie können die andere Person anhand einer Nummer identifizieren. Die Ihnen entsprechende Person hat die gleiche Nummer wie Sie *(bitte zeigen Sie Ihre eigene Nummer niemandem)*. Ihr Empfänger wird einige Angaben zu seiner Person machen.

Stufe 2: Nach der Identifikation legen Sie bitte fest, wieviel Sie von den sFr. der anderen Person geben wollen. Notieren Sie auf dem beiliegenden *„Geldbesitzerblatt"*, wieviel Sie für sich behalten und wieviel Sie dem/der anderen abgeben. Dann stecken Sie den *Betrag für Ihren Empfänger und das Geldbesitzerblatt in den Umschlag* und geben ihn ab (er wird dem Empfänger ausgehändigt).

Stufe 3: Das sich jetzt in Ihrem Besitz befindende Geld gehört Ihnen. Sie bleiben auch nach dem Experiment anonym.

Damit ist das Experiment *beendet*. Danke für die Teilnahme!

Erklärung des Experiments (Empfänger)

I. Worum geht es?

Bei diesem Experiment bilden Sie mit einer anderen Person eine Gruppe. Die andere Person erhält einen Betrag von 13,– sFr. Diese kann Ihnen einen Teil davon, oder auch die gesamte Summe, übertragen.

Sie haben eine Nummer erhalten. Anhand dieser Nummer kann Sie die andere Person („der Geldbesitzer") *identifizieren*. Die andere Person bleibt anonym. Sie wissen weder während noch nach dem Experiment, von wem Sie Geld erhalten haben.

Bei Identifikation bitten wir Sie, einige *Angaben zu Ihrer Person* zu machen. Ansonsten herrscht während des ganzen Experiments *Schweigen*!

II. Ablauf des Experiments

Stufe 1: Die ÜbungsleiterInnen werden die Nummern herunterlesen. Bitte stehen Sie auf, wenn Ihre Nummer genannt wird und machen folgende Angaben:
- wie Sie heißen,
- woher Sie kommen,
- was Sie im Hauptfach zu studieren gedenken (VWL, BWL, Informatik, ein anderes Fach),
- welches Hobby Ihnen wichtig ist.

Stufe 2: Nachdem Sie von der anderen Person („Ihrem Geldbesitzer") identifiziert worden sind, warten Sie bitte (*schweigend*), bis Sie das Ihnen zugewiesene Geld erhalten. Bitte kontrollieren Sie, ob Sie auch tatsächlich den Betrag erhalten, der auf dem beiliegenden „Geldbesitzerblatt" angegeben ist.

Stufe 3: Die ÜbungsleiterInnen sammeln die „Geldbesitzerblätter" ein. Das sich jetzt in Ihrem Besitz befindende Geld gehört Ihnen.

Damit ist das Experiment *beendet*. Danke für die Teilnahme!

Anhang 2: Fragebogen zu Identifikation des Empfängers mit Information

Was war für Ihre Entscheidung ausschlaggebend?

• Ich habe den anderen Experimentteilnehmer bereits vorher persönlich gekannt.	o ja	o nein
• Der andere Experimentteilnehmer war mir besonders sympathisch.	o ja	o nein
• Der andere Experimentteilnehmer ist ein Mitglied meiner Übungsgruppe. Einem „Fremden" hätte ich weniger gegeben.	o ja	o nein
• Ich will kein Egoist sein, unabhängig davon, wer die andere Person ist.	o ja	o nein

Was hat die Identifikation des anderen Gruppenmitglieds bei Ihnen bewirkt?

• Ich habe mir eine Vorstellung über die Einstellung des anderen gemacht.	o ja	o nein
• Es war mir wohler, mich erst, nachdem ich den anderen gesehen hatte, entscheiden zu müssen.	o ja	o nein
• Weil ich den anderen gesehen habe, ist mir deutlicher geworden, was „man" in einer solchen Situation zu tun hat.	o ja	o nein
• Ich glaube, der andere hat auch mich erkannt, deshalb befürchte ich soziale Sanktionen.	o ja	o nein
• Die Identifikation und die persönlichen Angaben haben bei mir nichts bewirkt.	o ja	o nein
• Die Identifikation hat etwas bewirkt, nicht aber die persönlichen Angaben.	o ja	o nein
• Die persönlichen Angaben haben etwas bewirkt, nicht aber die Identifikation.	o ja	o nein

Hat die Überlegung, daß Sie auch in Zukunft etwas mit Ihren Studienkollegen zu tun haben werden, Ihre Entscheidung wesentlich beeinflußt?

o ja o nein

Martin Leschke

Das Problem der Steuerhinterziehung Eine moralökonomische Analyse*

1. Einleitung

Dem Problem der Steuerhinterziehung wird (auch) in funktionierenden Gesellschaften zunehmend Aufmerksamkeit geschenkt. Da über das Ausmaß der Steuerhinterziehung keine zuverlässigen Zahlen vorliegen, sei als Anhaltspunkt für die Entwicklung derartiger illegaler Aktivitäten in demokratischen Staaten auf den Umfang der Schattenwirtschaft verwiesen (vgl. Tabelle 1), der innerhalb des Zeitraums von 1970 bis 1990 stark zugenommen hat. Für die Steuerhinterziehung lassen Schätzungen in den USA und in der Schweiz ähnliche Wachstumsraten vermuten.[1]

Illegale und halblegale Tätigkeiten erschweren – sofern sie makroökonomisch gesehen einen spürbaren Umfang erreichen – politische Planung und Entscheidung. Insbesondere durch Steuerhinterziehung erfolgt eine Erosion der Steuerbemessungsgrundlage, eine Abnahme der Steuereinnahmen und schließlich eine Erhöhung des Budgetdefizits oder eine schlechtere Versorgung mit öffentlichen Gütern. Zudem wird der Gruppe steuerehrlicher Bürger eine immer größere Steuerlast aufgebürdet. Aufgrund dieser negativen Wirkungen, die Steuerhinterziehung bzw. schattenwirtschaftliche Tätigkeiten im allgemeinen nach sich ziehen, ist es wichtig, die Gründe derartiger Aktivitäten zu kennen. Nur sie können der Ausgangspunkt für erfolgreiche Gegenmaßnahmen sein.

Ziel dieses Aufsatzes ist es, die Ursachen für Steuerhinterziehungsentscheidungen transparent zu machen, um daraus Schlußfolgerungen für die Politik ziehen zu können. Im folgenden wird daher kurz das Dilemma des Steuerzahlers skizziert. Anschließend wird das ökonomische Grundmodell zur Steuerhinterziehung einschließlich seiner Implikationen vorgestellt. Da die aus diesem Modell abgeleiteten Hypothesen in empirischen Analysen bisher nur wenig Bestätigung finden konnten, werden im vierten Abschnitt Erklärungen zur Steuerhinterziehung angeführt, die über Aussagen des ökonomischen Grundmodells hinausgehen. Diese Überlegungen basieren zum einen auf dem Modell der begrenzten Rationalität (*Bounded Rationality*) und zum anderen auf dem Modell (un)moralischen Handelns. Im fünften Abschnitt werden schließlich Aspekte zur Erosion steuerehrlichen Verhaltens – ins-

* Für hilfreiche Kommentare danke ich meinem Kollegen Eckehard Schulz und meiner Frau Barbara.

[1] Vgl. *Werner W. Pommerehne/Hannelore Weck-Hannemann*, Einkommenssteuerhinterziehung in der Schweiz, in: Schweizerische Zeitschrift für Volkswirtschaft und Statistik 125, 515f.

besondere zur Pfadabhängigkeit individuellen Handelns in diesem Bereich – untersucht. Den Aufsatz beschließt eine resümierende Schlußbetrachtung.

Land	*Schattenwirtschaft in Prozent des BSP*		
	1970	*1980*	*1990*
Australien	5,3	10,7*	13,9
Belgien	10,4	16,4	19,6
Dänemark	5,3-7,4	6,9-10,2	9,0-13,4
Deutschland	3,1	10,3	13,1
Frankreich	3,9	6,7*	14,2
Großbritannien	2,0	12,0	16,4
Irland	4,3	8,0	15,7
Italien	10,7	16,7*	23,4
Kanada	5,1	9,7	14,6
Niederlande	4,8	9,1*	13,9
Norwegen	6,2-6,9	10,2-10,9	14,5-16,4
Österreich	3,9	5,0	7,2
Schweden	6,8-7,8	11,9-12,4	15,8-16,7
Schweiz	3,1	5,9	6,8
USA	2,6-4,6	3,6-6,1	5,1-8,6

*Ende 1979. Meßansatz: Methode nach Tanzi: Ökonometrische Schätzung der Bargeldnachfrage.
Quelle: *Friedrich Schneider*, Determinanten der Steuerhinterziehung und der Schwarzarbeit im internationalen Vergleich, in: Christian Smekal und Engelbert Theurl (Hrsg.), Stand und Entwicklung der Finanzpsychologie, Baden-Baden 1994, 275.

Tabelle 1: Das Ausmaß der Schattenwirtschaft in ausgewählten Ländern

2. Das Dilemma des Steuerzahlers

Das „Zahlen von Steuern" scheint für die Gesellschaftsmitglieder ein sogenanntes „soziales Dilemma" darzustellen. Jedes Individuum ist daran interessiert, öffentliche Güter[2] zu konsumieren, die individuelle Bereitschaft den Preis für diese Güter freiwillig zu entrichten, ist dagegen gering. Die günstigste vorstellbare Situation ergibt sich aus der Sicht des einzelnen, wenn alle anderen außer ihm selbst die Mittel für das öffentliche Gut aufbringen und er es auf diese Weise entgeltlos nutzen kann. Denkbar ungünstig stellt sich hingegen die Situation dar, bei der die eigene Steuerzahlung im Vergleich zu derjenigen der übrigen trittbrettfahrenden Gesellschaftsmitglieder sehr hoch ist; denn in diesem Fall ist für den ehrlichen Steuerzahler die Leistungs-Preis-Relation relativ gering. Zahlt überhaupt kein Gesellschaftsmitglied die zur Bereitstellung der öffentlichen Güter notwendigen Steuern, so können die öffentlichen Güter nicht angeboten werden. Beschränken wir die Betrachtung exemplarisch auf eine Gesellschaft, die aus nur zwei Individuen *i* und *j* besteht, so kann das soziale Dilemma des Steuerzahlers in einer Matrix veranschaulicht werden (siehe Abbildung 1).[3]

j / *i*	KSH	SH
KSH	R;R	S;T
SH	T;S	P;P

i; *j* = Steuerzahler
KSH = keine Steuerhinterziehung
SH = Steuerhinterziehung

P, R, S, T sind Nutzenindizes, für die T>R>P>S gilt

Abbildung 1: Das Dilemma des Steuerzahlers

Es folgt, daß ohne Sanktionen beide Steuerzahler *i* und *j* die Strategie der Steuerhinterziehung wählen. Egal, wie sich der jeweils andere entscheidet, Steuerhinterziehung ist immer die beste Handlungsalternative, es handelt sich um eine dominante Strategie. So kommt es zu der Situation (P; P), einer Situation, in der die Steuereinnahmen so gering (im Extremfall 0) sind, daß die öffentlichen Güter nicht im gewünschten Umfang (im Extremfall überhaupt nicht) bereitgestellt werden. Diese

[2] Als öffentliche Güter seien hier ausschließlich diejenigen Güter bezeichnet, bei denen das Ausschlußprinzip – aus ökonomischen oder politischen Gründen – keine Anwendung findet und die deshalb vom Staat bereitgestellt werden.

[3] Die Matrix stellt das sogenannte Gefangenendilemma *(Prisoners' Dilemma)* dar, dessen „Erfinder" *Albert Tucker* ist. Vgl. *Eric Rasmusen*, Games and Information, 2. Aufl., Cambridge/Oxford 1994, 1.

Anreizkonstellation stellt den Ausgangspunkt weiterführender Überlegungen zur Steuerhinterziehung dar. Es wird deutlich, daß steuerunehrliches Verhalten auf irgendeine Weise sanktioniert werden muß, andernfalls tritt als Folge die gesellschaftlich unerwünschte Situation allseitiger Steuerhinterziehung verbunden mit einer Unterversorgung an öffentlichen Gütern ein.

3. Das ökonomische Grundmodell zur Steuerhinterziehung

Das ökonomische Grundmodell zur Steuerhinterziehung geht auf Michael G. Allingham und Ansgar Sandmo zurück.[4] Inspiriert durch Gary S. Beckers Analyse zur Kriminalität[5] und Kenneth J. Arrows Untersuchung zur Portfoliooptimierung[6] entwickelten sie ein Modell eines repräsentativen, nutzenmaximierenden Individuums, dessen Verhalten durch folgende Nutzen- und Kostenkomponenten determiniert ist:

Ziel des repräsentativen Individuums ist es, sein Einkommen zu maximieren. Um dieses Ziel zu erreichen, besteht für den Akteur die Möglichkeit, Steuern zu hinterziehen, indem der Steuerbehörde Einkünfte verschwiegen werden. Bei risikoneutralem Verhalten wird das Individuum gerade so viel Steuern hinterziehen, daß der Erwartungswert dieses illegalen Verhaltens sein Maximum erreicht. Bezeichnet man das der Steuerbehörde nicht mitgeteilte (zu versteuernde) Einkommen mit X, die durch Steuerhinterziehung vermiedene Steuerzahlung mit Ts, die Wahrscheinlichkeit, von der Steuerbehörde als Hinterzieher entlarvt zu werden, mit p und die im Falle der Entdeckung zu entrichtende (Netto-)Strafe, die sich neben der (Nach-)Zahlung der hinterzogenen Steuern (Ts) aus einer zusätzlichen Bestrafung zusammensetzt, mit S, so errechnet sich der Erwartungswert der Steuerhinterziehung E als

(1) $E = Ts \cdot (1\text{-}p) - S \cdot p.$

Nimmt man an, daß Ts mit steigendem X ansteigt, also $Ts = Ts(X)$ mit $Ts' > 0$ gilt, und auch das (Netto-)Strafmaß S mit größer werdendem X steigt, und zwar stärker als Ts', also $S = S(X)$ mit $S' > Ts'$ gilt, so wird das Individuum so lange Steuern hinterziehen, bis die erwartete marginale Steuereinsparung durch Hinterziehung der erwarteten Grenzbestrafung entspricht. Es muß mithin gelten:

(2) $E(X) = Ts(X) \cdot (1 - p) - S(X) \cdot p \max,$

wobei man durch Ableiten

[4] Vgl. *Michael G. Allingham/Ansgar Sandmo*, Income Tax Evasion: A Theoretical Analysis, in: Journal of Public Economics 1, 1972, 323-338.

[5] *Gary S. Becker*, Crime and Punishment, in: Journal of Political Economy 76, 1968, 169-217.

[6] *Kenneth J. Arrow*, Essays in the Theory of Risk-Bearing, North-Holland 1970.

(3) $E'(X) = Ts'(X) \cdot (1-p) - S'(X) \cdot p = 0$ bzw.

(4) $T'(X) = S'(X) \cdot p/(1-p)$

erhält.

Die marginale Steuereinsparung durch Hinterziehung entspricht im Optimum genau dem marginalen (Netto-)Strafmaß gewichtet mit dem Wahrscheinlichkeitsquotienten. Abbildung 2 zeigt das Optimum (die optimalen hinterzogenen Einkünfte) graphisch. Aus dieser einfachen Marginalbetrachtung lassen sich nun Richtungsaussagen ableiten:

(a) Mit steigendem Strafmaß sinkt der der Steuerbehörde verheimlichte Betrag *X*. In Abbildung 1 verschiebt sich die „Bestrafungskurve" nach oben, so kommt es zu einer Linksverschiebung von *X**.
(b) Eine zunehmende Entdeckungswahrscheinlichkeit *p* und damit ein steigender Quotient *p*/1-*p* bewirken wie im Fall (a) eine Linksverschiebung von *X**.
(c) Mit steigendem marginalen Steuersatz *t* (Verschiebung der *Ts'*-Kurve nach oben) kommt es zu höherer Steuerhinterziehung. Das Optimum *X** verschiebt sich nach rechts.
(d) Steigt in einem progressiv gestalteten Steuersystem das nominelle Einkommensniveau, kommt es wie im Fall (c) zu einer Rechtsverschiebung von *X**.

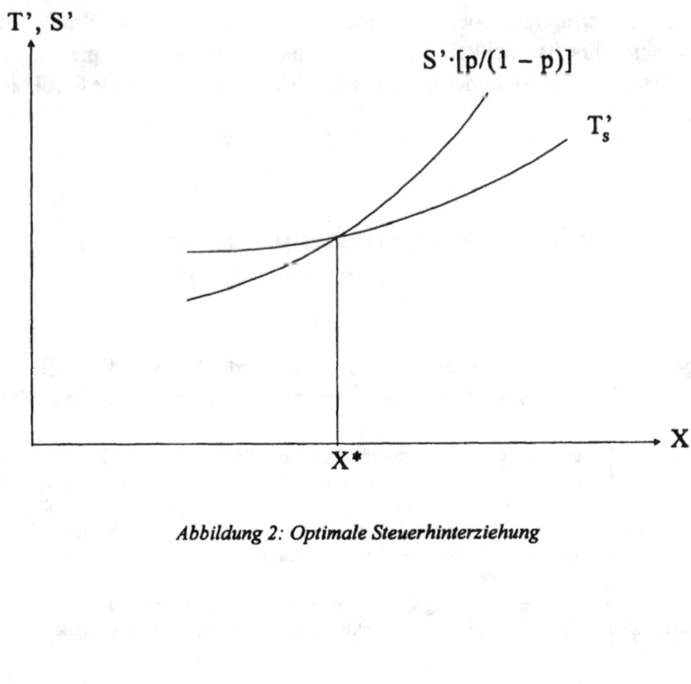

Abbildung 2: Optimale Steuerhinterziehung

Die Aussagen des Grundmodells[7] erscheinen intuitiv plausibel. Man stelle sich vor, jegliche Art von Steuerhinterziehung würde mindestens mit zehn Jahren Gefängnis bestraft, bei einer Aufklärungsquote von 70 %. Dies würde mit Sicherheit bei den heute üblichen Steuersätzen einen drastischen Rückgang der Steuerhinterziehung bedeuten. Umgekehrt würde der Verzicht auf jegliche staatliche Sanktionen für Steuersünder sicherlich eine deutlich spürbare Ausweitung der Steuerhinterziehung bewirken. Trotz dieser modellkonformen Plausibilitätsüberlegungen stößt die neoklassische Analyse an Grenzen, denn moderne Gesellschaften vermitteln – obschon Probleme wie Steuerhinterziehung ohne Zweifel existieren – ein anderes Bild.

Relativ gut funktionierende Demokratien unterscheiden sich von vergleichsweise schlecht funktionierenden Gesellschaften insbesondere dadurch, daß die individuelle Regelbefolgung nicht nur aufgrund schutzstaatlichen Handelns erfolgt, sondern eine freiwillige Einhaltung der Spielregeln weit verbreitet ist. Die rechtschutzstaatlichen Institutionen können in einem solchen Fall vergleichsweise sparsam ausgestaltet sein; denn der Rechtschutz kann sich darauf beschränken, eine relativ kleine Anzahl an (potentiellen) Regelbrechern mittels Sanktionen weitgehend abzuschrecken bzw. nach begangenem Regelbruch zu bestrafen. „Freiwillige Regeleinhaltung" stellt somit ein Kapitalgut dar, dessen (vollständige) Erosion (exorbitant) hohe Kosten für alle Gesellschaftsmitglieder nach sich ziehen würde. Bezogen auf das Problem der Steuerhinterziehung muß daher die Frage gestellt werden: Unter welchen Bedingungen zahlen Gesellschaftsmitglieder ihre Steuern weitgehend freiwillig und in welchen Fällen nicht? Daß Gründe jenseits des neoklassischen Modellaufrisses hierfür maßgebend sein müssen, belegen empirische Arbeiten zur Steuerhinterziehung, die zeigen, daß die zentralen, oben genannten Variablen „Höhe des Strafmaßes" und „Entdeckungswahrscheinlichkeit" nur eine untergeordnete Rolle spielen.[8] Wie läßt sich nun dieses aus der Sicht der neoklassischen Theorie bestehende Steuerzahlungsrätsel[9] auflösen?

4. Einflußfaktoren der Steuerhinterziehung jenseits des ökonomischen Grundmodells

Diejenigen Faktoren, von denen angenommen wird, daß sie die (Mehrheit der) Gesellschaftsmitglieder veranlassen, sich steuerehrlich zu verhalten bzw. Steuern zu

[7] Die Aussagen (c) und (d) gelten uneingeschränkt nur für den Fall der Risikoneutralität. Bei Risikoaversion können sie ins Gegenteil verkehrt werden. Vgl. hierzu sowie zu Verfeinerungen des Grundmodells *Matthias Wrede*, Ökonomische Theorie des Steuerentzugs, Heidelberg 1993.

[8] Vgl. *Werner W. Pommerehne/Hannelore Weck-Hannemann*, Steuerhinterziehung: Einige romantische, realistische und nicht zuletzt empirische Befunde, in: Zeitschrift für Wirtschafts- und Sozialwissenschaften 112, 1992, 445ff.

[9] *Dieter Schmidtchen*, Vom nichtmarginalen Charakter der Steuermoral, in: Christian Smekal/ Engelbert Theurl (Hrsg.), Stand der Entwicklung der Finanzpsychologie, Baden-Baden 1994, 185ff.

hinterziehen, lassen sich in zwei Kategorien einteilen. Kategorie 1 stellt auf die *eingeschränkte Rationalität* der Zensiten und deren Folgen ab, Kategorie 2 auf die *Steuermoral*. Beide Kategorien werden im folgenden näher untersucht, bevor im fünften Abschnitt auf Aspekte der Erosion steuerehrlichen Verhaltens eingegangen wird.

1. Begrenzte Rationalität und Steuerhinterziehung

Das Modell der begrenzten Rationalität (*Bounded Rationality*) problematisiert im Gegensatz zum traditionellen *Rational-choice*-Ansatz die kognitiven Unzulänglichkeiten des Menschen und leitet daraus Erklärungen für sein Entscheidungsverhalten ab.[10] Ausgangspunkt ist die explizite Berücksichtigung der Tatsache, daß Individuen in Entscheidungssituationen (a) zumeist nicht alle objektiv verfügbaren, sondern nur einige wenige Alternativen kennen, (b) nicht in der Lage sind, die Resultate der Anwendung denkbarer Alternativen vollständig und richtig abzuleiten, und (c) Probleme haben, alle Ergebnisse zu bewerten und in eine konsistente Rangfolge zu bringen.[11] Diese Grenzen der menschlichen rationalen Entscheidungsfähigkeit zwingen den einzelnen einerseits, von einem stark vereinfachten „inneren Modell der Umwelt" auszugehen.[12] Dieses stellt nichts anderes als einen Wahrnehmungsfilter dar, der aufgrund gewonnener Erfahrungen und Wertvorstellungen Informationen selektiert und bewertet. Zum anderen ist der Mensch gezwungen, in vielen Situationen sein Verhalten an Regeln auszurichten, die zufriedenstellende Ergebnisse liefern sollen. Erhält das Individuum Informationen, die eine Unzufriedenheit mit bisher praktizierten Regeln in einem bestimmten Bereich auslösen, so wird es seine Ansprüche neu definieren und seine Routinen solange modifizieren, bis erneut eine befriedigende Lösung gefunden ist.[13]

Die Abkehr von permanenter Einzelfallmaximierung via Befolgung von Regeln, die zufriedenstellende – keine optimalen – Ergebnisse liefern, stellt selbst nichts anderes als eine optimale Strategie zur notwendigen Komplexitätsreduktion dar. Die Restriktion „beschränkte geistige Kapazität" läßt die Adoption von Verhaltensregeln sinnvoll erscheinen. Dies hat zur Folge, daß sich menschliches Entscheidungsverhalten erst ändert, wenn fühlbare Kostenänderungen eintreten. Das Modell der *Bounded Rationality* läßt im Vergleich zum traditionellen *Rational-choice*-Ansatz eine höhere

[10] Vgl. *Herbert A. Simon*, Models of Man, New York/London 1957; *ders.*, Rationality as Process and as Product of Thought, in: American Economic Review, Papers and Proceedings 68, 1978; *ders.*, Entscheidungsverhalten in Organisationen, Landsberg am Lech 1981 sowie *Ronald A. Heiner*, The Origin of Predictable Behavior, in: American Economic Review 73, 1983.

[11] *Heiner* spricht von einer Kompetenz-Schwierigkeitslücke, die dazu führt, daß in vielen Entscheidungssituationen *Knight*sche Unsicherheit herrscht. Vgl. *Ronald A. Heiner*, The Origin of Predictable Behavior, a.a.O.

[12] Vgl. *James G. March/Herbert A. Simon*, Organisation und Individuum, Führung – Strategie – Organisation, Bd. 3, hrsg. von M. Hofmann, Wiesbaden 1976, 63ff. sowie *Werner Kirsch*, Einführung in die Theorie der Entscheidungsprozesse, Bd. 1 – 3, Wiesbaden 1977, 77.

[13] Die Reduzierung der Ergebnis- bzw. Alternativenbewertung auf die 0/1-Variable Zufriedenheit/ Unzufriedenheit anhand von Anspruchsniveaus wird auch als Prinzip des *Satisficing* bezeichnet.

Persistenz menschlichen Handelns erwarten. Welche Schlußfolgerungen können hieraus für das Problem der Steuerhinterziehung gezogen werden?

Dieter Schmidtchen und John T. Scholz vertreten die These, daß Steuerhinterziehungsentscheidungen für viele Individuen so komplex sind, daß es für sie rational ist, sich gemäß der Regel „Bleibe steuerehrlich, oder hinterziehe Steuern nur insoweit, als daß dies relativ ungefährlich erscheint!“ zu verhalten.[14] Die Komplexität ergibt sich dadurch, daß sowohl die Steuergesetze als auch die Sanktionen bei entdeckter Steuerhinterziehung vielen Individuen undurchsichtig erscheinen. Aufklärung, d. h. Hilfestellung beim Anfertigen der Steuererklärung, geben öffentliche Stellen „nur“ innerhalb legaler Grenzen. Verläßliche Informationen zur relativ gefahrlosen Hinterziehung sind schwerer, d. h. nur zu höheren Kosten, zu bekommen. Zudem ist das Verhalten der Steuerbehörden für viele Bürger schwer kalkulierbar. Es entsteht der Eindruck, daß in manchen Perioden sehr wenig Kontrolle ausgeübt wird, in anderen wiederum eine sehr starke. Solches „randomisiertes“ Handeln bewirkt eine hohe Abschreckung bei niedrigen Kontrollkosten. Als Resultat der Intransparenz und Unsicherheit, denen Individuen bei Steuerhinterziehungsentscheidungen ausgesetzt sind, ergibt sich eine regelgebundene Steuerhinterziehungsentscheidung, die erst revidiert wird, wenn die Individuen über ihre Informationskanäle sichere Anhaltspunkte erhalten, daß Verhaltensänderungen Nettovorteile bringen. Abbildung 1 läßt sich aufgrund dieser Ausführungen modifiziert darstellen (siehe Abbildung 3).

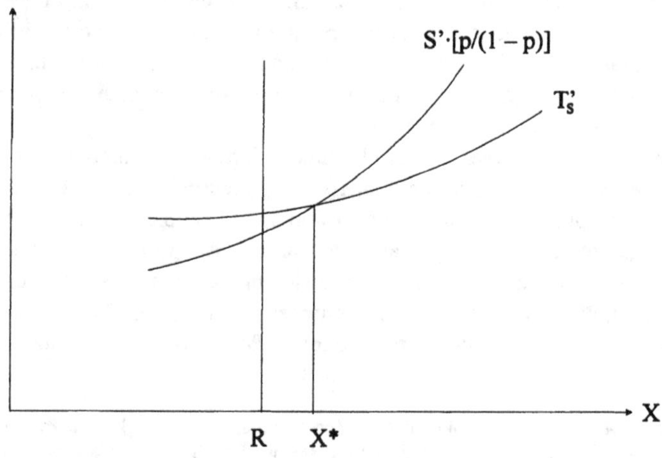

Abbildung 3: Optimale Steuerhinterziehung und regelgeleitetes Verhalten

[14] Vgl. *Dieter Schmidtchen*, Steuermoral..., a.a.O. sowie *John T. Scholz*, Coping with Complexity: A Bounded Rationality Perspective on Taxpayer Compliance, in: National Tax Association – Tax Institute of America (Hrsg.), Proceedings of the Annual Conference on Taxation, 1986.

Die Steuerhinterziehungsregel führt zu einem hinterzogenen Betrag *R*, der kleiner oder größer als *X** sein kann. Entscheidend ist, daß *R* sich nicht unmittelbar verändert, wenn sich Restriktionen wie der Steuersatz, die Entdeckungswahrscheinlichkeit oder das Strafmaß ändern. Erst wenn der Steuerzahler über seinen Selektionsfilter, mit dem er die Umwelt wahrnimmt, Anhaltspunkte erhält, daß eine neue Steuerpraktik erfolgreicher zu sein scheint als seine derzeitige Praktik, wird eine Verhaltensänderung eintreten. Regelgeleitetes Verhalten führt auf diese Weise zu einer *temporären Entmarginalisierung* der individuellen Steuerhinterziehungsentscheidung. Die Persistenz der Datenänderungen hängt davon ab, wie schnell neue Informationen verarbeitet werden – *Bounded Rationality* bietet also einen Erklärungsansatz dafür, daß die aus dem neoklassischen Grundmodell abgeleiteten Richtungsaussagen bezüglich der Bestrafung bisher nur wenig Bestätigung in empirischen Untersuchungen fanden.

Um zu verhindern, daß sich Steuerhinterziehung weiter verbreitet, schlägt Schmidtchen vor, das Steuersystem bewußt zu verkomplizieren; denn dies hält eingeschränkt rational agierende Individuen davon ab, Praktiken zu entwickeln, um sich auf diese Weise Nettovorteile auf Kosten der Gemeinschaft zu verschaffen.[15]

Diese Schlußfolgerungen lassen sich allerdings auch aus dem *Rational-choice*-Ansatzes ableiten, und zwar unter Einbeziehung von Informationskosten: Hohe Kosten der Informationsgewinnung über Möglichkeiten der Steuerhinterziehung halten viele Individuen unter Opportunitätskostengesichtspunkten davon ab, ihre knappen Mittel in diesen Bereich zu investieren.

2. Steuermoral und Steuerhinterziehung

Neben *Bounded Rationality* bietet Steuermoral einen Erklärungsansatz für Steuer(un)ehrlichkeit. Moralisches Verhalten zeichnet sich dadurch aus, daß diejenigen Regeln, welche die Mitglieder einer Gemeinschaft als gerecht ansehen, von diesen *nicht* aus egoistischen Motiven gebrochen werden. Ausnahmen hiervon stellen individuelle Notsituationen dar. Vertreter der kognitiven Sozialpsychologie haben festgestellt, daß Menschen (etwa) ab dem zehnten Lebensjahr fähig sind, moralisch zu handeln, wobei die Art und das Ausmaß moralischen Verhaltens von der Erziehung (wurde Moral kommuniziert und reflektiert?) und vom gesellschaftlichen Umfeld abhängen (kaum jemand verhält sich in einer Umgebung von unmoralischen Personen genauso moralisch wie in einer Gemeinschaft von moralischen Personen).[16] Moralisch motiviertes Handeln zeigt sich Tag für Tag z. B. in Hilfeleistungen wie Blut- und Geldspenden; ebenso läßt es sich in Laborexperimenten nachweisen.[17] Letztere sind besonders geeignet, um isolierte Einflüsse verschiedener

[15] Vgl. *Dieter Schmidtchen*, Steuermoral..., a.a.O., 208.

[16] Vgl. *Lawrence Kohlberg*, The Psychology of Moral Development. The Nature and Validity of Moral Stages, Essays on Moral Development, Bd. 2, Cambridge usw. 1984.

[17] Vgl. *Samuel S. Komorita/Craig D. Parks*, Social Dilemmas, Madison usw. 1994; *Bruno S. Frey/ Iris Bohnet*, Institutions affect Fairness. Experimental Investigations, in: Journal of Institutional

Rahmenbedingungen auf die individuelle Kooperationsbereitschaft zu untersuchen. Sowohl die Realität als auch diese Experimente belegen eindeutig, daß völlig unmoralisches Verhalten eine Ausnahmeerscheinung ist. Welche Bedeutung hat nun aber Moral bezüglich des hier behandelten Problems der Steuerhinterziehung?

Schmölders hat als einer der wenigen deutschsprachigen Finanzwissenschaftler die Steuermoral als ein wichtiges gesellschaftliches Kapitalgut ernst genommen.[18] Nach seiner Vorstellung ist die Variable „individuelle Einstellung zum Steuersystem" ein maßgeblicher Faktor, der das Ausmaß der Steuerhinterziehung beeinflußt. Sowohl Laborexperimente, als auch empirische Untersuchungen, die sich vor allem auf das Gebiet der USA aber auch einige europäische Staaten beziehen, bestätigen dies.[19] Hierbei zeigt sich, daß die Einstellung zum Steuersystem keine unveränderliche Variable darstellt, sondern von bestimmten Merkmalen des Steuersystems abhängt. Ohne den Anspruch auf Vollständigkeit zu erheben, seien einige wichtig erscheinende Merkmale kurz erläutert:

- *Kalte Progression*: Werden Individuen in einem progressiv gestalteten Steuersystem inflationsbedingt stärker durch Steuern belastet, so wird dies als nichtlegitimierte Einnahmenerzielung des Staates bewertet und die Steuerhinterziehung nimmt zu.
- *Durchbrechung des Äquivalenzprinzips der Entsprechung von Leistung und Gegenleistung*: Für Steuern gilt zwar, daß der Steuerzahlung kein (unmittelbarer) Anspruch auf Leistung gegenübersteht, der Bürger erwartet jedoch, daß er in der mittleren Frist an der staatlichen Leistungserstellung, für die er gezahlt hat, zumindest teilweise partizipiert. Hat er das Gefühl, daß dies mittel- bis langfristig nicht (in genügend großem Umfang) der Fall ist, so steigt seine Bereitschaft zur Steuerhinterziehung.
- *Ineffizienzen im staatlichen Sektor*: Anzeichen, daß der öffentliche Sektor Steuermittel verschwendet, erhöhen die Bereitschaft zur Steuerhinterziehung. Ein viel zitiertes Beispiel hierfür ist der Steuerprotest der Amerikaner in Kalifornien gegen die *Property Tax* im Jahr 1978. Die Amerikaner wendeten sich gegen diese Gemeindesteuer, weil sie das Gefühl hatten, daß die Verwaltung

Fortsetzung Fußnote letzte Seite

and Theoretical Economics (Zeitschrift für die gesamte Staatswissenschaft) 151, 1995; *Robert Frank*, Passions within Reason. The Strategic Role of the Emotions, New York/London 1988, sowie *Robert Frank/Thomas Gilovich/Dennis T. Regan*, The Evolution of One-Shot Cooperation, in: Ethology and Sociobiology 14, 1993.

[18] Vgl. *Günter Schmölders*, Finanzpsychologie: Das Irrationale in der öffentlichen Finanzwirtschaft, Hamburg 1960.

[19] Vgl. *Werner W. Pommerehne/Hannelore Weck-Hannemann*, Steuerhinterziehung, a.a.O.; *Werner W. Pommerehne/Bruno S. Frey*, The Effects of Tax Administration on Tax Morale, Aufsatz für den Workshop of International Political Economics of Taxation, Sonderforschungsbereich 178 der Universität Konstanz, 2.-3. Juli, 1992; *Friedrich Schneider*, Determinanten der Steuerhinterziehung und der Schwarzarbeit im internationalen Vergleich, in: Christian Smekal/Engelbert Theurl (Hrsg.), Stand und Entwicklung der Finanzpsychologie, a.a.O.; *Klaus Mackscheidt*, Die Entwicklung der Kölner Schule der Finanzpsychologie, in: Christian Smekal/Engelbert Theurl (Hrsg.), Stand der Entwicklung der Finanzpsychologie, a.a.O.; *Peggy A. Hite*, A Positive Approach to Taxpayer Compliance, in: Public Finance 44, 1989.

ineffizient mit Steuermitteln wirtschaftete. Es verbreitete sich die Meinung, daß eine Kürzung der *Property Tax* um 20 Prozent keinen Verlust auf der Angebotsseite kommunaler Leistungen bewirken, sondern lediglich Ineffizienzen beseitigen würde. Dies entlud sich schließlich in offenem Protest.

- *Gerechte Steuererhebung*: In der Steuerpolitik wird zwischen dem Prinzip der horizontalen und dem Prinzip der vertikalen Steuergerechtigkeit unterschieden. Gemäß dem Prinzip der horizontalen Steuergerechtigkeit wird angestrebt, daß Personen mit gleichen wirtschaftlichen Verhältnissen gleich zu besteuern sind. Es handelt sich also um die Anwendung des Gleichheitsgrundsatzes. Im Gegensatz dazu sieht das Prinzip der vertikalen Steuergerechtigkeit Differenzierungen bei der steuerlichen Behandlung der Individuen nach deren Leistungs- bzw. Opferfähigkeit vor. Nachvollziehbare Steuerregeln, die von der überwiegenden Mehrheit der Bevölkerung in horizontaler und vertikaler Hinsicht als (un)gerecht angesehen werden, verringern (erhöhen) den Steuerwiderstand.
- *Gerechte Steuerverteilung*: Obschon dem Bürger bewußt ist, daß seine gesamte Steuerzahlung nicht in Form öffentlicher Leistungen an ihn „zurückfließt“, verlangt er doch, daß die Verteilung der Steuerlast, insbesondere der Teil, der vorwiegend Dritten zugute kommt, nach legitimen, nachvollziehbaren Prinzipien verteilt wird. Der Verdacht, daß eine willkürliche Gruppenpolitik – eine Politik der Begünstigung aus wahltaktischen Gründen – betrieben wird, erhöht bei denjenigen den Steuerwiderstand, die daran nicht oder nur unterproportional partizipieren.
- *Umfang der Mitwirkungsrechte der Bürger*: Bestehen weitgehende Möglichkeiten des Bürgers, an Einnahme- und Ausgabeentscheidungen der öffentlichen Hand mitzuwirken, so ist eine größere Bereitschaft vorhanden, auch das Resultat zu akzeptieren und die Mittel für die beschlossenen Auf- bzw. Ausgaben bereitzustellen. Der Steuerwiderstand ist vergleichsweise gering.

Die finanzpsychologische Steuerforschung zeigt, daß Faktoren jenseits des neoklassischen Modells maßgeblichen Einfluß auf das Ausmaß der Steuerhinterziehung haben. Zwar sind einige der genannten Faktoren wie Steuererhebungsgerechtigkeit sicherlich nicht einfach zu definieren und zu messen, jedoch lassen sich zumeist ausreichend zuverlässige Indikatoren finden. Die Schlußfolgerung einiger Ökonomen, *per se* auf sogenannte „weiche“ Anreize zu verzichten[20], muß angesichts dieser Forschungsergebnisse abgelehnt werden, denn sie bieten wichtige (ergänzende) Erklärungsansätze zur Steuerhinterziehung.

[20] Vgl. zu der Diskussion über die Aufnahme „weicher“, d. h. altruistischer oder moralischer, Motive/Anreize in das *Homo-oeconomicus*-Modell *Karl-Dieter Opp*, Politischer Protest als rationales Handeln, in: Bernd-Thomas Ramb/Manfred Tietzel (Hrsg.), Ökonomische Verhaltenstheorie, München 1993, 209ff.

3. *Zwischenergebnis*

Mit Hilfe des Modells der begrenzten Rationalität wurde gezeigt, daß Menschen anhand von Regeln die Komplexität ihrer Umwelt reduzieren. Bezogen auf das Problem der Steuerhinterziehung bedeutet dies, daß es zu einer (temporären) Entmarginalisierung des individuellen Hinterziehungsverhaltens in bezug auf Parameteränderungen wie Änderungen des Strafmaßes oder der Entdeckungswahrscheinlichkeit kommt. Aus der *Rational-choice*-Perspektive läßt sich dieser Sachverhalt durch die Einbeziehung von Informationskosten erklären: Hohe Informationskosten der Steuerhinterziehung lassen Investitionen in diesem Bereich weniger lohnend erscheinen.

Untersuchungen zur Steuermoral zeigen darüber hinaus, daß das Hinterziehungsverhalten eines Individuums davon abhängt, ob es das Steuersystem einschließlich der Art der Steuerverwendung als gerecht beurteilt oder nicht. Bei einem als gerecht empfundenen System ist die Bereitschaft zum steuerehrlichen Verhalten weitaus höher als bei einem als ungerecht angesehenen System. Die intrinsischen Kosten in Form eines schlechten Gewissens erhöhen die Opportunitätskosten der (Strategie der) Steuerhinterziehung. Sie werten steuerehrliches Verhaltens auf.

Damit ist jedoch das heuristische Potential der angesprochenen Kosten noch nicht ausgeschöpft. Beide Kostenkategorien, Informationskosten und intrinsische Kosten, sind nämlich neben den oben genannten Faktoren von dem Umfang der Steuerhinterziehung in einer Gesellschaft abhängig. Welche Konsequenzen sich hieraus für die Erosion steuerehrlichen Verhaltens ergeben, wird im folgenden Abschnitt behandelt.

5. Der Hysteresis-Effekt steuer(un)ehrlichen Handelns

Nach den Ausführungen im vorherigen Abschnitt müßte folgende Hypothese Gültigkeit haben:

> Bewirkt staatliches Handeln, daß das Steuersystem von der überwiegenden Mehrheit der Bevölkerung als ungerecht(er) angesehen wird, so steigt die Bereitschaft zur Steuerhinterziehung. Läßt sich zudem mit vertretbarem Aufwand die Steuerhinterziehung realisieren, so sinkt die Steuerehrlichkeit. Nimmt der Staat daraufhin die Maßnahmen zurück, so steigt die Steuerehrlichkeit wieder auf ihr Ursprungsniveau.

Zu dieser These, die schlüssig erscheint, soll eine Gegenthese aufgestellt werden, die sich folgendermaßen formulieren läßt:

> Verursacht der Staat eine Erosion der Steuerehrlichkeit, so wird eine Rücknahme der verursachenden Maßnahmen nicht dazu führen, daß das ursprüngliche Niveau steuer(un)ehrlichen Verhaltens wieder erreicht wird. Mit anderen Worten: Es kommt zu einem Hysteresis-Effekt, die Steuerehrlichkeit bleibt hinter ihrem ursprünglichen Niveau zurück

Worauf kann diese Art der Unumkehrbarkeit individuellen Verhaltens zurückgeführt werden? – Eine Variable, die bisher aus der Betrachtung ausgeklammert wurde, ist die „Annahme der Individuen darüber, wieviele Bürger in welchem Umfang Steuerhinterziehung betreiben". Sollte diese Variable einen gleichgerichteten Einfluß auf die individuelle Steuerhinterziehung(sentscheidung) haben, so würde sich der folgende Zusammenhang ergeben: Glaubt ein Individuum, daß der Anteil steuerhinterziehender Bürger sehr hoch ist, so ist seine Bereitschaft, selbst steuerehrlich zu handeln geringer, als wenn es annimmt, der Anteil steuerhinterziehender Bürger sei klein. Aus diesem Zusammenhang ergibt sich der angesprochene Hysteresis-Effekt. Bestimmte Faktoren bewirken eine Erosion moralischen – hier steuerehrlichen – Verhaltens; die Beseitigung der Faktoren führt nicht zu einer vollständigen Rückbildung unmoralischen – hier steuerhinterziehenden – Handelns, weil die Variable „Umfang (un)moralischen Verhaltens" selbst die individuelle Entscheidungsfindung beeinflußt. Welche Argumente lassen sich für die Existenz eines solchen Einflusses anführen?

Zur Stützung des Hysteresis-Effekts sollen im folgenden Argumente vorgestellt werden, die auf den bereits angesprochenen Kostenkategorien (1) intrinsische Kosten (un)moralischen Handelns, (2) Sanktionen gegenüber unmoralisch agierenden Personen und (3) Informationskosten unmoralischen Handelns basieren. Zudem kann an verschiedenen Stellen auf Ergebnisse von Laborexperimenten und (Simulations-) Modellen zurückgegriffen werden.

Ad 1: Intrinsische oder psychische Kosten können bewirken, daß Individuen entgegen „schlechten Anreizen" in Dilemmasituationen moralisch-kooperativ handeln. Dies wird durch Laborexperimente unzweifelhaft bestätigt. Es stellt sich jedoch die Frage, ob individuelle moralische Entscheidungen (un)abhängig von der Moral der (oder des) Mitspieler(s) sind. Paul van Lange und Wim Liebrand haben diesen Zusammenhang, inwieweit die individuelle Gewissensentscheidung von der Moral der beteiligten Person(en) beeinflußt wird, experimentell getestet.[21] Sie unterteilten die Testpersonen in moralische und egoistische Akteure. Ersteren wird eine relativ hohe, letzteren eine vergleichsweise geringere Kooperationsneigung zugeschrieben. Mit allen Testpersonen wurde sodann das Gefangenendilemmaspiel (*Prisoners' Dilemma*) als *One-Shot-Game* (also nicht iteriert) gespielt[22], wobei den Akteuren

[21] Vgl. *Paul A. M. van Lange/Wim B. G. Liebrand*, The Influence of Other's Morality and Own Social Value Orientation on Cooperation in the Netherlands and in the USA, in: International Journal of Psychology 26 (4), 1991.

[22] Das heißt, es müssen u. a. (spontane) Sanktionen gegen egoistische Akteure ausgeschlossen sein. Es darf kein „Schatten der Zukunft" existieren.

von der Spielleitung Informationen über die Moral des Mitspielers gegeben wurden. Als Resultat ergab sich, daß die erwartete Kooperationsneigung einen signifikanten positiven Einfluß auf die eigene Kooperationswilligkeit ausübt. Abbildung 4 zeigt das Ergebnis graphisch; *KN*(*e*) ist die Kooperationsneigung des Egoisten, *KN*(*m*) die des moralischen Spielers. Die Kooperationsneigung moralischer wie relativ unmoralischer Testpersonen steigt mit zunehmender erwarteter Kooperationsneigung des Mitspielers an.[23]

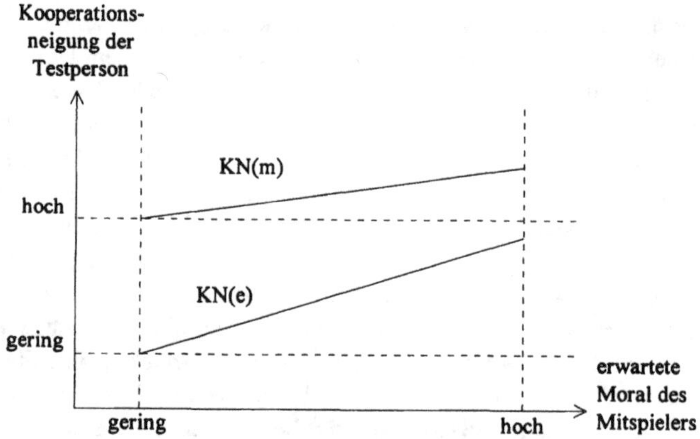

Abbildung 4: Kooperationsneigung moralischer und egoistischer Spieler in Abhängigkeit von der erwarteten moralischen Einstellung des Spielpartners

Überträgt man diesen Sachverhalt auf das Problem der Steuerhinterziehung, so läßt sich die folgende These formulieren: Ist die Gefahr groß, daß die eigene moralisch-kooperative Haltung, Steuern ehrlich zu zahlen, durch das egoistische Handeln der Steuerhinterzieher in ihrer Wirkung konterkariert wird, so sind die wenigsten Menschen bereit, diese Strategie beizubehalten. Ein hoher Anteil moralisch-kooperativen Handelns reduziert hingegen diese Gefahr der Ausbeutung des eigenen steuerehrlichen Verhaltens und bestärkt moralische Akteure, weiterhin für die Gemeinschaft zu handeln.[24]

Ad 2: Sind moralisch agierende Individuen darüber hinaus gewillt, unmoralische Egoisten spontan zu sanktionieren (z. B. durch Ermahnung, Beschimpfung, Protest oder Abbruch der Beziehungen), so steigen mit zunehmendem Anteil moralisch handelnder Bürger für den Egoisten die Kosten unmoralischen (hier: steuerhinterziehen-

[23] Zu einem ähnlichen Ergebnis kommen auch die Experimente von *Wim B. G. Liebrand u. a.*, Value Orientation and Conformity, in: Journal of Conflict Resolution 30, 1986; *Friedel Bolle/Peter Ockenfels*, Prisoners' Dilemma as a Game with Incomplete Information, in: Journal of Economic Psychology 11, 1990.

[24] Auch *Robert Sugden* betont, daß die meisten Leute nur dann bereit sind, moralischen Regeln zu folgen, wenn sie davon ausgehen, daß ein großer Anteil von Personen ebenfalls diese Bereitschaft hat; vgl. *ders.*, The Economics of Rights, Cooperation, and Welfare, Oxford 1986, 173.

den) Verhaltens. Mit dieser Sanktion kann gegebenenfalls auch ein Verlust von aufgebautem Vertrauenskapital (Reputation) verursacht werden. Letzteres dürfte insbesondere für die Steuerehrlichkeit von Unternehmen, die sich einer kritischen Öffentlichkeit gegenübersehen, entscheidend sein.[25] Die Motivation, Trittbrettfahrer wirksam zu sanktionieren, ist vor allem dann vergleichsweise groß, wenn nicht einmalige, sondern mehrfache Kontakte zwischen den Akteuren vorliegen. Die Spieltheorie spricht in solchen Fällen von iterierten Dilemmasituationen.[26] Nicht-Kooperateure sind hier verstärkt der Gefahr ausgesetzt, für ihr Verhalten spürbar sanktioniert zu werden, z. B. indem sie aus dem Kreis der Tauschpartner ausgestoßen werden. Robert Frank betont darüber hinaus, daß auch in nicht-iterierten Situationen spontane Sanktionen denkbar sind; nämlich genau dann, wenn Emotionen wie Wut oder Rache ausgebeutete Akteure veranlassen, hohe Kosten auf sich zu nehmen, um Nicht-Kooperateure zu bestrafen.[27] Allgemein dürfte jedoch gelten: Existiert die Möglichkeit der einfachen Erkennung und kostengünstigen Bestrafung von Defekteuren, so unterstützt dies die Kooperationsbereitschaft.

Die angeführten Kostenkategorien unmoralischen Handelns, Kosten des schlechten Gewissens und Kosten (spontaner) Sanktion, seien zu einer Variable *KU* zusammengefaßt. Bezüglich des Delikts der Steuerhinterziehung treten die Kosten *KU* auf, wenn Steuerhinterzieher befürchten, von steuerehrlichen Personen sanktioniert zu werden, und/oder wenn sie bei eigener Steuerhinterziehung ein schlechtes Gewissen haben. Beides wird um so eher der Fall sein, je größer der Anteil steuerehrlicher Personen in der Gesellschaft ist. *KU* ist somit nicht nur eine Funktion der im vorherigen Abschnitt aufgezählten Einflußfaktoren steuerehrlichen Verhaltens, sondern zusätzlich von dem Anteil steuerehrlicher Personen in der Gesellschaft, also von dem Verhalten Dritter, abhängig.[28]

Ad 3: Neben den Kosten *KU* kann mit Bezug auf Abschnitt 4.1 noch eine weitere Kostenart aufgeführt werden, die von dem Anteil steuer(un)ehrlicher Personen in der Gesellschaft abhängt: die Informationskosten *IK* der Steuerhinterziehung. Daß diese Kosten nicht nur von der Kompliziertheit des Steuersystems oder der Art der Kontrolle der Steuerbehörden abhängen, sondern genau wie die Kosten unmoralischen Handelns (*KU*) auch von dem Umfang der Steuerhinterziehung in einer Gesellschaft, erklärt sich folgendermaßen: Erste Steuerhinterzieher sind vergleichbar mit Pionierunternehmern, deren erfolgreiche Strategien von anderen imitiert werden. Das Wissen, wie Steuern relativ gefahrlos hinterzogen werden können, diffundiert, und der Umfang der Steuerdelikte wächst aufgrund der gesunkenen Informationskosten.

[25] Vgl. *Martin Leschke*, Zur ökonomischen Analyse moralkonformen Handelns, in: Analyse und Kritik 17 (2), 1995 und die dort angegebenen Quellen.

[26] Vgl. in diesem Zusammenhang auch die Simulationen von *Robert Axelrod*, Die Evolution der Kooperation, München 1987, sowie *Viktor Vanberg/Roger D. Congleton*, Rationality, Morality, and Exit, in: American Political Science Review 86, 1992.

[27] Vgl. *Robert Frank*, Passions within Reason, a.a.O.

[28] Vgl. *James P. F. Gordon*, Individual Morality and Reputation Costs and Tax Evasion, in: European Economic Review 33, 1989, 801ff.

Die Abhängigkeit von *IK* und *KU* vom Ausmaß der Steuerhinterziehung in einer Gesellschaft bewirkt, daß eine Rücknahme derjenigen Maßnahmen, die eine Erosion der Steuerehrlichkeit verursacht haben, ***nicht*** zu einer Rückkehr zu dem ursprünglichen Niveau steuerehrlichen Verhaltens führt; dieses wird vielmehr nachhaltig unterschritten. Die Zeitpfadabhängigkeit der Gleichgewichtswerte steuer(un)ehrlichen Verhaltens läßt sich durch die Hysteresis-Schleife in Abbildung 5 veranschaulichen. *SH* steht hier für den Umfang der Steuerhinterziehung und *M* für staatliche Maßnahmen, die negativ auf die Steuermoral und/oder die Informationskosten der Steuerhinterziehung wirken.

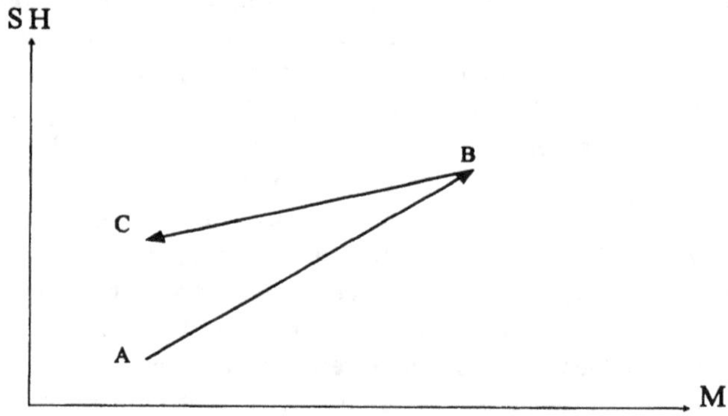

Abbildung 5: Der Hysteresis-Effekt der Steuerhinterziehung

Punkt *A* stellt das Ausgangsgleichgewicht dar. Staatliche Maßnahmen *M* bewirken nun eine Erosion steuerehrlichen Verhaltens, so daß Punkt *B* erreicht wird. Eine Rücknahme der staatlichen Maßnahmen (–*M*) führt schließlich zu Punkt *C*, einem Zustand, der sich gegenüber dem Ausgangsgleichgewicht *A* durch eine geringere Steuerehrlichkeit auszeichnet. Der Grund, warum das Ausgangsgleichgewicht nicht wieder erreicht wird, liegt in den unterschiedlichen Niveaus steuerhinterziehenden Verhaltens in den Gleichgewichtspunkten *A* und *B*, welche die individuelle Steuerhinterziehungsentscheidung beeinflussen. Eine Rückkehr von Punkt *B* zu Punkt *A* ist deshalb nur unter Aufwendung zusätzlicher Kosten möglich. Aus der Zeitpfadabhängigkeit der Steuergleichgewichte folgt generell, daß sich Erosionen steuerehrlichen Verhaltens nicht ohne gesellschaftliche Anstrengungen rückgängig machen lassen.

6. Resümee

Die Analyse zeigte, daß ergänzend zu den Hypothesen des ökonomischen Grundmodells zur Steuerhinterziehung vor allem Informationskosten und Steuermoral wichtige Determinanten steuer(un)ehrlichen Verhaltens sind. Deren Berücksichtigung im ökonomischen Modell stellt somit eine „progressive Problemverschiebung“ dar[29], sofern sich beide Kostenkategorien mit Hilfe von Indikatoren adäquat erfassen lassen. Empirische Arbeiten zur Steuerhinterziehung belegen die Notwendigkeit und Fruchtbarkeit der Einbeziehung dieser Kostenkategorien. Darüber hinaus weist steuer(un)ehrliches Verhalten eine Zeitpfadabhängigkeit auf, so daß Hysteresis-Effekte auftreten: Weil die individuelle Entscheidung, Steuern zu hinterziehen, von dem Umfang der Steuerhinterziehung in einer Gesellschaft beeinflußt wird, ist eine Erosion steuerehrlichen Verhaltens nur unter Aufwendung gesellschaftlicher Kosten zu korrigieren. Die Rücknahme derjenigen Faktoren, die die erhöhte Steuerhinterziehung ausgelöst haben, reicht (*ceteris paribus*) nicht aus. Unter Berücksichtigung dieser Tatbestände lassen sich nun Schlußfolgerungen zur Bekämpfung von Steuerhinterziehung ableiten:

(1) Unter Opportunitätskostengesichtspunkten scheinen die Mittel Verschärfung der Kontrolle und Erhöhung des Strafmaßes vergleichsweise ungeeignet; denn ihr Einsatz ist teuer und ihre Wirkung relativ gering. Zudem kann ein gegenteiliger Effekt eintreten: Durch verstärkte staatliche Maßnahmen zur Vermeidung und Entdeckung von Steuerhinterziehung gewinnen steuerehrliche Personen den Eindruck, daß die Steuerhinterziehung allgemein stark zugenommen hat. Dies kann ihre Bereitschaft erhöhen, selbst Möglichkeiten zur Steuerhinterziehung „auszuloten“.[30] Zusätzlich könnten steuerehrliche Personen staatliche Kontrollen, die sie persönlich betreffen, als Vertrauensbruch empfinden und aus Unmut darüber motiviert sein, Steuerhinterziehung zu betreiben.[31]

(2) Schmidtchens These, daß eine Verkomplizierung Steuersystems die Steuerehrlichkeit fördert, ist differenziert zu betrachten. Eine randomisierte Kontrolle der Steuerbehörden ist – unabhängig von der Ausgestaltung des Steuersystems – zu befürworten, weil sie für die Zensiten schlecht ausrechenbar und daher effizienter ist. Eine Verkomplizierung des Steuerrechts kann hingegen kontraproduktive Effekte auslösen. Zum einen stellt ein vergleichsweise kompliziertes Steuersystem einen Kostenfaktor für Unternehmen und Haushalte dar, der insbesondere im internationalen Vergleich zu einem wesentlichen Standortnachteil werden kann. Zum anderen werden auch in einem komplizierten Steuerrecht immer einige Personen Wege finden, Steuerhinterziehung erfolgreich zu betreiben. Dies führt zu einem Zustand, der als ungerecht empfunden wird, so daß die Bereitschaft insgesamt steigt, ebenfalls die Gesellschaft im persönlichen

[29] Progressive Problemverschiebung bedeutet, daß die betrachtete Theorie so modifiziert wurde, daß sie einen empirischen Gehaltsüberschuß aufweist. Der nicht-widerlegte Gehalt hat gegenüber der Vorgänger-Theorie zugenommen. Vgl. *Imre Lakatos*, Falsifikation und die Methodologie wissenschaftlicher Forschungsprogramme, in: Imre Lakatos/Alan Musgrave (Hrsg.), Kritik und Erkenntnisfortschritt, Braunschweig 1974, 113ff.

[30] Vgl. hierzu *Charles R. Tittle/Alan R. Rowe*, Moral Appeal, Sanction Threats, and Deviance: An Empirical Test, in: Social Problems 20, 1973.

[31] Vgl. zu diesem letzten Punkt auch *Bruno S. Frey/Iris Bohnet*, Die Ökonomie zwischen extrinsischer und intrinsischer Motivation, in: Homo Oeconomicus 11, 1994.

Interesse auszubeuten. Ergeben sich hierbei innerhalb des Steuersystems keine Möglichkeiten, so wird der einzelne derartige Delikte in andere Bereiche wie beispielsweise in die Schattenwirtschaft verlagern. Intransparenz kann mithin das Gefühl persönlicher Benachteiligung bzw. ungerechter Behandlung auslösen und zu einem größerem Umfang nicht legaler Tätigkeiten führen.[32]

(3) Transparenz, Effizienz, nachvollziehbare, als sinnvoll empfundene Verwendung der Steuermittel sowie eine als gerecht angesehene Steuererhebung sind die besten Mittel, um eine Erosion steuerehrlichen Verhaltens zu verhindern bzw. die Verbreitung steuerehrlichen Handelns zu fördern. Diese vertrauensschaffenden Maßnahmen sind i. d. R. effizienter als kostenintensive Kontrollen und Bestrafungen.[33]

Aus diesen Punkten folgt, daß Steuerhinterziehung nicht nur als gesellschaftliches Übel begriffen werden kann, sondern als Regulativ gegen willkürliches Handeln des öffentlichen Sektors.[34] Die große Bedeutung der Steuermoral im Vergleich zu kostenaufwendigen Bestrafungsaktionen macht die drohende Gefahr einer sich ausbreitenden Steuerhinterziehung zu einer wichtigen Restriktion gegen eine ausufernde Steuerpolitik der Wahlgeschenke. Eine als zu hoch angesehene Steuerhinterziehung kann daher der Auslöser für konstitutionelle Steuerreformen hin zu mehr Transparenz, Einfachheit und Effizienz sein.

[32] Vgl. auch *James Alm/Betty Jackson/Michael McKee*, Institutional Uncertainty and Taxpayer Compliance, in: American Economic Review 82, 1992.

[33] Vgl. *Peggy A. Hite*, A Positive Apporach..., a.a.O.

[34] Vgl. hierzu auch *Michael W. Spicer*, On the Desirability of Tax Evasion: Conventional versus Constitutional Econmic Perspectives, in: Public Finance 45, 1990.

Birger P. Priddat

Moralischer Konsum
Über das Verhältnis von Rationalität, Präferenzen und Personen

1. Problemstellung

„Ich kaufe keine indischen/nepalesischen Teppiche, wenn sie durch Kinderarbeit hergestellt werden". Aussagen dieser Art nenne ich Aussagen über „moralischen Konsum". Es gibt dafür zahlreiche Beispiele, gerade in letzter Zeit, z. B. „ich tanke kein Shell-Benzin, weil der Shell-Konzern durch Versenken einer Bohrplattform im Atlantik das Meer verschmutzt"; „Ich kaufe keinen Bordeaux, weil Frankreich Atomtest im Mururoa-Atoll durchführt" etc.[1]

Die Pointe besteht darin, daß die Personen, die solche Sätze äußern, bisher gerne bei Shell getankt und gerne Bordeaux getrunken haben. In einer präziseren Form müssen die Sätze des „moralischen Konsums" wie folgt lauten: „Ich tanke lieber Shell-Benzin als Esso, aber nicht dann, wenn der Shell-Konzern durch Versenken einer Bohrplattform im Atlantik das Meer verschmutzt"; d. h. in der Form: P präferiert x vor y, aber nur dann, wenn x bestimmte Kriterien erfüllt, z. B. moralische.

Moralischer Konsum heißt: Die Person P verzichtet auf ihre Präferenz, d. h. „auf ihr Liebstes", weil sie – in einem etwas unklaren, aber als moralisch aufgefaßten Sinn – nicht „mitschuldig" werden will an den menschenrechtsverletzenden, unökologischen etc. Handlungen der Produzenten ihres eigentlich präferierten

[1] In den 70er Jahren begann der Konsumentenboykott in Deutschland gegenüber südafrikanischen Früchten und anderen Produkten (z. B. Orangenmarmelade). Jaffa-Pampelmusen erfuhren ein ähnliches Schicksal (wg. des „zionistischen anti-palästinensischen Imperialismus", wie man es damals nannte). Seit 1977 begannen die Proteste gegen das „Robbenabschlachten", was in den 80iger Jahren den Robbenpelzmarkt einbrechen ließ. Seit 1986 gibt es den Protest gegen das Abholzen tropischer Regenwälder mit der Konsequenz, daß weniger Tropenhölzer für Möbel und Bauhölzer verwendet werden. Eine andere Variante des „Regenwaldboykotts" besteht darin, keine „Hamburger" bei der Firma McDonalds zu kaufen, weil für die Produktion des Rindfleischs Urwälder in Lateinamerika gerodet werden. 1992 reagierte die Lufthansa auf Boykottdrohungen und transportierte keine „Laboraffen" mehr. 1993 verzichtete die Firma Tengelmann auf alle norwegischen Waren wegen der Walfangpolitik des Landes etc.; ein Teil der Angaben aus: *Lothar Lessing*, Wenn Kunden auf die Barrikaden gehen, in: Focus (8), 1996, 178ff. Die Kette der Beispiele läßt sich weiter fortführen, z. B. wird in Kalifornien zum Boykott der Firmen aufgerufen, die bei der Hollywood-Agentur Geocities im *World Wide Web* inserieren („Capitol Hill"), weil dort Gruppen der rechten Szene eigene Seiten unter Namen wie „Reichskanzlei", „Lebensraum" und „Zionwatch" betreiben, vgl. *Bulkware*, in: Die Zeit (6), 1996, 76.

Konsumgutes. Hierbei wird zwischen der gewöhnlichen Präferenzrelation und einer moralisch modifizierten unterschieden. Die Modifikation geschieht mit Gründen – Meinungen über den moralischen Status der gewöhnlichen Präferenzrelation sind für die Wahlhandlung relevant.

Nicht das Konsumgut („Benzin") ist unmoralisch (etwa im Sinne eines *moral bad*), sondern die mit dem Kauf des Konsumgutes einhergehende Rechtfertigung von anderen Handlungen des Produzenten des Konsumgutes erscheint als problematisch („Versenken von ökologisch gefährlichen Bohrplattformen im Meer"[2]). Da es keinen Markt für diese „Nebenprodukte" oder Kuppelprodukte des Shell-Konzerns gibt – bleiben wir bei diesem Beispiel – , werden sie moralisch an die Standardprodukte gekoppelt, um durch den Boykott der Standardprodukte irgendwie auf die Produktion moralisch unerwünschter Nebenprodukte einzuwirken. Wir haben es in Analogie zu der Theorie der Kuppelprodukte mit einer „moralischen Nachfragekupplung" zu tun, mit der ein Quasi-Marktes eröffnet wird, auf dem die Verfügungsrechte der ökologischen Verschmutzung, die der Shell-Konzern aus Sicht der *moral consumers* zu besitzen scheint, neu gehandelt werden. Die durch den Boykott verursachten Kosten (in Form von Opportunitätskosten durch Gewinnausfall), die dem Shell-Konzern durch den Nachfragerückgang beim Benzin entstehen, sollen, so die Hoffnung der *moral consumers*, den Entsorgungsgewinn (die Differenz zwischen einer „fachgerechten" Entsorgung und der Verklappung) übertreffen, so daß eine Entscheidung für eine „saubere", wenn auch ungleich kostenintensivere Beseitigung von ausrangierten Bohrplattformen erzwungen wird.

Das Shell-Beispiel läßt sich in dieser Weise rational rekonstruieren, weil der Nachfragerückgang tatsächlich (für kurze Zeit) signifikant war. Der Konzern war um sein Image besorgt, d. h. hier um den Erhalt von Marktanteilen. Ungleich besorgter zeigte sich der Shell-Konzern jedoch über das Politikversagen der englischen Regierung, deren Genehmigung der geplanten Verklappung im Meer durch die Konsumentenproteste belanglos wurde. Das heißt konkret: Dort, wo bisher politische Arrangements Handlungssicherheit gewährleisteten, werden durch die moralischen Konsumenten plötzlich eine neue Art von Märkten eröffnet. Solche spontanen Verfügungsrechtsmärkte haben unklare Preisgefüge; an die Stelle der politischen Klarheit (und Berechenbarkeit) tritt nun die übliche Marktunsicherheit – für Oligopolisten ein ungewohntes Terrain.

Wir haben es beim *moral consuming* im Shell-Fall mit dem Phänomen einer kommunikationsgesteuerten, aber marktabgewickelten neuen Form der politischen Ökonomie zu tun, in der Bürger, als Konsumenten, bestimmte öffentliche Güter oder Verfügungsrechte nachfragen. Sie treten als Konsumenten auf, weil sie als politische oder Stimmbürger keine Durchsetzung ihrer Anliegen erwarten. Als Konsumenten agieren sie aber wie politische Bürger, nur daß sie anstelle der Wahl von Parteien den Boykott von Produkten betreiben. Aus der Sicht des Konzerns wiederum trägt er

[2] Zur „Brent-Spar-Moral" vgl. *Margit Osterloh/Ralf Tiemann*, Konzepte der Wirtschafts- und Unternehmensethik: Das Beispiel der Brent Spar, in: Die Unternehmung 49, 1995, 321-338; *Peter Ulrich*, Brent Spar und der „moral point of view". Reinterpretation eines unternehmensethischen Realfalls, in: Die Unternehmung 50, 1996, 29-46.

die Folgen einer gescheiterten Politik – das ist ein Terrain, auf das Konzerne gewöhnlich nicht vorbereitet sind.

In der Folge hat der Shell-Fall Konsequenzen für Unternehmen: Sie haben sich zu vergegenwärtigen, daß alle ihre Handlungen bewertet werden, nicht nur die Markthandlungen.[3] Der Shell-Konzern hatte zudem gerade eine Image-Kampagne gestartet, in der er als umweltverträglicher Produzent erscheinen sollte, so daß er *uno actu* die Argumente lieferte, die gegen ihn verwendet wurden. Es lohnt sich für Unternehmen nicht, öffentliche Verpflichtungen einzugehen, die sie nicht auch einzuhalten gewillt sind. Halten sie ihre selbstgesetzten *commitments* nicht ein – gleichgültig, ob auf den Märkten oder außerhalb –, werden sie an ihren Standards gemessen und an ihrer empfindlichensten Stelle getroffen – an ihrer Marktposition.

Der andere oben genannte Fall ist schwieriger zu verstehen. Wenn man – anscheinend – durch einen Boykott der Produkte des Shell-Konzerns einen Druck auf die Leitungsentscheidungen ausüben kann, ist durch den Nicht-Kauf französischer Produkte nicht garantiert, daß durch die betroffenen Produzenten irgendeine Änderung der französischen Atom-Politik erreicht werden könnte. Obwohl das explizite Ziel eines Boykotts ökonomische Effekte sind, kann der moralische Konsum offensichtlich auch dort propagiert und ausgeübt werden, wo seine Wirkung unabschätzbar bleibt. Der moralische Konsum hat dann eine andere Wirkung: Man zeigt sich in der moralischen Arena.

Wir haben zwischen einer effektiven Moral und einem symbolisch-moralischen Gestus zu unterscheiden. Der effektive moralische Konsum kann tatsächlich Nachfrageänderungen herbeiführen, die die Konzernleitung um ihren Marktanteil fürchten lassen. Wir haben es mit – moralisch induzierten – Substitutionen im Verbrauch zu tun. Tatsächlich verzichtet kein Shell-Kunde auf den Konsum von Benzin, sondern gibt nur seine Markentreue auf. Was für den Anbieter schwerwiegende Konsequenzen haben kann, ist für den Nachfrager ein relativ unproblematischer *switch* auf ein Substitut ähnlicher Qualität, z. B. auf das Benzin der Marke Aral. Wegen der relativen Gleichartigkeit der Güter sind ihre *nomen* anfällig: ihre Bedeutungen, Geltungen und *images*, und *moral switches* sind leichthin, d. h. ohne große „Kosten" der Konsumenten, möglich:

[3] Vgl. dazu die Argumentation von *Margit Osterloh/Ralf Tiemann*, Konzepte..., a.a.O., 321f., die „einen erheblichen Kommunikationsbedarf" der Firma Shell annotieren; „legales Handeln" sei „ohne ethische Legitimität nicht ohne weiteres durchsetzbar" (322). Kritisch dazu *Peter Ulrich*, Brent Spar..., a.a.O., der allerdings darauf besteht, daß die „kritische Öffentlichkeit" das Brent-Spar-Problem durchaus als „deontologisch-ethisches" verstanden habe: „die öffentliche Entrüstung bezog sich daher primär auf den vermißten guten Willen der Firma zur vorbehaltlosen Wahrnehmung ihrer moralischen Pflichten; die kritische Öffentlichkeit hat Shell prinzipiell [...] schlicht und einfach das moralische Recht zur willentlichen (vorsätzlichen) Versenkung einer Ölplattform im Meer abgesprochen, also die Legitimität ihres Vorhabens" (39). Ulrich ergänzt dann um die Idee eines „ökologischen Menschenrechtes" (39). Brent Spar wird hier zu einem Fall der Empirie moralischer Pflichten in einer modernen Gesellschaft, anstatt den Kontext des Wechsels dieser Pflicht-Formen der Moral ins Auge zu fassen. Ulrich meint, daß sich die Existenz substantieller Moralität offenbare, gleichsam als moralische Hintergrundontologie moderner Gesellschaften. Doch gerade der Wechsel ist das Interessantere – als Empirie der nicht-substantiellen Auffassung von Moral in der reflexiven Moderne.

Die (Opportunitäts-)Kosten der Moral sind beim Konsum oft marginal. Das liegt schlicht daran, daß ein moralischer Konsument die Sanktionsmöglichkeiten, die jeder Konsument hat, moralisch instrumentalisiert. Der Nachfragerückgang für Benzin der Marke Shell ließe sich kaum durch schnelle Preisnachlässe auffangen, da von den moralischen Konsumenten gerade ein Nicht-Markt-Argument in die marktliche Kaufentscheidung eingelagert wird: die Qualität der Wettbewerbermarken wird – ohne ihr Zutun, und ohne daß sich ihr Produkt in irgendeiner Weise verändert hätte – relativ besser, da sie als moralisch neutral gelten.

Im Grunde bewerten die moralischen Benzinkunden nicht die Qualität des Markenbenzins, sondern die Qualität des Unternehmens als Ganzem neu. Es geht um das Vertrauen in bestimmte Qualitätsstandards, die aber nicht allein an der Produkt-Qualität bemessen werden, sondern an der Unternehmens-Qualität. Das hat weitreichende Konsequenzen: Alle Handlungen des Unternehmens werden bewertet, auch – und gerade diejenigen Handlungen – die nicht Teil seines „normalen Angebots" sind. Wenn ein Unternehmen ökologisch hochwertige Produkte anbietet und dies auch durch die Werbung kommuniziert, muß es sich eine Bewertung seiner Produktionsprozesse gefallen lassen (das Hoechst-Syndrom: ein Chemie- und Pharmakonzern kann es sich auf die Dauer nicht leisten, durch brüchige Produktionsanlagen Gefährdungen der umliegenden Wohnviertel zu erzeugen). Das qualitativ hochwertige Produkt liefert Kriterien, an denen das Unternehmen insgesamt fortan gemessen werden kann.

Zwar behält das Produkt weiterhin seine primären Produktqualitäten, das Benzin der Firma Shell ist weiterhin Benzin mit einer bestimmten Oktanzahl usw., aber es wird unter dem Gesichtspunkt der Bohrinselversenkung plötzlich anders interpretiert, und zwar moralisch negativ.

2. Moralzyklen des Konsums

So scheint es einfach und eindeutig zu sein: Konsumenten restringieren ihre gewöhnlichen Präferenzen aus moralischen Gründen. Der Moral schreiben wir i. a. Kohärenz zu. Doch werden wir beim „moralischen Konsum" eines anderen belehrt. Es gibt keine Garantie, daß eine Person *P*, die gestern französische Produkte zu kaufen verweigerte, weil sie moralisch gegen Atombombenversuche Frankreichs im Muroroa-Atoll ist, diese Position wertstabil durchhält; heute fokussiert sie ihren moralischen Konsum vielleicht auf das Problem holländischen, molekulargenetisch hergestellten Salates, morgen vielleicht auf syrische Feigen, weil sie das Land den Friedensprozeß in Nahost behindern sieht etc.

Wir haben es mit *rotierenden moralischen Gründen* zu tun, die nur bedingt stabil bleiben.[4] An Märkten reicht es anscheinend nicht aus, moralisch korrekt zu handeln, sondern die Korrektheit des moralischen Konsums muß auch gesellschaftlich kommunziert werden, um effektiv zu sein.

Dem entspricht, daß ein gehöriger Teil des moralischen Konsums Medienereignissen folgt. Dieses empirische Phänomen läßt sich als *moralischer Opportunismus* interpretieren. Schweigen die Medien, gibt es für *P* keinen Grund (genauer: keinen Lieferanten von Gründen) mehr, um auf dem Boykott französischer Waren zu beharren, da es ihre moralische Reputation nicht fördert. Natürlich werden einige Individuen weiterhin Frankreich aus moralischen Gründen boykottieren, aber ihre Haltung wird zunehmend als moralisch seltsam und eigensinnig gelten, da sich der Focus des moralischen Konsums und seiner Kommunikation längst auf ein anderes Terrain bewegt hat. Diejenigen, die weiterhin französische Produkte boykottieren, sind – wertstabilisierte – Relikte eines Moralkonsumsthemas, das längst gewechselt hat.

Man kann sagen, daß die individuellen Gründe, französische Waren etc. nicht zu kaufen, bestehen bleiben können, aber die gesellschaftlich kommunizierten Gründe sich in Zyklen wechseln, wenn sich die Medien je anderer Themen bemächtigen. Der propositionale Gehalt des moralischen Konsums ist dem sozialen Sprachspiel überlassen, d.h. einem gesellschaftlichen Diskurs, in dem (aggregierte) Boykott-Kompetenz eine größere Rolle spielt als die individuelle, moralische Einstellung.

In diesem Sinne ist die individuelle Einstellung zu unterscheiden nach einer (a) individuell-invarianten und independeten (kurz: individuellen) Einstellung („persönlicher Moral") und nach einer (b) individuell-varianten und dependenten Einstellung (kurz: „kommunizierten Moral"). Während die „persönliche Moral" heroisch auftritt, erscheint die „kommunizierte Moral" – aus der Perspektive der „persönliche Moral" – als opportunistisch. Ihr Opportunismus allerdings kann, und das ist die Pointe, einer rationalen Entscheidung entspringen: *Es ist moralisch effizienter, der „kommunizierten Moral" zu folgen.*

Boykott-Kompetenz ist eine zulässige Interpretation des ökonomischen Konsums. Indem ein Konsument entscheidet, *y* zu kaufen statt *x*, sanktioniert er *x*. Jede Substitution eines Gutes *x* gegen ein Gut *y* ist von der Form her ein Boykott von *x*. Doch reicht eine solche formale Erklärung nicht aus; Konsumhandlungen werden erst dann zum Boykott, wenn es Gründe für den bewußten Nicht-Konsum von *x* gibt. Diese Gründe sind von der Art einer „Bestrafung" des Anbieters von *x*.

Wenn hinreichend viele Konsumenten *x* sanktionieren, erreichen sie relevante Nachfragerückgänge. In diesem Sinne ist es vernünftig, nur denjenigen moralischen Konsum zu betreiben, der gerade gesellschaftlich kommuniziert wird, weil jedem anderen moralischen Konsum die Boykott-Kompetenz fehlt.

[4] Ähnliches gilt für die „gefährlichen Güter": nach 1986 etwa durch Tschernobyl verseuchte polnische Pfifferlinge oder englisches Rindfleisch im Frühjahr 1996. „Doch die Aufgeregtheiten richteten sich in den Folgejahren selbst. Jede neue Katastrophe dementierte die Gefühle der letzten. Jedem Untergang folgte wieder ein Alltag" (*Bernd Ulrich*, German Angst. Tschernobyl und Rinderwahn. Heute gehen wir besser mit Katastrophen um, in: Wochenpost (17), 1996, 50f).

Anders gesagt: nur diejenige Moral wird befolgt, die effektiv zu sein scheint. Was für eine Moral ist das? Der Moral fehlt, was wir ihr sonst zuzuschreiben geneigt sind: Kohärenz.

3. Präferenzen und Personen

Gewöhnlich behaupten wir:

(1) Eine Person *P* präferiert „x vor y".

Wenn *P* bezüglich ihres Konsums moralisch entscheidet, gilt:

(2) die „x vor y"-Präferenz weiterhin, aber nur dann, wenn x ein moralisches Gut darstellt (x_m): „x_m vor y".

Alle non-x_m werden für die moralische Präferenzordnung ausgeschlossen. Die moralische Präferenz „x_m vor y" stellt gegenüber „x vor y" eine Restriktion dar: x in „x vor y" wird auf die Untermenge x_m eingeschränkt.[5]

Das scheint evident zu sein, läßt sich aber nicht aus den beobachtbaren Entscheidungen von *P* schließen. Aus dem Satz „*P* präferiert x vor y" können wir nicht schließen, ob moralische oder nicht-moralische Präferenzen vorlagen. x hat kein moralisches Pädikat. Wenn x einmal „Äpfel", ein andermal „gentechnisch hergestellte Äpfel" repräsentiert, dann haben wir es – bei der gleichen beobachtbaren Entscheidung – mit zwei unterschiedlichen Präferenzordnungen zu tun.[6] Dabei seien y in beiden Fällen Birnen.

Die formal identische Präferenzordnung „x vor y" kann auf der einen Seite moralisch neutral, auf der anderen Seite aber moralisch motiviert sein; denn dadurch, daß *P* die für sie moralische relevante Unterscheidung von „Äpfeln" und „gentechnisch hergestellten Äpfeln" (inklusive der Konnotation von „moralisch verwerflichen") tätigt, werden die „Äpfel", die in der ersten Relation lediglich „Äpfel" sind, in der zweiten Relation in einer für die Person moralisch relevanten Weise näher bestimmt.

Hätten wir es im zweiten Fall mit moralisch despektierlichen Äpfeln zu tun, würde die gewöhnliche Präferenzordnung „x_m vor y" ausgesetzt.

[5] Die Redeweise von „Restriktion", die ich hier verwende, weicht ein wenig von der in der Ökonomie üblichen ab. Dort werden Restriktionen als externe Beschränkungen von Präferenzordnungen bezeichnet; ich halte dafür, daß Moral keine externe Restriktion der Präferenzen eines Individuums sein kann. Wir müßten es sonst mit zwei Individuen zu tun haben; das eine hat die Präferenzen und das andere die Moral. Wir haben es aber mit Personen zu tun, d. h. mit durch eine Einstellung zu ihren Handlungen qualifizierten Individuen. Moral gehört in die Präferenzordnung, nicht *extra muros*.

[6] Vgl. auch *Amelie Oksenberg-Rorty*, Self-Deception, Akrasia and Irrationality, in: Jon Elster (Hrsg.), The Multiple Self, Cambridge 1987, 115ff.

Wenn wir beobachten, daß *P* sich für „Birnen“ entschieden hat, weil die alternativen „Äpfel“ gentechnisch behandelt waren, haben wir es scheinbar mit einer Divergenz von Präferenzordnung (1) und Entscheidung zu tun. *P* handelt demnach „irrational“. Denn der resultierenden Entscheidung für die Birnen ist, ohne zusätzliche Information, nicht anzusehen, daß für *P* im beobachteten Fall die moralische Präferenzordnung „‚nur solche Äpfel, die nicht gentechnisch hergestellt sind‘ vor ‚Birnen‘“ relevant war.

Doch das Problem der scheinbaren Divergenz zwischen formulierter Präferenz und realisierter Entscheidung oder beobachteten Irrationalität der Person läßt sich auflösen, wenn wir einen Typ von Präferenzen 2. Ordnung zugrundelegen, die die Verschiebung in der Präferenz 1. Ordnung rational zu erklären helfen: „Wir nehmen an, daß die Person, die wir untersuchen, in der Lage ist, die Paare, die ihre Präferenzen erster Ordnung widerspiegeln, in eine Rangordnung zu bringen. Die so definierten Präferenzen zweiter Ordnung können durch Fragen der Form ‚Ist Deine Präferenz für p_i über p_j wichtiger für Dich als Deine Präferenz für p_k über p_l?‘ herausgefunden werden. Eine Metapräferenz für ‚*A* wird gegenüber *B* vorgezogen‘ über ‚*C* wird gegenüber *D* vorgezogen‘ heißt, daß das Handeln gemäß der ersten Präferenz für die Identität der Person wichtiger ist als das Handeln gemäß der zweiten Präferenz.“[7]

Diese Meta-Ordnung der Präferenzen werden von Thomas Schmidt – unter Rückgriff auf Harry Frankfurts „Second-Order-Desires“[8] – in Hinblick auf eine Theorie der Person interpretiert, die der *rational choice-theory* bisher fehlte. Wenn *P* die Präferenz „Äpfel vor Birnen“ aussetzt, weil es sich um gentechnisch behandelte Äpfel handelt (und also eine Birne wählt), haben wir es mit einer metapräferentiellen Entscheidung zu tun, die eine moralische „Identität der Person“ anzeigt: „Aufgeben mußten wir die Idee, daß die Präferenzen einer Person unmittelbar mit ihren Entscheidungen zusammenhängen. Die praktische Signifikanz wurde unter Rekurs auf Metapräferenzen sichergestellt, die das Personenbild der Entscheidung widerspiegeln.“[9]

Die über die Meta-Präferenzen eingeführte Theorie der Person leistet folgendes: Die Diskrepanz zwischen einer Entscheidung und einer formulierten Präferenz ist kein Zeichen für Irrationalität, sondern läßt sich Personen-spezifisch und in Abhängigkeit von den spezifischen Umständen der Entscheidung rational erklären.[10]

[7] *Thomas Schmidt*, Rationale Entscheidungstheorie und reale Personen. Eine kritische Einführung in die formale Theorie individueller Entscheidungen (i. F. REurP), Marburg 1995, 124ff.

[8] *Harry Frankfurt*, Willensfreiheit und der Begriff der Person, in: Peter Bieri (Hrsg.), Analytische Philosophie des Geistes, Königstein i. T. 1981, 287ff.

[9] *Thomas Schmidt*, REurP, a.a.O., 126f.; vgl. auch *Amelie Oksenberg-Rorty*, Self-Deception…, a.a.O., 128.

[10] Ähnlich argumentiert *Amartya Sen*, Internal Consistency of Choice, in: Econometrica 61, 1993, 495ff., nur daß er nicht mehr – wie früher *ders.*, Choice, Orderings and Morality, in: Stephan Körner (Hrsg.), Practical Reason, Oxford 1974, 54ff. – von Meta-Präferenzen spricht, sondern von einem externen Referenzpunkt redet, den man kennen müsse, um scheinbar irrationale Entscheidungen rational rekonstruieren zu können: zwischen zwei Stücken Kuchen *x* und *y*, wovon *x* eindeutig das größere Stück Kuchen repräsentiert, wählt *P* die Alternative *y*. Wenn *P* aus Bescheidenheit oder Höflichkeit *y* vor *x* wählt, obwohl es rational wäre, *x* vor *y* zu wählen, dann

In einer anderen Formulierung kann man sagen, daß die ökonomische Entscheidungstheorie durch „Einstellungen zur Welt" der Akteure ergänzt werden muß; „Einstellungen zur Welt" sind „übergeordnete Kriterien einer Person".[11] Anders als im ökonomischen Standardmodell, in dem „Restriktionen" die individuellen Entscheidungen beschränken (z. B. „Budgetrestriktionen", aber auch die oben eingeführten moralischen Restriktionen (Reduktion von x auf x_m)) und das eine trennscharfe Unterscheidbarkeit von Restriktionen und individuellen Präferenzordnungen über Handlungen voraussetzt, muß man nun davon ausgehen, „daß in die subjektive Bewertung von Handlungen jene Informationen, die die Ökonomen als Restriktionen bezeichnen, immer schon individuell gewichtet"[12] eingehen.

Folgt man dieser Kritik an dem Standardmodell der ökonomischen Entscheidungstheorie, ist es unsinnig, von Aussagen der Art „*P* präferiert *x* vor *y*" auszugehen, um in einem zweiten Schritt eine Restriktion *R* einzuführen, die diese Relation *x* vor *y* spezifizieren soll. Karl Reinhard Lohmann weist darauf hin, daß die Aussage „*P* präferiert *x* vor *y*" bereits immer schon das, was in der ökonomischen Theorie als externe oder „objektive" Restriktion, d. h. als zusätzliche Information angeführt wird, enthält. *P* bildet ihre Präferenzrelation angesichts tatsächlicher Alternativen, in einer konkreten Situation.

Es ist falsch, daß Konsumentscheidungen ausschließlich vom Eintreffen *eines* Weltzustandes, z. B. nur des Preises der Ware, abhängig sind. Für den moralischen Konsum von Aral-Benzin anstelle von Shell-Benzin wegen der Versenkens einer Shell-Bohrinsel im Atlantik können wir keine relativen Preisänderungen in Anschlag bringen, sondern nur den Vertrauensverlust in die Marke Shell: Weil „[d]ie Auswahl des Sets relevanter Daten Teil des Entscheidungsprozesses"[13] ist, kommt es für die finale Konsumentscheidung darauf an, welche Einstellung *P* zur Welt hat: „Die Einstellungen von Personen sind nicht bloß Metapräferenzen, welche die Präferenzen erster Stufe bewerten. Einstellungen repräsentieren die strukturellen Bedingungen,

Fortsetzung Fußnote letzte Seite

„wird das Monotonieaxiom der mikroökonomischen Theorie von einem anderen Motiv überlagert, und das beschriebene Auswahlverhalten erscheint … (als) ganz vernünftig" (*Wulf Gärtner*, Rationalität und Normen, Beiträge des Fachbereiches Wirtschaftswissenschaften der Universität Osnabrück, März 1996, 3). Es ist interessant, daß Gärtner (in Bezug auf Sen) einen systematischen Hinweis auf die Bedeutung einer Theorie der Person für die *rational choice* gibt („Wesen der Person" (*dito*)), ohne aber weiter daran zu arbeiten.

[11] *Karl Reinhard Lohmann*, Über die Bedeutung der Intuition bei Entscheidungen (i. F. ÜdBI), in: Wittener Jahrbuch für ökonomische Literatur, Bd. 1, Marburg 1995, 175 ff., der auf John Harsany und Charles Taylor rekurriert, die in den Einstellungen einer Person ihre Persönlichkeit repräsentiert sehen. S. *John C. Harsanyi*, Morality and the Theory of rational Behavior, in: Amartya Sen/Bernard Williams (Hrsg.), Utilitarism and beyond, Cambridge 1982, 42ff., und *Charles Taylor*, Was ist menschliches Handeln?, in: ders., Negative Freiheit?, Frankfurt a. M. 1992, 9ff. Vgl. auch *Julian Nida-Rümelin*, Ökonomische Optimierung in den Grenzen struktureller Rationalität, in diesem Band, Abschnitt 2: „Wir verstehen das Verhalten einer Person nur, wenn dies Ausdruck bestimmter Einstellungen, zeitübergreifender Projekte und Bindungen ist."

[12] *Karl Reinhard Lohmann*, ÜdBI, a.a.O., 179.

[13] Ebd., 180, Anm. 21.

unter denen Entscheidungen fallen."[14] Versteht man Einstellungen auf diese Weise, so kann man sagen, „daß sie nicht nur begründungsfähig, sondern begründungsbedürftig sind"[15]. Der Hinweis auf die Begründungsbedürftigkeit von Einstellungen, die rationale Entscheidungen strukturell bestimmen, wird damit auf die Präferenzen erweitert.

Das heißt, daß man von Personen fordert, für ihre Präferenz von „*x* vor *y*" Gründe vortragen zu können. Nun können allerdings auch immer mehrere Gründe für Entscheidungen angegeben werden. „Die Entscheidung, eine bestimmte Handlung auszuführen, ist nicht einfach das ‚für wahr halten einer Meinung' über einen Sachverhalt in der Welt, sondern Folge einer spezifischen Interpretation von Sachverhalten. Die Menge der Interpretationen konstituieren eine Einstellung zur Welt oder eben die mögliche Welt selbst, wenn man ‚Welt' nicht (aristotelisch) als Menge von Substanzen und ihren Eigenschaftsformen (Akzidentien), sondern als Menge von zugesprochenen Eigenschaften auffaßt. Die je eigene Interpretation, oder pointierter, die Einstellung einer Person konstituiert, wendet man diese ‚Ereignis'-Ontologie auch auf Personen an, das Subjekt: Ein Mensch ist sein *belief-set.*"[16]

Reichert man die ökonomische Standardtheorie in dieser Weise um „Metapräferenzen" oder „Einstellungen der Person" an, bedarf es einer spezifische Methode der Interpretation oder einer ökonomischen Hermeneutik.[17] Man kann sagen, daß „die Rationalität von Entscheidungen relativ ist auf den Personentyp, auf den hin sich die Entscheiderin entwirft", so daß man mehr „über die Person wissen [muß], um sie auf praktische Rationalität bewerten zu können".[18]

Präferenzen 2. Ordnung oder Meta-Präferenzen repräsentieren, so das Argument, die Identität einer Person. Sie unterscheiden sich von Präferenzen 1. Ordnung, die „über Entscheidungsalternativen (Handlungsmöglichkeiten) definiert [sind], wobei die Entscheidungsalternativen nur über Konsequenzen individuierbar sind"[19]. Meta-Präferenzen lassen sich so verstehen, daß sie über „Eigenschaften von Handlungen"[20] definiert werden. Personen müßten dann „zusätzlich zu ihren Präferenzord-

[14] Ebd., 181.

[15] Ebd., 181, Fn. 27.

[16] Ebd., 184f.; mit Verweis auf *Nelson Goodman*, Facts, Fiction, Forecast, Cambridge 1965; *ders.*, On Starmaking, in: Synthese 45, 1980, 211ff.; *Richard Rorty*, Solidarität und Objektivität, Stuttgart 1988. Vgl. ebenfalls *Thomas Schmidt*, REurP, 120ff.; *Karl Reinhard Lohmann*, Die Bedeutung von Institutionen – Modelltheoretische Überlegungen (i.F. BvI), in: Birger P. Priddat/ Gerhard Wegner (Hrsg.), Institutionelle und Evolutorische Ökonomie, Marburg 1996, Abschnitt 2.5.

[17] *Karl Reinhard Lohmann*, BvI, a.a.O., Abschnitt 3.2; vgl. auch den Hinweis auf *Donald Davidson*, Psychologie als Philosophie, in: ders., Handlung und Ereignis, Frankfurt a. M. 1990, 321ff. Davidson weist darauf hin, daß einer befriedigenden deskriptiven Theorie der Entscheidung eine „Kommunikationstheorie einverleibt" (333) werden müsse.

[18] *Thomas Schmidt*, REurP, a.a.O., 124; *Ian Steedman/Ulrich Krause*, Goethe's Faust, Arrow's Possibility Theorem and the individual decision-taker, in: Jon Elster (Hrsg.), The multiple self, Cambridge 1987, 197ff. und 210ff., sprechen von „an agent's character". Vgl. dazu auch die Argumentation von *Martin Hollis*, Rationalität und soziales Verstehen, Frankfurt a. M. 1991.

[19] *Karl Reinhard Lohmann*, BvI, a.a.O., Abschnitt 2.5.

[20] Ebenda, vgl. auch *Philip Pettit*, Decision Theory and Folk Psychology, in: Michael Bacherarch/Susan Hurley (Hrsg.), Foundation of Decision Theory, Oxford 1991, 147ff.

nungen [1. Ordnung, B. P.] eine Ordnung über Eigenschaften angeben können (eine Metapräferenz)".[21]

Soweit hatten wir oben die Erörterung zum moralischen Konsum vorbereitet, daß wir eine zusätzliche Eigenschaft des Shell-Benzins eingeführt hatten, und zwar die negative Eigenschaft, Benzin eines umweltverschmutzenden Konzerns zu sein. Ohne zusätzliche Informationen über die Eigenschaft der Handlungsalternativen, die eine Person als „moralisch" auszeichnet, ist die Unterscheidung von „x vor y" als moralischer Präferenzrelation (genauer „x_m vor y") und „x vor y" als nicht-moralischer Präferenzrelation nicht rekonstruierbar.

Zugleich haben wir einen spezifischen Personen-Begriff eingeführt.[22] Die Metapräferenzen spiegeln ein bestimmtes Bild von einer Person wider. Metapräferenzen werden zugleich als eine spezifische Ordnung von Eigenschaften dargelegt, die Personen positiv bewerten. Wenn wir sagen, daß Personen eine bestimmte – Personenspezifische – Ordnung von Eigenschaften vorziehen, scheinen wir diese Vorliebe gegenüber Eigenschaften von Gütern in besonderer Weise mit der Person zu verbinden. Es scheint, als repräsentiere die Metapräferenz die Identität der Person.

Doch ist diese Interpretation nicht allgemein zulässig, denn sie unterstellt, daß Personen eine *eindeutige*, ihnen Personen-charakteristisch zuordenbare Ordnung von Eigenschaften haben. Diese Vorstellung (a) „Jede Person *P* hat eine eindeutige Metapräferenz" kollidiert mit unserer lebensweltlichen Erfahrung, daß eine Person konfligierende Einstellungen oder Überzeugungen haben kann. Dieser lebensweltlichen Erfahrung entspricht (b) „Person *P* kann mehrere Metapräferenzen haben".[23] Folgt man der starken Interpretation der Metapräferenz als Platzhalter für die Identität einer Person, schließt (a) die Aussage (b) aus.

Die Aussage (a) läßt sich aber auch schwächer als im Sinne einer starken Theorie der Identität interpretieren. Man kann die Metapräferenzen auch als Werthaltung der Person ansehen. Folgt man der schwächere Interpretation von (a) sind die beiden Aussagen miteinander kompatibel: Jede Person hat mindestens eine eindeutige Metapräferenz. Das entspricht unserer lebensweltlichen Erfahrung, daß Menschen auf der einen Seite eindeutig in einer Situation die für sie relevanten Werte angeben können, auf der anderen Seite aber diese Werte nicht in eine für alle Umstände gel-

[21] *Karl Reinhard Lohmann*, BvI, a.a.O., Abschnitt 2.5

[22] Erst auf dieser Stufe übrigens kann die *rational choice theory* den Anforderungen der philosophischen Moraltheorie gerecht werden. Moral setzt eine Theorie über Personen voraus, *Ernst Tugendhat*, Die Rolle der Identität in der Konstitution der Moral, in: Wolfgang Edelstein/Gertrud Nunner-Winkler/Gil Noam (Hrsg.), Moral und Person, Frankfurt a. M. 1993, 33ff.; *Axel Honneth*, Kampf um Anerkennung, Frankfurt a. M. 1992; *Harry Frankfurt*, Die Notwendigkeit von Idealen, in: Wolfgang Edelstein/Gertrud Nunner-Winkler/Gil Noam (Hrsg.): Moral und Person, a.a.O., 107ff.; *Werner Vossenkuhl*, Vernünftige Wahl, rationale Dilemmas und moralische Konflikte, in: Werner Vossenkuhl/Martin Hollis (Hrsg.), Moralische Entscheidung und rationale Wahl, München 1992, 153ff. und 167.

[23] Die Meta-Präferenz (1), aus atompolitischen Gründen keine französischen Rotweine zu kaufen, kann kollidieren mit dem meta-präferentiellen Status des Gastgebers (2), der als Kenner französischer Weine zum Essen nicht plötzlich Chianti oder ähnliche Substitute kredenzen kann. Natürlich kann (1) (2) dominieren, aber auf Kosten einer anderen Meta-Präferenz, auf die man sich etwas einbildet. Hier steht das zur Frage, was man „Persönlichkeit" nennt.

tende Werte-Hierarchie bringen können.[24] In diesem Fall bleibt aber die Frage, welcher Wert oder welche Meta-Präferenz gilt.

4. Die Theorie der Identitätsbilanzen

Die Metapräferenzen tragen insofern zu einer „Theorie der Person" innerhalb der *rational-choice*-Theorie bei, als sie über die Zeit invariante (zeitintransingente) Einstellungen markieren, die – als persönlichkeitsstiftende Charakteristika – die „Identität" der Person angeben.

Das Problem dieser Darstellung liegt auf der Hand: die starke Behauptung der Invarianz der Einstellungen läßt sich allgemein nicht aufrecht erhalten. Einstellungen können sich ändern.[25] Zudem gibt es – parallel – verschiedene Einstellungen, die miteinander konfligieren können. Folglich bräuchten wir Metapräferenzen 2. Ordnung, die die Person entscheiden lassen, welche Metapräferenzen 1. Ordnung gelten sollen. Die Hierarchie der möglichen Ordnungen läßt sich *ad infinitum* steigern, ohne endgültig zu einer Lösung zu kommen.

Zugleich beruht die Konnotation von Metapräferenzen und Identität der Person auf der Vorstellung, Identität wäre so etwas wie eine *personal property*, die in den Einstellungen zum Ausdruck kommt. Diese Einstellung über Einstellungen könnte sich als romantische These herausstellen, wenn man auf der Grundlage soziologischer und psychologischer Überlegungen bedenkt, daß moderne Identität keine sozialisierte Ausstattung von Personen ist, sondern deren (Lebens-)-Projekt.

Das Projekt der „Selbstverwirklichung" z. B. besteht darin, ein „Selbst", d. h. eine Identität auszubilden, anstatt es als vorhanden vorauszusetzen. Wie läßt sich dann aber von der Kohärenz eines Lebensplanes sprechen, wenn das Individuum seine Identität erst über die Zeit hinweg entwickelt? Das Problem der Identitätsbildung wird für moralische Probleme signifikant, und zwar gerade dann, wenn wir sie entscheidungstheoretisch formulieren. Die Individuen verfügen zwar über einen gewissen, gesellschaftlich bereitgestellten und sozialisierten Set an Normen und moralischen Einstellungen[26]; insofern ist das Modell der Metapräferenzen brauchbar. In dem Moment aber, in dem in konkreten Situationen der moralische Vorzug einer von mehreren Präferenzrelationen bestimmt werden soll, haben wir es vordringlich mit einem moralischen Urteil zu tun, aus dem eine Einstellung resultieren kann,

[24] Diese Vorstellung entspricht den realen Entscheidungen von Personen; Werte werden auf unterschiedliche Weise für Entscheidungen relevant, s. dazu *Karl Reinhard Lohmann/Thomas Schmidt* (Hrsg.), Werte und Entscheidungen im Management, Marburg 1996.

[25] Vgl. dazu, am Beispiel des Konsumverhaltens, die Aufsätze in: Gerrit Antonides/Wil Arts/W. Fred van Raaij (Hrsg.), The Consumption of Time and the Timing of Consumption, Amsterdam usw. 1991, insbes. *Rik G. M. Pieters/Bas Verplanken*, Changing our mind about behavior, 49ff., und *M. Elchardus*, Rationality and the specialization of meaning, 69ff.

[26] Vgl. *Jon Elster*, Social Norms and Economic Theory, in: Journal of Economic Perspectives (3), 1989, 99 ff.

nicht aber notwendigerweise resultieren muß. Moralische Einstellungen determinieren die Handlungswahl nicht bzw. sie orientieren sie nicht automatisch.

1. „Südafrikanische Orangenmarmelade"

Moralische Einstellungen befähigen zu moralischen Urteilen, aber die tatsächliche Handlungswahl unterscheidet sich oft davon. Erklären wir es an dem Problem südafrikanischer Orangenmarmelade, das in den siebziger Jahren virulent war. Die moralisch-politische Einstellung gegenüber dem (damaligen) Apartheidregime verbot es, südafrikanische (billige, in Blechbüchsen verlötete) Orangenmarmelade zu kaufen, obwohl sie die Qualität englischer Orangenmarmelade hatte, die allerdings um etliches teuerer, wenn überhaupt zu kaufen war. Das moralische Urteil war klar, dennoch kaufte man ab und zu die südafrikanische Marmelade – und zwar im Rahmen des eigenen Lebensqualitätsprojektes „Lebenstandardanhebung beim Frühstück". Die englische Art der Orangenmarmelade (mit eingelegten Orangenschalen) war ein *novum* in der deutschen Frühstückskultur. In der Form der „südafrikanischen" Blechdosen war sie auch für Bezieher von niedrigen Einkommen bezahlbar.

Mit der Wahl der südafrikanischen Marmelade weicht eine Person vom moralischen Urteil ab, doch kommen Gegenerwägungen ins Spiel, die zwar von den moralischen Erwägungen verschieden sind, aber dennoch als gleichrangig gelten. Die Wahl der südafrikanischen Marmelade geschieht aus Überlegungen, die der Selbstverwirklichung und der persönlichen *life-style*-Entwicklung dienen. Diese Erwägungen scheinen nicht-moralischer Natur zu sein, doch sind sie – da sie persönlichen Entwicklungsnormen folgen – den moralischen Erwägungen ähnlich. Beiden Handlungsalternativen – „Nicht-Kauf aus moralischen Gründen" und „Kauf aus Gründen des persönlichen *life-projects*" – liegen Überlegungen zugrunde, die nicht auf Vorteils-/Nachteilserwägungen beruhen, sondern auf begründbaren Antworten auf die Frage: Was soll ich tun?

Wir können sinnvoll zwischen einem moralischen Urteil und einer moralischen Wahl unterscheiden:

- Ein *Moralisches Urteil* beruht auf prinzipiellen Erwägungen, die unpersönlicher Natur sind, im Sinne der Nichtbeachtung persönlicher Neigungen, Präferenzen und Interessen. Die dem moralischen Urteil unterlegte Norm gilt für jede Person in gleichartiger Situation.
- Die *Moralische Wahl* dagegen wichtet moralische wie außer-moralische Gründe für eine Entscheidung.

Beide Typen lassen sich nicht als Metapräferenz eindeutig darstellen. Moralische Urteile scheinen zwar der moralischen Einstellung als Metapräferenz zu entsprechen, taugen aber nicht für eine Theorie der Person, da moralische Urteile ubiquitär sind, also keine persönlichen Einstellungen abbilden (bzw. nur den Teil der persönlichen Einstellungen, der allgemeinen Einstellungen oder *social norms* entspricht).

Die moralischen Wahlen hingegen bringen moralische wie außer-moralische Gründe gleichrangig in die Erwägung, so daß die Kenntnis der Einstellungen einer Person für die Beurteilung dieser Wahl wenig nützt. Wir können sagen, daß bei der moralischen Wahl die moralische Einstellung zwar durchaus Geltung erlangen kann, aber auch ebenso gut andere Gründe, die nicht aus der moralischen Einstellung resultieren. Das ist immer dann der Fall, wenn *P* zwar ein richtiges moralisches Urteil über eine Angelegenheit hat, aber mit guten – d. h. mit rechtfertigbaren – Gründen diesem Urteil in ihrer finalen Wahlentscheidung nicht folgt.

2. *Divergente Einstellungen*

Das Beispiel der südafrikanische Orangenmarmelade mag manchem als belanglos vorgekommen sein; es enthält aber die entscheidenden Argumente. Nehmen wir ein anderes Beispiel: *P* hält es – aus welchen Gründen auch immer – für unmoralisch, sogenannte Luxusautomobile zu fahren (heutzutage vermehrt aus „öko-moralischen" Gründen), steht aber – im Rahmen ihrer persönlichen Karriereplanung – vor der Entscheidung, sich ein solches Auto zuzulegen, um als akzeptabler Verhandlungspartner bei Unternehmen vorfahren zu können.

Es kommt in der folgenden Argumentation darauf an, zu zeigen, daß die moralische Wahl für das Luxusauto kein verwerflicher Verstoß gegen die Moral darstellt, sondern eine persönliche Wert-Entscheidung sein kann. Der Terminus „Wert" wird hier ausdrücklich für persönliche Lebensprojekte eingeführt; für *P* hat es einen besonderen, persönlichen Wert, das Luxusauto zu kaufen, weil es für die Verwirklichung ihrer Lebensplanung wichtig ist.

Wenn *P* sich nun für dieses Auto entscheidet, verstößt sie zwar gegen ihr moralisches Urteil, aber mit guten Gründen, die sie zu einer – aus ihrer Sicht – moralischen Wahl führen. Diese Wert-Erwägungen haben einen, wenn auch schwachen, Geltungsanspruch; sie beruhen auf Handlungsbegründungen, die zwischen moralischen Ansprüchen und persönlichen Präferenzen liegen. „Dieses Konzept des ‚Wertes' unterscheidet sich einerseits von persönlichen Präferenzen und andererseits von moralischen Verpflichtungen. Im Gegensatz zu persönlichen Präferenzen konfrontiert es das Individuum mit einem Anspruch der jedoch – anders als ein moralischer – nicht verpflichtend ist."[27]

Drei Typen von Handlungsbegründungen lassen sich fortan unterscheiden: (1) *die moralischen Urteile* („die man ausführen muß"), (2) *die persönlichen Wert-Entscheidungen* (als Inklusion der moralischen Wahlen) („die man ausführen sollte") und (3) *die individuellen Präferenzen* („die dem Individuum überlassen sind").

[27] *Mordecai Nisan*, Bilanzierte Identität. Moralität und andere Identitätswerte, in: Wolfgang Edelstein/Gertrud Nunner-Winkler/Gil Noam (Hrsg.): Moral und Person, Frankfurt a. M. 1993, 232ff. und 239.

In den Fällen (1) und (2) haben wir es mit zwei differenten Sorten von Einstellungen zu tun, die (ad 1) die Qualität moralischer Einstellungen, und (ad 2) die Qualität von wertvollen Lebensprojekten haben, die quasi-moralische Geltung für Personen bekommen können. Zusätzlich ist an (1) zu monieren, daß moralische Einstellungen immer dann, wenn sie ubiquitären Normen entsprechen, kein Konstitutivum persönlicher Einstellung sind; die *persona* ist dann nur die Maske einer persönlich nicht besonders qualifizierten Normenmitgliedschaft.

Die Lebensprojekte, die es Personen wert erscheinen lassen, moralische Wahlen anstelle moralischer Urteile auszuführen, sind identisch mit der bereits vorgetragenen „strukturellen Rationalität", wonach „Personen weitergehende Projekte und Strategien verfolgen und oftmals Einzelhandlungen nicht nutzenabwägend als rational auszeichnen, sondern sie deshalb wählen, weil sie sich in die Struktur eines vernünftigen Plans in kohärenter Weise einfügen lassen."[28] Diese Lebensprojektion hat nicht von vornherein eine moralische Qualität, vor allem aber bezeichnen die moralischen Wahlen eine fortlaufende Konkurrenz von divergenten Einstellungen, die alle zur selben Person gehören.

In diesem Sinne ist die Aussage, daß wir „das Verhalten einer Person" nur dann verstehen, „wenn es Ausdruck bestimmter Einstellungen, zeitübergreifender Projekte und Bindungen ist"[29], unvollständig, da zeitübergreifende (Lebens-)Projekte, Einstellungen und Bindungen drei verschiedene Einstellungen über die akute Realisierbarkeit beinhalten können. Erstens „zwingen" Bindungen die Person, dieser Bindung gemäß zu handeln (es sei, denn, sie geht die Gefahr ein, die Bindung aufzulösen); zweitens dagegen müssen zeitübergreifende Projekte („Lebenspläne") nicht in jeder Situation gewählt werden; drittens brauchen Einstellungen ebenfalls nicht sofort in aktuelle Handlungen umgesetzt werden, wenn es für die Person gewährleistet ist, daß sie diese generell verfolgen kann. Der Schluß, den Julian Nida-Rümelin aus seiner Person/Einstellung-Relation zieht, daß wir auf die „zugrundeliegenden Persönlichkeitsmerkmale [...] aufgrund bestimmter Regelkonformitäten"[30] schließen, liegt nur dann nahe, wenn wir Einstellungen als Elemente einer strukturellen Rationalität interpretieren, wobei die strukturelle Rationalität dadurch definiert ist, daß die Einstellungen der Person als kohärent unterstellt werden kann.[31]

Die spezifische Kontingenz hingegen, die wir in moralischen Angelegenheiten häufig vorfinden – *P* hat ein moralisches Urteil, kann aber Gründe nennen, warum es in der vorliegenden Situation nicht gelten soll –, kann durch die Zwischentheorie der

[28] *Thomas Schmidt*, REurP, a.a.O., 119; vgl. auch *Julian Nida-Rümelin*, Das *rational choice*-Paradigma: Extensionen und Revisionen, in: ders. (Hrsg.), Praktische Rationalität, Berlin 1994, 22ff., und *ders.*, Ökonomische Optimierung in den Grenzen struktureller Rationalität, in diesem Band.

[29] *Julian Nida-Rümelin*, Ökonomische Optimierung..., 107.

[30] Ebd.

[31] „Ohne solche Konformitäten würden wir einer Person multiple Persönlichkeitsmerkmale zuschreiben bzw. *a limine* ihre Person-Eigenschaft in Frage stellen" (Ebd.). Eben dies ist zu bezweifeln, m. E. läßt sich dennoch eine, wenn auch zeitmodulierte, Konzeption struktureller Rationalität aufrecht erhalten. Dazu im Folgenden.

Werte-Entscheidungen erklärt werden, aber nur dann, wenn wir die Ansprüche der Person an sich selbst als moral-affine Gründe anerkennen. Bernhard Williams spricht diesbezüglich von „persönlichen Projekten" und „Grundvorhaben".[32]

Eine Theorie der Person muß persönliche Projekte benennen können, die sich von ubiquitären *moral standards* genauso unterscheiden lassen wie von individuellen Präferenzen. Erst die persönlichen Projekte (von der Art bestimmter Lebensplan-Realisationen) lassen es zu, von persönlichen Einstellungen zu sprechen, die einen, wenn auch schwachen, normativen Status für die jeweilige Person angeben lassen (und zwar, im Gegensatz zu ubiquitären moralischen Normen, *nur* für sie selbst).

Allerdings lassen sich diese persönlichen Werte nicht sogleich in Identität übersetzen, sondern sind Ich-transzendierende Ansprüche (private regulative Ideen), deren Verfolgung und Realisierung (bzw. das Lernen aus dem Scheitern der Realisierung) erst die Identität ausbildet, die im Konzept der Metapräferenzen der Person bereits als vorhanden unterstellt war.

Nennen wir die Werte, um nicht in Konflikt mit anderen Wert-Theorien zu geraten, *prospektive Präferenzen*. Prospektive Präferenzen haben – identitätstheoretisch – den Zweck, über die Zeit Ansprüche an die Person aufrecht zu erhalten, die dann, wenn sie realisiert werden, der Gewinnung und Erhaltung von Identität dienen, die aber dann, wenn sie nicht realisiert werden, als Verleugnung oder Einschränkung des Selbst erfahren werden.

Lassen wir prospektive Präferenzen zu, können wir nicht mehr erwarten, über eine Theorie der Person ein Set an kohärenten Einstellungen der Person zu gewinnen (wie es im Metapräferenz-Konzept gedacht war); wir haben es höchstens mit einer Aktualmenge an kohärenten Einstellungen zu tun, die in der nächsten Sequenz sich geändert haben kann (je nachdem, ob sich bestimmte prospektive Präferenzen realisiert haben oder nicht).

Da die prospektiven Präferenzen Ausdruck persönlicher Prospektionen (auf den persönlichen Lebensplan) sind, haben sie identitätsstiftende Wirkung dann, wenn sie – quasi *una moralia* – von den Individuen, die sie entworfen haben, als von der Art einer deontischen Vorschrift aufgefaßt werden. In diesem Sinne sind die prospektiven Präferenzen den moralischen Werten gleichwertige Werte, aber in klarer Unterscheidung zu moralischen Pflichten, die immer gelten. Prospektive Präferenzen haben nur partielle deontische Qualitäten: es gibt Gründe und Anlässe, sie als Verpflichtung aufzufassen, aber nicht ständig.

Bisher haben wir nur eine neue Nomenklatur entwickelt, ein Typengerüst, das mit einem Kandidaten mehr als das Präferenz/Metapräferenz-Modell ausgestattet wurde. Der Vorteil dieser Konstruktion beruht wesentlich darin, daß die prospektiven Präferenzen (oder persönlichen Werte) im Konflikt mit Metapräferenzen und Präferenzen stehen, so daß eine (moralische) Wahl ansteht, die nach dem Prinzip „balancierter Identität"[33] ausfällt.

[32] *Bernard Williams*, Personen, Charakter und Moralität, in: ders., Moralischer Zufall, Meisenheim 1984, 21ff.

[33] *Mordecai Nisan*, Bilanzierte Identität..., a.a.O., 250.

Da die drei oben genannten Typen von Handlungsbegründungen identitätsstiftende Komponenten darstellen – es gibt keinen Grund, die moralischen Urteile wie die individuellen Präferenzen nicht als Identitätskomponenten zu zählen –, ist die aktuelle Entscheidung rational als eine Art von Ausgleich oder Gleichgewicht zwischen all seinen Identitätskomponenten aufzufassen. Das Individuum wird diejenige Alternative wählen, „die seiner Einschätzung nach seine aktuelle Identitätsbilanz am wenigsten stört. Mit anderen Worten, die Wahl wird nicht durch eine vergleichende Bewertung und Abwägung der ‚konkurrierenden' Werte getroffen (was allem Anschein nach im Prozeß des (moralischen) Urteilens stattfindet), sondern es werden vielmehr die derzeitigen Bedeutungen der Alternativen für die individuelle Identität in Betracht gezogen."[34]

Erst über die Theorie der Indentitätsbilanz wird erklärbar, daß Personen manchmal nicht-moralische gegenüber moralischen Erwägungen vorziehen – auch wenn sie eindeutige moralische Urteile haben. Die Kenntnis der Metapräferenz einer Person verhilft in diesem Fall zu keiner Erklärung. Damit haben wir gezeigt, daß die berechtigte Einführung einer „Theorie der Person" in das Modell der *rational choice* nicht über eine Metapräferenzkonzeption laufen kann, die über die Assertation von Identität die Kohärenz von Einstellungen gesichert haben will, sondern es bedarf mindestens einer zusätzlichen Annahme, die die Erhaltung der Identität als Entscheidungskriterium sichert.

3. Personen-generative Prozessualität

„Person" ist kein *possessivum* des Individuums, sondern ein Bildungsprozeß. Eine „Theorie der Person" muß diese Personen-generative Prozessualität enthalten. Denn sonst würde sich „Person" – qua invarianter Metapräferenz – nur als Abbildung einer a priori Perspektive auf den Entscheidungsprozeß deuten lassen, womit die „Theorie der Person" die Identität der Person nurmehr als ein – woher erlangtes? – Datum enthielte (die Vermutung geht dahin, daß die „Theorie der Person", die stabile Metapräferenzen enthält, gleichsam ältere Erfahrungen in Einstellungen transformiert hat, womit sie auf einen Prolongationsfaktor angewiesen bleibt, ohne die erfahrungstranszendierenden Identitäts-Erwartungen noch berücksichtigen zu können).

Wenn wir das berücksichtigen, können wir den Prozeß der Identitätsbilanz in der Zeit betrachten, wonach nicht-moralische Entscheidungen u.a. deshalb gefällt werden können, weil moralische Entscheidungen gerade vorher getroffen worden sind. Nach dem Kriterium der Identitätsbilanz sind nun andere Identitätskomponenten zu berücksichtigen. Die Bilanz muß insgesamt – d. h. über die Zeit – ausgeglichen sein, nicht in der Situation. Die Lösung moralischer Dilemmata erfolgt nicht vertikal (wie im Konzept der metapräferentiellen Ordnungshierarchie), sondern horizontal, d.h. als sequentielle Abarbeitung des moralischen Dilemmas.

[34] Ebd.

Mordecai Nisan analysiert dieses Problem lediglich als den Konflikt zwischen zwei „Sollens"-Erwägungen.[35] Aber es lassen sich auch Konflikte zwischen prospektiven Präferenzen und Präferenzen in diesem Schema lösen. Die Identitätsbilanz kann – bei Vorliegen klarer Metapräferenzen, Werte und Präferenzen – eine zyklische Entscheidungssequenz erklären. Abhängig davon, welche Identitätskomponente *P* gerade erfüllt hat, kann sie sich nach dem Kriterium der Identitätsbilanz anderen Komponenten widmen – im Sinne einer über die Zeit sich zyklisch ausgleichenden persönlichen Identität.

Das Modell scheint einen nicht-hierarchischen Identitätsbegriff zu enthalten, gleichsam ein Ensemble von Identitätskomponenten, die nicht alle zur gleichen Zeit bedient werden können. Wenn *P* zum Zeitpunkt t_1 eine moralische Entscheidung gefällt hat, die mit ihrem moralischen Urteil übereinstimmt, ist es für die Erhaltung ihrer Identität angemessen, bei einer nächsten Entscheidung in t_2 ihre prospektiven Präferenzen höher zu wichten, ohne daß sich „ihr Gewissen" regt, d. h. ohne daß *P* sich in die Pflicht genommen zu fühlen braucht, wieder ein moralisches Urteil zu realisieren. *P* hat ja bereits moralisch prädisponiert und arbeitet jetzt die Identitätsbilanz ab.[36] Dabei wird klar, daß nur scheinbar ein nicht-hierarchischer Identitätsbegriff verwendet wird; eine Hierarchie der Werte bleibt weiterhin intakt, nur gilt gleichzeitig ein elastischer ausgelegtes Realisationsverfahren.

Wenn wir in die Identitätsbilanz auch noch die gewöhnlichen Präferenzen hineinnehmen, wird unser Modell den tatsächlichen Entscheidungsverhalten angemessener. Was – aus der Perspektive der Präferenz-/Metapräferenzkonzeption – wie ein expliziter Verstoß gegen die moralische Einstellung erscheinen mag, ist ein Zyklusmoment innerhalb der dynamischen Identitätsbilanz, das identitätskonform bleibt, wenn *P* in einem vorhergehenden Zyklusmoment in ein moralisches Urteil „investiert" hat.

Das ***moral investment*** ist individuell verschieden elastisch, wenn auch nicht von beliebiger Reichweite (bzw. genauer: nicht von beliebiger Dispositivität). Doch ist es evident, daß zur Identität einer modernen Person auch die freie Realisation ihrer Präferenzen gehört, so daß sie als Identitätskomponente eingerechnet werden muß. Daraus den Schluß zu ziehen, daß zu einer modernen Person ein moral-freier Konstitutionsbereich der Identität gehört, mag gewagt erscheinen, ist aber die Konklusion, die wir ziehen müssen, wenn wir die gewöhnlichen Präferenzen in den Identitätsnexus hineinnehmen. Die moralischen Einstellungen bzw. Urteile bleiben latent

35 Ebd., 253.

36 Die zyklische Abarbeitung einer Identitätsbilanz kann auch als Wechsel zwischen kurz- und langfristigen Präferenzen betrachtet werden, zumindest im Vergleich von „Präferenzen" und „prospektiven Präferenzen", vgl. dazu *George Ainslie*, Beyond Microeconomics, in: Jon Elster (Hrsg.), The Multiple self, Cambridge 1987, 133ff. und 143f. Soweit „moralische Urteile" ubiquitär gelten, haben sie immer *short-term-relevance*; nicht hingegen im Zyklusmodell der Identitätsbilanz, wo Präferenzen wie Metapräferenzen Zeitwerte annotiert bekommen, d. h. verschiedene zeitliche Horizontierungen. Die Kurz- und Langzeitdifferenzierung weicht einer Art von Zeitbudgetierung: Ist eine Art von Präferenzen erfüllt, ist ihr Zeitwert realisiert und sie braucht nicht gleich bei nächster Gelegenheit wieder realisiert zu werden.

existent: *P* verstößt nicht gegen ihre Moral, wenn sie „nur" ihre Präferenzen realisiert, vorausgesetzt, daß ihre Identitätsbilanz ausgeglichen bleibt.

5. Once again: moralischer Konsum

Jetzt sind wir in unseren Erörterungen an den Punkt angelangt, von dem aus wir die eigentümlichen Phänomene des „moralischen Konsums" erklären können, insbesondere seine Instabilität und Zyklizität.

Es hat den Anschein, als ob die moralischen Konsumenten ihre moralischen Einstellungen realisieren, indem sie jene Gütern, die sie als *moral bads* identifiziert haben, nicht konsumieren. Die Menge der *moral bads* erstreckt sich so weit, wie die moralische Einstellung bzw. Metapräferenz einer Person reicht.

Doch entgegen diesem ersten Anschein halten die meisten der moralischen Konsumenten ihre moralische Einstellung bzw. ihr moralisches Urteil über die Zeit nicht durch. Sie boykottieren meistens nur diejenigen Produkte, die aktuell als *moral bads* in den Medien kommuniziert werden. Dieses Phänomen hatten wir oben als Inkohärenz der moralischen Einstellung bezeichnet und gefragt, welche Art von Moral hier im Spiel ist.

Nach unseren Erörterungen läßt sich zeigen, daß es für die Personen keinen Grund gibt, eine einmal eingenommene moralische Konsumneigung persistent durchzuhalten, und zwar nicht aus Gründen moralischer Ermüdung oder Entlastung, sondern wegen der identitätsbilanztheoretischen Interpretation der Person.

Eine einmal – demonstrativ und aus vollem Herzen – gezeigte *moral attitude* in einem besonderen Fall kann nicht immer fortgesetzt werden, weil dies die Bedingungen der ausgeglichenen Identitätsbilanz verletzen würde. Die Automobilisten, die Shell wegen der Verschleppung der vermeintlich Ölreste bergenden Bohrinsel „Brent Spar" boykottierten, sind jetzt, nachdem sich die Geschichte als relativ harmlos herausgestellt hat und Shell öffentlichwirksam Bedenklichkeit kommuniziert[37], nicht mehr geneigt, aus den gleichen, sogar verstärkt geltenden moralisch-ökologischen Gründen ihren Boykott fortzusetzen, weil der Konzern in Nigeria vermutlich einige Landstriche verseucht hat angelegentlich seiner dortigen Ölförderung.[38] Intensiv betriebene Moral fordert ihren Tribut: daß sich die Protagonisten ersteinmal wieder um andere Ziele kümmern – um wertorientiert persönliche oder rein präferentielle.

[37] *Peter Duncan*, Brent Spar war ein geniales Theaterspiel, Interview mit dem Shell-Deutschland-Chef (v. Jürgen Wille), in: Frankfurter Rundschau (47), 24. 2. 1996, 7.

[38] Vgl. *Kawi Saro-Wiwa*, Flammen der Hölle – Nigeria und Shell: Der schmutzige Krieg gegen die Ogoni, Reinbek 1996; dazu auch die Einschätzung des Shell-Deutschland-Chefs *Peter Duncan*, Brent Spar..., a.a.O., und die kritischen Anmerkungen zu den Nigeria-*public-relations* der Firma Shell von *Peter Ulrich*, Brent Spar und der „moral point of view"..., a.a.O., 44.

Das scheint mir eine Erklärung für den Wechsel zu geben, der im Phänomen des moralischen Konsums ins Auge springt: Die Leute geben sich moralisch empört und setzen ihre Empörung in Konsumverweigerungen um, aber bei nächster Gelegenheit, die durch die Medien aufgezeigt wird, vergessen sie ihre moralische Emphasis ganz und gar, oder wenden sich, mit gleicher Intensität, einem neuen Objekt zu, ohne daß das alte „abgearbeitet" wäre.

Aus moralischer Sicht, sei es aus einer kantischen oder einer anderen strengeren, sind diese Menschen (1) zwar moralisch, (2) dies aber nur temporär, so daß (3) sie also als moralische Opportunisten erscheinen. Ich habe in diesem Beitrag gezeigt, daß dieser Opportunismus Gründe haben kann, die nicht als Einwand gegen die gezeigte Moralität verwendet werden können. Der *moral failure*, der nach einer bestimmten und medienintensiven Kampagne moralischen Konsums so sehr ins Auge fällt – sei es als Versiegen der moralischen Energie oder als Wechsel der moralischen Themen von „Bohrinseln" auf „Rinderseuche" etc. –, ist nicht gleich ein Nachweis für moralischen Opportunismus oder *moral disease*, sondern vielmehr ein Signum für eine vielfältig um die Welt besorgte Person – einer Person, für die außerdem auch noch andere Dinge von Bedeutung sind.

Dabei wird nicht die Moral relativiert[39], sondern dem *fait social* Rechnung getragen, daß Moral auf diese Weise heute betrieben wird: als ein elastisches Geschäft der persönlichen Verrechnung verschiedener Präferenzvaluta, die in der Biographie einer Person als Identität erscheinen können – nicht aber unbedingt in den konkreten, von den Umständen abhängigen einzelnen Wahlhandlungen.

[39] So *Charles Taylor*, Das Unbehagen an der Moderne, Frankfurt a. M. 1996, 47ff.

Personenregister

Sachregister

Autorenverzeichnis

Iris Bohnet, geb. 1966: Studium der Wirtschaftsgeschichte, Wirtschaftswissenschaften und Politischen Wissenschaft in Zürich, Promotion 1995, seit 1990 Assistentin am Institut für empirische Wirtschaftsforschung, Universität Zürich. Veröffentlichungen: Kooperation und Kommunikation. Eine ökonomische Analyse individueller Entscheidungen, Tübingen 1996, zus. mit Bruno S. Frey: Ist Reden Silber und Schweigen Gold? Eine ökonomische Analyse, in: Zeitschrift für Wirtschafts- und Sozialwissenschaften 115, 1995, 169-209, Die Ökonomie zwischen extrinischer und intrinsischer Motivation, in: Homo Oeconomicus 11, 1994, 1-19 u. a.

Christine Chwaszcza, geb. 1962: Studium der Politikwissenschaft, Germanistik und Philosophie in München, von 1990 bis 1994 Assistentin am Lehrstuhl für Philosophie und politische Theorie des Geschwister-Scholl-Institutes München, Promotion 1993, seit 1994 Assistentin am Philosophischen Seminar der Universität Kiel. Veröffentlichungen: Anthropologie und Moralphilosophie im „Leviathan", in: Wolfgang Kersting (Hrsg.): Klassiker auslegen. Thomas Hobbes: Leviathan, Berlin 1996, Zwischenstaatliche Kooperation. Perspektiven einer normativen Theorie der Internationalen Politik, Wiesbaden 1995, Rationale Akteure und natürliche Rechte, in: Julian Nida-Rümelin (Hrsg.), Praktische Rationalität. Grundlagenprobleme und ethische Anwendungen des rational-choice Paradigmas, Berlin 1994.

Bruno S. Frey, geb. 1941: Studium an der Philosophisch-Historischen Fakultät Basel, Promotion 1965, Habilitation 1969, von 1970 bis 1977 Professor an der Universität Konstanz, seit 1977 Professor für Wirtschaftswissenschaft an der Universität Zürich, Redakteur der sozialwissenschaftlichen Zeitschrift *Kyklos*, Mitglied des Executive Committee der European Public Choice Society. Veröffentlichungen: zus. mit Gebhard Kirchgässner: Demokratische Wirtschaftsolitik, 2. Aufl. München 1994, Umweltökonomie, 3. Aufl. Göttingen 1992, Ökonomie ist Sozialwissenschaft, München 1990, International Political Economics, Oxford 1984 u. a.

Wolfgang Kersting, geb. 1946: Studium der Philosophie, Geschichte und Germanistik in Göttingen und Hannover, Promotion 1974, Habilitation 1982, von 1986 – 1992 Professor für Philosophie in Hannover, 1992 – 1993 Gastprofessor am Geschwister-Scholl-Institut München, seit 1993 Professor für Philosophie an der Universität Kiel. Veröffentlichungen: Gerechtigkeit und Medizin, Köln 1995, Die politische Philosophie des Gesellschaftsvertrages, Darmstadt 1994, Wohlgeordnete Freiheit. Immanuel Kants Rechts- und Staatsphilosophie, 2. Aufl. Frankfurt 1993, John Rawls zur Einführung, Hamburg 1993, Thomas Hobbes zur Einführung, Hamburg 1992, Die Ethik in Hegels „Phänomenologie des Geistes", Hannover 1974 u. a.

Guy Kirsch, geb. 1938: Studium der Wirtschafts- und Sozialwissenschaften an den Universitäten Bonn und Köln, seit 1971 Professor für Finanzwissenschaft an der Universität Fribourg. Veröffentlichungen: Neue Politische Ökonomie, 3. Aufl. Düsseldorf 1993, Das freie Individuum und der dividierte Mensch, Baden-Baden 1990, China – Ordnungspolitik in einem konfuzianischen Land, Baden-Baden 1988, Staatsmann, Demagoge, Amtsinhaber, Göttingen 1985, Entfremdung – der Preis der Freiheit?, Tübingen 1984, Jenseits von Markt und Macht. Eine Ordnung für den Menschen, Baden-Baden 1982 u. a.

Martin Leschke, geb. 1962: Studium der Volkswirtschaftslehre, Promotion 1992, Assistent am Lehrstuhl für Volkswirtschaftslehre, insbesondere für Geld und Währung der Universität Münster. Veröffentlichungen: Die Beiträge von John Rawls und James Buchanan zum Aufbau einer demokratischen Grundordnung, in: ders. und Ingo Pies (Hrsg.): John Rawls' politischer Liberalismus, Tübingen 1995, Ökonomische Verfassungstheorie und Demokratie, Berlin 1993, zus. mit Dirk Sauerland: Der Weg zu Marktwirtschaft und Demokratie, Münster 1993 u. a.

Karl Reinhard Lohmann, geb. 1966: Studium der Philosophie, Soziologie und Agrarwissenschaften in Hamburg und Göttingen. Veröffentlichungen: zus. mit Thomas Schmidt: Werte und Entscheidungen im Management, Marburg 1996, Die Bedeutung der Intuition für Entscheidungen, in: Birger P. Priddat (Hrsg.): Wittener Jahrbuch für ökonomische Literatur, Marburg 1995, Darf Pedro sein Land verkaufen? Versuch einer sozialwissenschaftlichen Perspektive in der Ökonomik, Marburg 1995 u. a.

Julian Nida-Rümelin, geb. 1954: Studium der Philosophie, Physik, Mathematik und Politikwissenschaft in München und Tübingen, Promotion 1983, Habilitation 1989, von 1991 – 1993 Professor am Zentrum für Ethik in den Wissenschaften der Universität Tübingen, seit 1993 Professor für Philosophie an der Universität Göttingen, seit 1994 Präsident der Gesellschaft für Analytische Philosophie. Veröffentlichungen: als Hrsg.: Handbuch angewandter Ethik, 1996, als Hrsg.: Praktische Rationalität. Grundlagenprobleme und ethische Anwendungen des rational-choice Paradigmas, Berlin 1994, zus. mit Lucian Kern: Logik kollektiver Entscheidungen, München 1994, Kritik des Konsequentialismus, München 1993, Entscheidungstheorie und Ethik, München 1987 u. a.

Birger P. Priddat, geb. 1950: Studium der Volkswirtschaft, Philosophie und Arbeitspsychologie in Hamburg, wiss. Mitarbeiter am Institut für Finanzwissenschaften, seit 1991 Professoran der Universität Witten/Herdecke. Veröffentlichungen: Die andere Ökonomie. Über G. Schmoller, Marburg 1995, Zufall, Schicksal, Irrtum. Zum Risikobegriff in der deutschen Ökonomie des 18. und 19. Jahrhunderts, Marburg 1996, Ökonomische Knappheit und moralischer Überschuß, Hamburg 1994, Hegel als Ökonom, Berlin 1991 u. a.

Andreas Suchanek, geb. 1961: Studium der Volkswirtschaftslehre in Kiel und Göttingen, Promotion 1993, 1986 bis 1990 wiss. Mitarbeiter an der Universität Witten/Herdecke, seit 1991 Assistent am Lehrstuhl für Wirtschafts- und Unternehmensethik der Universität Eichstätt. Veröffentlichungen: Ökonomischer Ansatz und theoretische Integration, Tübingen 1994 u. a.

Ursula Wolf, geb. 1951: Studium der Philosophie in Berlin, Promotion 1978, Habilitation 1983, seit 1984 Professorin für Philosophie an der Freien Universität Berlin. Veröffentlichungen: Das Tier in der Moral, Frankfurt 1990, Das Problem des moralischen Sollens, Berlin 1984, zus. mit Ernst Tugendhat: Logisch-semantische Propädeutik, Stuttgart 1983, Möglichkeit und Notwendigkeit bei Aristoteles und heute, Heidelberg 1979, zahlreiche Aufsätze v. a. zu Themen der praktischen Philosophie u. a.

www.ingramcontent.com/pod-product-compliance
Lightning Source LLC
LaVergne TN
LVHW010548300926
849162LV00002B/268
* 9 7 8 3 4 8 6 5 6 2 9 3 4 *